安徽财经大学服务安徽经济社会发展系列研究报告

安徽省新兴产业发展报告 2024

李　超◎著

安徽师范大学出版社
ANHUI NORMAL UNIVERSITY PRESS
·芜湖·

图书在版编目(CIP)数据

安徽省新兴产业发展报告. 2024 / 李超著. -- 芜湖 : 安徽师范大学出版社, 2024. 10. -- (安徽财经大学服务安徽经济社会发展系列研究报告). -- ISBN 978-7-5676-6979-6

Ⅰ. F269.254

中国国家版本馆CIP数据核字第2024PT0411号

安徽省新兴产业发展报告 2024 李 超◇著

责任编辑：潘 安

装帧设计：张 玲 王晴晴 责任印制：桑国磊

出版发行：安徽师范大学出版社

芜湖市北京中路2号安徽师范大学赭山校区 邮政编码：241000

网 址：http://www.ahnupress.com

发 行 部：0553-3883578 5910327 5910310(传真)

印 刷：江苏凤凰数码印务有限公司

版 次：2024年10月第1版

印 次：2024年10月第1次印刷

规 格：700 mm × 1 000 mm 1/16

印 张：14.25

字 数：200千字

书 号：978-7-5676-6979-6

定 价：58.00元

总　序

安徽财经大学历来重视科研和社会服务工作，始终坚持立足安徽做学问、服务安徽出成果，特别重视立足地方和行业需求构建多层次智库平台。安徽经济社会发展研究院是安徽财经大学设立的研究安徽经济社会发展的专门机构，拥有安徽省人文社科重点研究基地、省级协同创新中心、安徽省教育厅智库和安徽省重点智库四个省级科研平台。以上平台通过优化资源配置、聚合科研力量，鼓励和引导教师围绕安徽省委、省政府的重大发展战略选题，深入研究安徽经济社会发展中的重点、热点和难点问题，着力破解制约安徽经济社会发展的重大理论和现实问题，为建设特色鲜明的地方高水平财经大学提供了有益的智力支持，取得了较为丰硕的成果。

安徽财经大学每年出版的服务安徽经济社会发展的系列研究报告，由安徽经济社会发展研究院组织相关学院的专、兼职研究人员编写。我校2006年公开出版服务安徽经济社会发展的首部研究报告——《安徽省经济发展研究报告》，随后2007年《安徽省县域经济竞争力评价报告》出版，2010年出版《安徽省贸易发展研究报告》，形成了我校服务安徽经济社会发展的三大品牌报告。2024年，安徽财经大学出版系列研究报告8部，包括：《安徽县域经济竞争力报告2024》《安徽城市发展研究报告2024》《安徽经济发展研究报告2024》《安徽投资发展研究报告2024》《安徽财政发展研究报告2024》《安徽贸易发展研究报告2024》《安徽劳动就业与社会保障发展研究报告2024》《安徽省新兴产业发展报告2024》。

安徽财经大学服务安徽经济社会发展系列研究报告坚持稳定数量、提升质量的指导思想，通过进入退出机制、激励机制、分级分类机制、合作机制、运行机制、评价机制和发布机制的改革创新，政策影响力和媒体影响力日益提升。由研究报告形成的多部咨政报告获省部级领导批示并被智库类杂志刊发采用，安徽经济社会发展研究院成功入围中国智库索引（CTTI）首批来源智库，并获大学智库指数排名中的普通高校第一名。2023年，安徽财经大学服务安徽经济社会发展系列研究报告获中国智库索引智库研究优秀成果一等奖。

纵观这8部研究报告，报告的组织者与撰写者都付出了辛勤的劳动和不懈的努力。当然，我们也清醒地认识到，系列研究报告还存在这样或那样的缺点，与政府部门领导和社会各界对我们的期望还有较大的差距，我校应当在智库建设方面做得更多、更好。我们坚信，只要坚持走下去，只要继续得到社会各界的关心和帮助，系列研究报告一定会越做越好！学校的智库建设也将结出更多的硕果！

丁忠明

2024年4月

前　言

安徽省把打造新兴产业聚集地，突出发展新兴产业作为“十四五”时期培育高质量发展新动能的重点任务，重点发展新一代信息技术产业、新能源汽车和智能网联汽车产业、数字创意产业等产业。本书面向安徽省三大新兴产业的创新发展，把握新发展阶段的历史方位，以新发展理念、新发展格局为战略指引，为形成具有国际竞争力的新兴产业集群提供咨询建议。本报告旨在为政策制定者和产业发展从业者提供参考，加快壮大安徽省三大新兴产业的高质量发展。

在撰写过程中，我有幸与一群极具才华和热情的研究生共事。他们不仅是本书研究和撰写过程中的助手，更是在学术探索路上的同行者。我特别感谢他们。每一章每一节的完成都凝聚了他们的智慧和辛勤汗水。他们的研究严谨、态度认真，对细节的关注尤其令人印象深刻。在此，我要特别感谢所有参与本书撰写工作的安徽财经大学统计与应用数学学院研究生张志晴、张琳浩、姚丽颖、黄赛洪、万思源、刘智洋、朱晨怡、张婷婷、居小雅、许灿灿。我对他们的努力和贡献表示最深切的感谢，并期待他们在以后的学术道路上取得更大的成就。

此外，书中涉及数据均源自互联网，如企业工商登记信息、专利数据、软件著作权登记数据、IDDRP（产业数字化研发平台）、CSMAR（中国经济金融研究数据库）等，数据均系2024年5月之前本人所能搜集并处理的数据。本人已尽可能确保数据的准确性和可靠性，但仍不可避免数据库更新引起的数据动态调整，导致个别数据出现差异，敬请读者谅解与指正。

目 录

第一章 新一代信息技术产业 ……………………001

第一节 新一代信息技术产业概述 ……………………001

第二节 新一代信息技术产业政策 ……………………009

第三节 中国新一代信息技术产业发展态势 ……………………021

第四节 安徽省新一代信息技术产业发展现状 ……………………057

第五节 安徽省新一代信息技术产业安全评价 ……………………077

第六节 问题与建议 ……………………084

第二章 新能源汽车和智能网联汽车产业 ……………………089

第一节 中国新能源汽车和智能网联汽车产业概述 ……………………089

第二节 新能源汽车和智能网联汽车产业政策 ……………………104

第三节 中国新能源汽车和智能网联汽车产业发展态势 ……………………113

第四节 安徽省新能源汽车和智能网联汽车产业发展现状 ……………………138

第五节 安徽省新能源汽车和智能网联汽车产业链安全评价 ……147
第六节 问题、展望与建议 ……157
第三章 数字创意产业 ……162
第一节 数字创意产业概述 ……162
第二节 数字创意产业政策 ……177
第三节 中国数字创意产业发展态势 ……183
第四节 安徽省数字创意产业发展现状 ……205
第五节 安徽省数字创意产业链安全评价 ……210
第六节 问题、展望与建议 ……215
主要参考文献 ……219

第一章　新一代信息技术产业

第一节　新一代信息技术产业概述

一、新一代信息技术产业范畴

（一）概念

新一代信息技术产业是指通过对新一代信息技术和设备的研发和应用，对信息和网络相关固件、基础设施和服务能力等进行智能化改造的产业[①]。新一代信息技术产业的发展高度依赖于各种信息技术和数字新技术，包括感测技术、通信技术、计算机技术、控制技术等核心技术和新兴的大数据技术、云计算技术、物联网技术、区块链技术、人工智能技术、虚拟

① https://www.ahchanye.com/xxjs.html。

现实技术等。新一代信息技术产业发展的一个重要特点是其利用计算机、网络与通信技术等现代科技手段来获取、处理和传递信息,实现信息的快速流通和共享,并推动与传统制造业等行业的融合渗透,赋能各行业效率变革,从而形成新产品、新模式和新业态。在我国,新一代信息技术产业主要涉及电子信息制造业、软件和信息技术服务业、集成电路、新型显示、量子信息、物联网、车联网、云计算、网络安全、工业互联网、人工智能、大数据、传感器、电子设备等产业。新一代信息技术产业内容涵盖新型电子元器件及设备制造、新型软件开发、互联网、云计算与大数据服务等,同时与其他产业相互融合渗透,在各个领域创造新产业新业态。

(二)重点领域

2021年,《安徽省新一代信息技术产业"双招双引"实施方案》中明确了新一代信息技术产业的主攻方向,聚焦"8+1"重点领域,即8个新兴产业和1个未来产业。以软件和信息技术服务、云计算和大数据、工业互联网、空天信息、集成电路、新型显示、智能终端、5G/6G等作为新兴产业,以量子信息作为未来产业。其中,软件和信息技术服务是指利用计算机、通信网络等技术对信息进行生产、收集、处理、加工、存储、运输、检索和利用,并提供信息服务的业务活动;云计算是指通过网络云将巨大的数据计算处理程序分解成无数个小程序,然后,通过多台服务器组成的系统进行处理和分析这些小程序得到结果并返回给用户;集成电路是指采用特定的加工工艺,按照一定的电路互联,将一个电路中所需的晶体管、电容、电阻等有源无源器件,集成在一小块半导体晶片上并装在一个管壳内,成为能执行特定电路或系统功能的微型结构;量子信息包括量子计算、量子通信和量子测量等应用领域,其独特的叠加、纠缠等物理特性,可以突破现有信息技术的物理极限,引发信息技术颠覆性变革,引领新一轮科技革命和产业变革方向。

（三）产业特征

新一代信息技术产业具有高渗透性、技术创新性、产业关联性、持续增长性等特征。第一，高渗透性。新一代信息技术产业在重视信息技术本身的创新进步、更新换代和商业模式的创新的同时，推动着信息技术与社会和经济发展的其他行业和领域相互交叉、融合和渗透，包括制造业、金融业、医疗保健等。这种高渗透性使得新技术能够深刻改变传统行业的运作方式，进而促进其他领域转型升级和创造新价值。第二，技术创新性。战略性新兴产业要求以重大技术突破为基础，具有知识技术密集的特征，是科技创新的深度应用和产业化平台。新一代信息技术产业作为战略性新兴产业之首，其具有持续不断的技术创新。这些技术创新包括人工智能、大数据分析、物联网、区块链、云计算等，它们不断推动着产业的发展，并带来新的商业模式和应用场景。第三，产业关联性。战略性新兴产业要求同时具备发展优势强和产业关联系数大的双重特征。新一代信息技术产业之间存在着密切关联性。例如，人工智能技术可以与大数据分析、物联网技术相结合，形成更加强大的解决方案；区块链技术可以与金融、供应链管理等领域相互融合，提升效率和安全性。第四，持续增长性。随着科技的不断进步和应用场景的不断扩展，新一代信息技术产业的市场规模将持续扩大。同时，随着技术的普及和成本的降低，更多的企业和个人将会加入新技术的应用和创新，推动产业持续增长。

新一代信息技术产业以其高渗透性、技术创新性、产业关联性和持续增长性等特征，正在深刻影响着各个行业和领域的发展，并且将在未来持续发挥重要作用。

（四）产业分类

以国家战略性新兴产业发展政策为指导，以落实《“十三五”国家战略性新兴产业发展规划》为目的，以现行《国民经济行业分类》（GB/T 4754—2017）为基础，2018年11月，国家统计局制定了《战略性新兴产业分类（2018）》（以下简称《分类》）。《分类》中将新一代信息技术产业分为5大类，分别是下一代信息网络产业，电子核心产业，新兴软件和新型信息技术服务，互联网与云计算、大数据服务，以及人工智能。同时，该五大类分别细分出了若干子类，这对新一代信息技术产业的发展具有重要意义（见表1-1）。

表1-1　《战略性新兴产业分类（2018）》对新一代信息技术产业的界定

新一代信息技术产业	新一代信息技术产业子类	重点产品和服务
下一代信息网络产业	网络设备制造	其他计算机制造，通信系统设备制造
	新型计算机及信息终端设备制造	计算机零部件制造，计算机外围设备制造，工业控制计算机及系统制造，其他计算机制造；通信终端设备制造，雷达及配套设备制造，其他电子设备制造
	信息安全设备制造	—
	新一代移动通信网络服务	固定电信服务，移动电信服务，其他电信服务
	其他网络运营服务	其他电信服务，其他互联网服务
	计算机和辅助设备修理	—
电子核心产业	新型电子元器件及设备制造	半导体器件专用设备制造，电子元器件与机电组件设备制造，其他电子专用设备制造；电线、电缆制造，电子真空器件制造，半导体分立器件制造，半导体照明器件制造，其他电子器件制造；电阻电容电感元件制造，电子电路制造，电声器件及零件制造，其他电子元件制造

续表

新一代信息技术产业	新一代信息技术产业子类	重点产品和服务
电子核心产业	电子专用设备仪器制造	电子测量仪器制造
	高储能和关键电子材料制造	初级形态塑料及合成树脂制造,其他专用化学产品制造;塑料薄膜制造,特种玻璃制造;技术玻璃制品制造,特种陶瓷制品制造,石墨及碳素制品制造,锂离子电池制造,镍氢电池制造,其他电池制造;电子专用材料制造
	集成电路制造	半导体器件专用设备制造
新兴软件和新型信息技术服务	新兴软件开发	基础软件开发,支撑软件开发,应用软件开发
	网络与信息安全软件开发	其他软件开发
	互联网安全服务	—
	新型信息技术服务	信息系统集成服务,物联网技术服务,信息处理和存储支持服务,信息技术咨询服务,呼叫中心,其他互联网服务
互联网与云计算、大数据服务	工业互联网及支持服务	互联网生产服务平台,互联网数据服务,其他互联网服务;信息系统集成服务,物联网技术服务,运行维护服务,信息处理和存储支持服务
	互联网平台服务(互联网+)	互联网生产服务平台
	云计算与大数据服务	互联网数据服务,支撑软件开发
	互联网相关信息服务	互联网其他信息服务
人工智能	人工智能软件开发	基础软件开发,应用软件开发
	智能消费相关设备制造	其他智能消费设备制造,其他电子设备制造
	人工智能系统服务	信息系统集成服务

二、新一代信息技术产业链

(一)产业链演化趋势

根据国家统计局发布的《〈战略性新兴产业分类〉新旧对照表》,新一代信息技术产业的产业链变化主要表现在各个产业的新增与合并部分,揭示了我国信息技术产业发展的最新趋势。在下一代信息网络产业中,新增了网络设备制造、信息安全设备制造、其他网络运营服务、计算机和辅助设备修理等四个领域。这些新增领域完善了下一代信息网络产业的产业链,为产业发展提供了支撑。同时,通信设备制造与高端计算机制造统一与新型计算机及信息终端设备制造合并,这表明下一代信息网络产业设备与终端制造领域的整合,产业布局优化。在电子核心产业方面,新增了高储能和关键电子材料制造两个领域。此外,基础电子元器件及器材制造、高端电子装备和仪器制造以及集成电路依次被更名为新型电子元器件及设备制造、电子专用设备仪器制造和集成电路制造,体现了产业领域的扩大与升级。这将为我国电子核心产业的可持续发展提供更为坚实的基础。在新兴软件和新型信息技术服务领域,新增了网络与信息安全软件开发和互联网安全服务。同时,高端软件开发领域被重新命名,凸显了我国在信息技术服务领域对网络与信息安全的重视。这有助于提升我国在全球信息技术服务市场的竞争力,为产业发展提供强大动力。在互联网与云计算、大数据服务方面,将下一代互联网服务明确分为四个方面:工业互联网及支持服务、互联网平台服务(互联网+)、云计算与大数据服务以及互联网相关信息服务。这一细分举措有助于优化互联网产业的发展环境,推动产业创新。同时,人工智能被单独作为二级分类进行细分,显示出我国对人工智能应用领域的扩大,为产业发展注入新活力。

综上所述,《〈战略性新兴产业分类〉新旧对照表》反映出我国新一代信息技术产业在各个领域的快速发展。通过产业链的整合与拓展,我国新一代信息技术产业正朝着更高质量、更具竞争力的方向迈进。在政策支持和市场需求的共同推动下，我国新一代信息技术产业将继续保持快速增长态势，为经济社会发展贡献更大的力量。

（二）产业链图谱

新一代信息技术产业链分为上游电子信息核心基础产业、中游下一代信息网络产业与下游高端软件及新兴信息服务产业[①]。其中产业上游是电子信息核心基础产业，作为新一代信息技术的基础，其核心领域包括半导体器件和通信器件，是通信、计算机及网络，数字音视频等系统和终端产品发展的核心和关键。产业中游是下一代信息网络产业，主要包括通信网络和网规网优及解决方案，即通过对广播、通信、网络的提升，更好地实现该技术的应用。产业下游是高端软件及新兴信息服务产业，是新一代信息技术产业的应用领域，主要分为通信应用、技术应用和行业应用，包括5G通信、卫星通信、云计算、大数据、人工智能、物联网和智慧城市等多个方面。具体产业链图谱如图1-1所示。

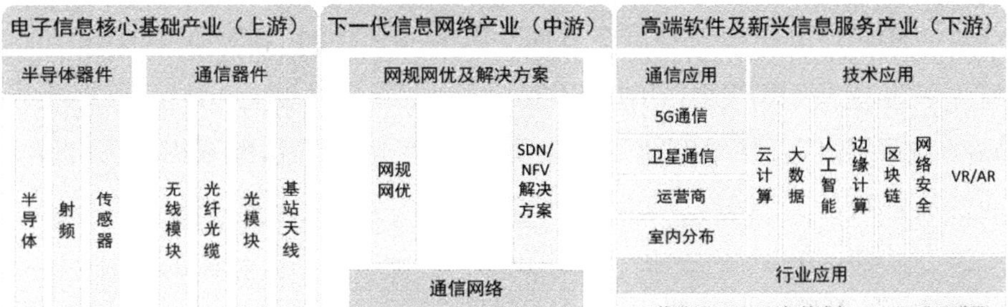

图1-1　新一代信息技术产业链图谱

① https://mp.weixin.qq.com/s/DcXHbLxQO6SI72hSUHAcpw。

三、新一代信息技术产业环境分析

（一）国际环境

西方发达国家政府和业界等较早地察觉到新一代信息技术革命的兴起，并纷纷将其作为国家新兴产业之一，随后中国也将新一代信息技术产业列为国家战略性新兴产业，新一代信息技术产业引领未来制造业发展已经成为全球共识。美国、日本等发达国家在技术研发、产品设计等领域占有绝对优势。如美国的新一代信息技术产业主要在集成电路设计、材料元器件、制造设备等领域占据着主导地位，且在2022年美国信息技术产业占GDP的比重达到了7.1%。除美国外，日本也占有着集成电路材料和部分制造设备市场；近年来，韩国在高端面板显示、芯片代工和终端消费品等领域占据着优势，为加快产业发展，在《2023—2037年国防科技创新基本计划》等中提出将人工智能、量子信息、半导体和显示器作为战略技术的重点领域，推进关键技术研发。在中国，其芯片封装测试、通信设备、LCD显示面板及终端消费设备方面占据着竞争优势，在产业发展中，中国新一代信息技术产业占GDP比重从2017年的2.9%上升至2022年的4.0%，新一代信息技术产业发展较快，但与美国等发达国家相比仍有较大的发展空间。

（二）中国环境

新一代信息技术产业位居战略性新兴产业之首，其应用横跨国民经济中的农业、工业和服务业等三大产业。在产业规模上，中国新一代信息技术产业规模登上新台阶。2012—2021年，中国电子信息制造业营业收入从7万亿元提高到14.1万亿元，年均增速达到了11.6%，利润总额实现

8238亿元[①]；软件和信息技术服务业营业收入从2.5万亿元增加到9.5万亿元，获得利润1.2万亿元。在技术创新层面，产业创新能力取得新发展。2012—2021年全国软件著作权登记量从14万件增加到448万件，年均增长率达到了36%。其中，集成电路、新型显示、第五代移动通信等领域技术创新密集涌现，基础软件、工业软件、新兴平台软件等产品创新迭代不断加快[②]。尽管中国技术创新能力明显增强，但与发达国家相比，中国在关键核心技术领域仍难以突破。根据欧盟委员会2022年全球研发投入2500强企业排行榜，中国上榜企业678家，研发投入占比17.9%，而美国上榜企业高达822家，研发投入占比40.2%。此外，中国基础科技成果转化与发达国家相比存在较大差距。在产业融合层面，“十四五”期间，中国新一代信息技术产业将持续向“数字产业化、产业数字化”的方向发展。人工智能将加速成为构建现代化的数字经济体系、推动经济社会高质量发展的重要驱动力量，作为“新型基础设施”的一部分与5G、云计算、大数据、工业互联网等新技术深度融合，形成新一代信息基础设施的核心能力，为数字经济发展提供底层支撑。

第二节　新一代信息技术产业政策

一、中国新一代信息技术产业政策

“十四五”时期，党中央、国务院以及工信部等加快了新一代信息技术产业相关政策、法规、标准的制定工作，形成产业政策体系。

在两化融合方面，我国发布了《“十四五”信息化和工业化深度融合发展规划》《“十四五”数字经济发展规划》《虚拟现实与行业应用融合发展行动计划（2022—2026年）》《工业互联网创新发展行动计划（2021—2023年）》等多个促进新一代信息技术与不同领域融合应用的相关政策，以信

① https://www.chinanews.com.cn/cj/2022/09-20/9856554.shtml。

② https://www.ncsti.gov.cn/kjdt/xwjj/202209/t20220920_98123.html。

息化带动工业化，以工业化促进信息化，提升传统产业的智能化水平和竞争力。

在绿色发展方面，我国发布了《关于加强产融合作推动工业绿色发展的指导意见》《贯彻落实碳达峰碳中和目标要求推动数据中心和5G等新型基础设施绿色高质量发展实施方案》《信息通信行业绿色低碳发展行动计划（2022—2025年）》《电子信息制造业2023—2024年稳增长行动方案》等政策性文件从绿色生产、绿色供应链管理，能源节约、环境保护等方面，推动信息技术产业向绿色、低碳、可持续发展的方向转变。

在行业管理方面，我国为加强对信息技术产业的监管和规范，制定并实施了相关法律法规和管理办法，例如《中华人民共和国数据安全法》《关键信息基础设施安全保护条例》《生成式人工智能服务管理暂行办法》等相关法规和政策，有助于加强对市场秩序的监督管理，建立健全的信息安全保护体系，为信息技术产业提供良好环境。

在税收优惠方面，2021年3月，财政部、海关总署、税务总局等联合发布了《集成电路企业增值税加计抵减政策》《2021—2030年支持新型显示产业发展进口税收政策》《支持集成电路产业和软件产业发展进口税收政策》等财税政策，其涉及企业所得税、研发费用税前加计扣除、关税减免等，旨在降低企业负担，促进投资和创新，推动产业持续健康发展。

在基础设施建设方面，2021年工业和信息化部等部门联合发布《物联网新型基础设施建设三年行动计划（2021—2023年）》《“十四五”大数据产业发展规划》《“十四五”机器人产业发展规划》，2022年国务院印发《“十四五”数字经济发展规划》等相关政策，加大对信息技术基础设施的投入，包括物联网、数据中心、云计算、通信网络基础设施等方面的建设和改造，以提升信息技术服务能力和覆盖范围，为产业发展提供强大支撑。

表1-2　中国新一代信息技术产业相关政策性文件

序号	发布时间	发布机关	文件名称	主要内容
1	2020年12月	工业互联网专项工作组	工业互联网创新发展行动计划（2021—2023年）	提出到2023年基本建成国家工业互联网大数据中心体系和覆盖全网、多方联动的工业互联网安全技术监测服务体系；在10个重点行业打造30个5G全连接工厂；打造3~5个具有国际影响力的综合型工业互联网平台
2	2021年3月	财政部、海关总署、税务总局	2021—2030年支持新型显示产业发展进口税收政策	为加快壮大新一代信息技术，支持新型显示产业发展，提出对部分进口新型显示产业原材料、零配件等免征进口关税
3	2021年6月	全国人大常委会	中华人民共和国数据安全法	规定了数据安全与发展、数据安全制度、数据安全保护义务、政务数据安全与开放、法律责任等方面的内容，自2021年9月1日起施行
4	2021年8月	国务院	关键信息基础设施安全保护条例	国家对关键信息基础设施（重点行业和领域重要网络设施、信息系统）实行重点保护，采取措施，监测、防御、处置来源于境内外的网络安全风险和威胁，保护关键信息基础设施免受攻击、侵入、干扰和破坏，依法惩治违法犯罪活动

续表

序号	发布时间	发布机关	文件名称	主要内容
5	2021年9月	工业和信息化部、人民银行、银保监会、证监会	关于加强产融合作推动工业绿色发展的指导意见	加快电子信息技术与清洁能源产业融合创新,促进工业领域的绿色发展,特别是通过产业和金融部门的合作来实现可持续目标
6	2021年9月	工业和信息化部、中央网信办、科技部等八部门	物联网新型基础设施建设三年行动计划(2021—2023年)	提出推动交通、能源、市政、卫生健康等传统基础设施的改造升级,将感知终端纳入公共基础设施统一规划建设,打造固移融合、宽窄结合的物联网接入能力,搭建综合管理和数据共享平台,充分挖掘多源异构数据价值,推动智慧城市和数字乡村建设,提升社会管理与公共服务的智能化水平
7	2021年11月	工业和信息化部	“十四五”信息化和工业化深度融合发展规划	提出“制造业数字化转型、两化融合标准引领、工业互联网平台推广、提升系统解决方案能力、产业链供应链数字化升级”等五项重点工程,以加快工业互联网平台融合应用、工业电子商务的发展,并提升重点领域产业链供应链数字化水平

续表

序号	发布时间	发布机关	文件名称	主要内容
8	2021年11月	国家发展改革委等部门	贯彻落实碳达峰碳中和目标要求推动数据中心和5G等新型基础设施绿色高质量发展实施方案	提出至2025年,“数据中心运行电能利用效率和可再生能源利用率明显提升,“5G基站能效提升20%以上”,“绿色低碳等级达到4A级以上”的主要目标,发挥“一业带百业”的引领作用。通过优化交通、能源、工业、市政等领域关于5G网络与数据中心的基础设施建设,推动传统行业数字化转型升级,从而实现绿色低碳发展
9	2021年11月	工业和信息化部	“十四五”大数据产业发展规划	全面部署新一代通信网络基础设施,加大5G网络和千兆光网建设力度,加快构建全国一体化大数据中心体系,推进国家工业互联网大数据中心建设,促进前沿领域技术融合,推动大数据与人工智能、区块链、边缘计算等新一代信息技术集成创新

续表

序号	发布时间	发布机关	文件名称	主要内容
10	2021年12月	工业和信息化部、发改委、科学技术部十五部门	“十四五”机器人产业发展规划	推动产学研联合攻关，补齐专用材料、核心元器件、加工工艺等短板，提升机器人关键零部件的功能、性能和可靠性。推进人工智能、5G、大数据、云计算等新技术融合应用，提高机器人智能化和网络化水平。到2025年，机器人产业营业收入年均增速超过20%，建成3～5个有国际影响力的产业集群
11	2022年1月	国务院	“十四五”数字经济发展规划	明确从“推进光纤网络扩容提速、加快5G网络规模化部署、推进IVP6规模部署、加速空间信息基础设施升级”四个方面优化升级信息网络基础设施
12	2022年8月	国务院	信息通信行业绿色低碳发展行动计划（2022—2025年）	从“基础设施、通信基站、通信机房”三类重点设施，以全方位全过程的集约化布局、高效化设计、绿色化建设、低碳化技术、智能化运维手段，加快实现重点设施绿色低碳发展

续 表

序号	发布时间	发布机关	文件名称	主要内容
13	2022年10月	工业和信息化部、教育部等	虚拟现实与行业应用融合发展行动计划(2022—2026年)	提出到2026年,三维化、虚实融合沉浸影音关键技术重点突破,虚拟现实在经济社会重要行业领域实现规模化应用的发展目标。促进虚拟现实与工业生产、文化旅游、融合媒体、教育培训、体育健康、智慧城市等的融合应用,鼓励建设共性应用技术支撑平台,提升跨行业的虚拟现实应用基础能力
14	2023年4月	财政部、税务总局	集成电路企业增值税加计抵减政策	明确2023年1月1日—2027年12月31日,允许集成电路设计、生产、封测、装备、材料企业,按照当期可抵扣进项税额加计15%抵减应纳增值税税额
15	2023年7月	发改委、教育部、科技部等七部门	生成式人工智能服务管理暂行办法	鼓励生成式人工智能算法、框架、芯片及配套软件平台等基础技术的自主创新,采用安全可信的芯片、软件、工具、算力和数据资源

续表

序号	发布时间	发布机关	文件名称	主要内容
16	2023年8月	工信部与财政部	电子信息制造业2023—2024年稳增长行动方案	鼓励建设电子信息制造业绿色工厂，推动光伏、LED产业智能转型升级。2023—2024年计算机、通信和其他电子设备制造业增加值平均增速5%左右，电子信息制造业规模以上企业营业收入突破24万亿元

注:笔者根据相关资料整理而制作此表。

二、安徽省新一代信息技术产业发展政策动态

为贯彻落实“十四五”规划和2035年远景目标，安徽省人民政府及地方政府自2021年起制定了一系列产业发展政策，以深入推进新一代信息技术产业高质量发展。针对信息技术热点领域，安徽省人民政府及地方政府相继出台《安徽省信息通信业“十四五”发展规划》《合肥市“十四五”软件产业发展规划》《安徽省“十四五”科技创新规划》《安徽省“十四五”电子信息制造业发展规划》等系列政策性措施。在资金支持方面，安徽省政府发布了《安徽省新兴产业引导基金组建方案》等；为加强技术与传统产业的融合，安徽省制定了《推进制造业数字化模式创新行动方案（2022—2025年）》《加快发展数字经济行动方案（2022—2024年）》等相关政策，促进各传统产业数字化转型。这些政策旨在促进技术创新、加强产业融合，提升数字经济水平，为安徽经济转型升级和可持续发展注入新动力。安徽省发布的新一代信息技术产业相关政策性文件如表1-3所示。

表1-3 安徽省新一代信息技术产业相关政策性文件

序号	发布时间	发布机关	政策名称	主要内容
1	2021年12月	安徽省通信管理局	安徽省信息通信业"十四五"发展规划	以"5G+智慧应用"为重点，形成"以建促用、以用带建"的新格局。到2025年，基本建成数字化、网络化、智能化的新型信息基础设施，信息通信业发展水平总体居于全国中上游地位
2	2022年1月	合肥市经济和信息化局	合肥市"十四五"软件产业发展规划	指出软件是新一代信息技术的灵魂，要加快关键核心技术研发与产业化。到2025年，软件与信息技术服务业营业收入超过2000亿元，年营收亿元以上软件企业超150家
3	2022年1月	合肥市经济和信息化局	合肥市"十四五"新一代信息技术发展规划	合肥将以打造城市"产业地标"为目标，以产业链协同发展为途径，加快建设以新型显示、集成电路、人工智能等3个国家级集群为引领的新一代信息技术产业集群。到2025年，合肥新一代信息技术产业总规模力争突破5000亿元，产值年均增长不低于20%

续 表

序号	发布时间	发布机关	政策名称	主要内容
4	2022年2月	安徽省人民政府办公厅	安徽省"十四五"科技创新规划	强化科技支撑和应用示范，深入推进十大新兴产业关键核心技术攻关，在集成电路领域开展自主可控高端芯片设计技术、先进封装技术、集成电路材料与装备、先进存储技术等方面研究，在新型显示领域发展核心材料、装备等技术
5	2022年3月	安徽省经济和信息化厅	安徽省"十四五"电子信息制造业发展规划	推动互联网、大数据、人工智能、云计算、区块链等新一代信息技术与电子信息制造业的深度融合，做大做强做优"屏—芯—端"优势产业链条，打造新型显示、集成电路两个具有国际影响力的产业集群，形成一批各具特色、优势互补、结构合理的专业化、特色化产业集聚区
6	2022年6月	安徽省政府新闻办	安徽省新兴产业引导基金组建方案	设立省新兴产业引导基金，在引导基金下设主题基金群、功能基金群、天使基金群三大基金群，以"一产业一基金"的模式，为新兴产业发展提供资本支撑

续 表

序号	发布时间	发布机关	政策名称	主要内容
7	2022年8月	安徽省经济和信息化厅	推进制造业数字化模式创新行动方案（2022—2025年）	以产业链、供应链、价值链融合为核心，以工业互联网创新发展为抓手，积极推广科技、数字、产业链赋能创新模式，深化新一代信息技术与制造业深度融合发展。到2025年，营业收入1亿元以上的工业企业“四化”改造全覆盖，工业企业新模式应用普及率超过50%
8	2022年8月	安徽省人民政府办公厅	加快发展数字经济行动方案（2022—2024年）	新型显示、集成电路等产业竞争力全国领先，力争5G网络覆盖能力进入全国前列，强化数字技术引领，促进服务业新产业、新业态、新模式蓬勃发展

三、政策特点

围绕新一代信息技术产业在两化融合、绿色发展、行业管理、税收优惠、基础设施建设等方面，我国持续完善配套支持政策，主要呈现以下三个方面特征。

一是深入推进两化融合，促进产业数字化转型。首先，两化融合是信息技术与工业化深度融合的重要内容。传统工业和现代信息技术相结合，通过数据化、智能化的方式实现产业升级。政策鼓励企业采用信息技术，包括大数据、人工智能、物联网等，与传统工业技术相融合，推动生产、管理、服务等各个环节的数字化转型。例如，智能制造、数字化工厂、智慧物流等都是两化融合的典型表现。其次，产业数字化转型是两化融合的目标之一。政策鼓励传统产业借助信息技术实现数字化转型，从传统制造业向智能制造业转变，从传统服务业向数字化服务业转变。通过数字化技术的应用，企业能够提高生产效率、降低成本、优化资源配置，这种转型不仅有助于提升企业竞争力，还能够推动整个产业链的升级，促进产业结构优化和经济发展模式的转变。

二是落实“双碳”目标，促进产业绿色发展。应对当前环境污染和温室效应问题，推动绿色化、低碳化信息技术产业已成为我国经济社会发展的不可回避趋势。尽管集约化超大型数据中心的兴建有助于高碳排产业向绿色化转型，但其高能耗特性也带来了巨大的碳减排压力。因此，将减排目标纳入信息技术产业发展规划，引导行业向低碳转型至关重要。借鉴《贯彻落实碳达峰碳中和目标要求推动数据中心和5G等新型基础设施绿色高质量发展实施方案》，更进一步明确我国“十四五”及中长期节能减排目标，将能效、碳足迹等关键指标纳入国家新型基础设施建设规划，并纳入各行业发展规划。同时，合理规划信息技术行业减排路径和行动方案，全面推动节能减排技术创新推广、提高可再生能源比例、加强低碳产品设计和工艺材料创新等举措。

三是支持技术创新和人才培养，助力产业抢占发展先机。为支持新一代信息技术产业的发展，政府积极加大对技术创新和人才培养的投入，这一举措体现了政府对产业升级和经济转型的重视和支持。一方面，政府通过支持高校、科研机构和企业开展前沿技术研究和应用研究，为新一代信息技术的发展提供了重要的技术基础和创新动力。例如，政府鼓励各类研究机构加大对信息技术、人工智能、大数据、物联网等领域的研究投入，推动科技创新成果不断涌现。政府还支持企业加强与高校、科研机构的合作，促进科研成果的转化和产业化，将科技创新成果转化为生产力，推动产业发展。另一方面，政府推出了一系列的人才引进和培养政策，旨在吸引国内外优秀人才来到中国从事新一代信息技术产业的研究和开发工作。这些政策涉及提供优厚的科研经费支持，提供良好的科研工作环境和条件，提供丰厚的科研人才待遇，等等。政府将继续加大对技术创新和人才培养的投入力度，为新一代信息技术产业的蓬勃发展提供持续动力和支持，助力我国成为世界信息技术领域的领军国家。

第三节　中国新一代信息技术产业发展态势

下面从企业分布、资本市场、知识产权三个方面研究2015—2023年新一代信息技术产业发展态势。产业数据均从IDDRP获取，其将新一代信息技术产业划分成通信制造、电子设备制造、软件服务、信息技术服务、工业互联网、云计算、大数据七类产业领域。

一、通信制造产业

（一）企业分布

1.产业发展变化

数据显示，2015—2023年，中国通信制造产业企业数量呈逐年递增的趋势。截至2023年，中国通信制造产业企业数量达到了1083267家，企业数量增长最多，新增了162407家企业，比2022年增长了17.64%（见图1-2）。

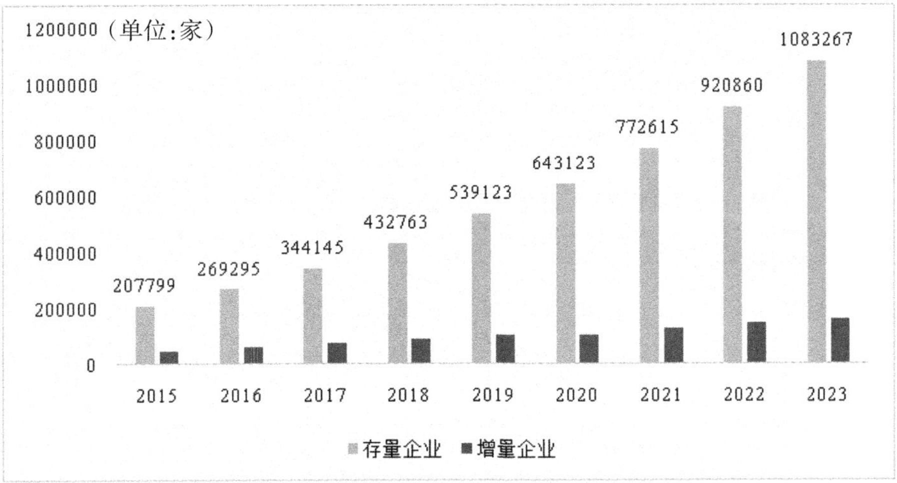

图1-2　2015—2023年中国通信制造产业企业数量变化

2.资质企业分布

从资质企业分布来看,被资质认定的通信制造企业共有48707家,企业资质认定类型共分为11种,分别为高新技术企业、专精特新企业、高新技术培育企业、创新型中小企业、企业技术中心、团体标准制定企业、国家标准制定企业、雏鹰企业、瞪羚企业、民营科技企业和其他资质企业。数据表明,通信制造企业中,认定为高新技术企业的约占43.22%,认定为创新型中小企业的约占12.75%,认定为专精特新企业的约占9.37%。该数据说明,通信制造企业中有超过一半的企业具备行业领先水平,具有高水平的创新能力和研发实力,企业的技术有较高的市场价值(见图1-3)。

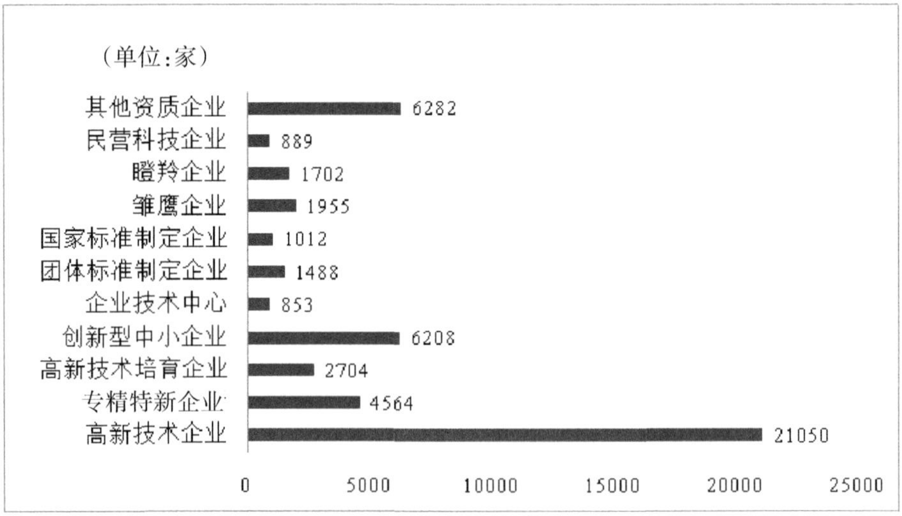

图1-3 通信制造产业资质企业分布

3.投融资轮次分布

从2024年1—2月中国通信制造产业投融资的轮次分布分析,大部分集中在A轮融资和天使轮,其次是B轮融资、战略投资,以早期投资阶段为主(见图1-4)。

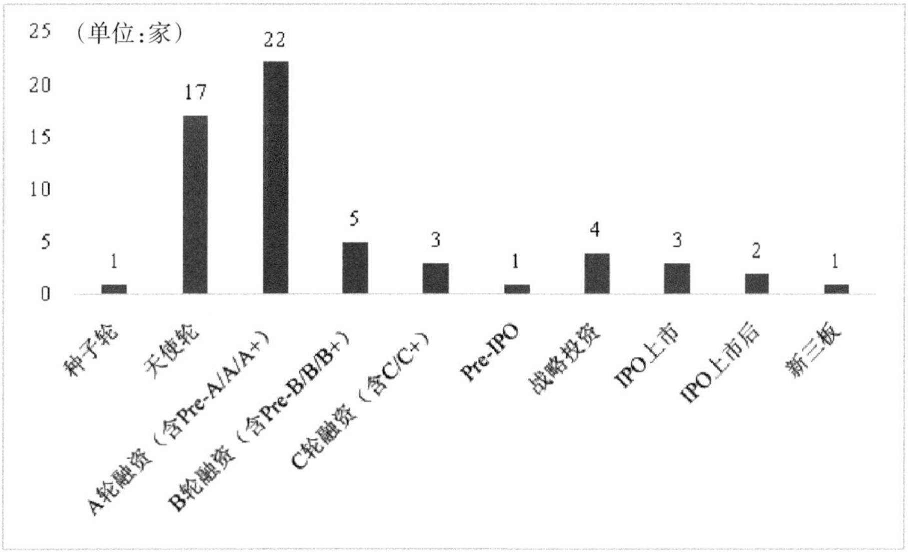

图1-4　2024年1—2月中国通信制造产业投融资轮次分布

（二）资本市场

1.二级市场

（1）产业规模

2015—2022年，中国通信制造产业营业收入呈现波动变化的态势。2015—2019年中国通信制造产业营业收入持续增长，其中，2018年营业收入增长速度最快，同比增长20.27%，2019年中国通信制造产业营业收入达到最高，共67446亿元，营业收入增速为3.34%，产业规模较大。2020—2022年，中国通信制造产业营业收入由增长而下滑，截至2022年，中国通信制造产业营业收入为57720亿元，较2021年降低约5.25%。近年中国通信制造产业规模虽有所下降，但总体规模较为稳定（见图1-5）。

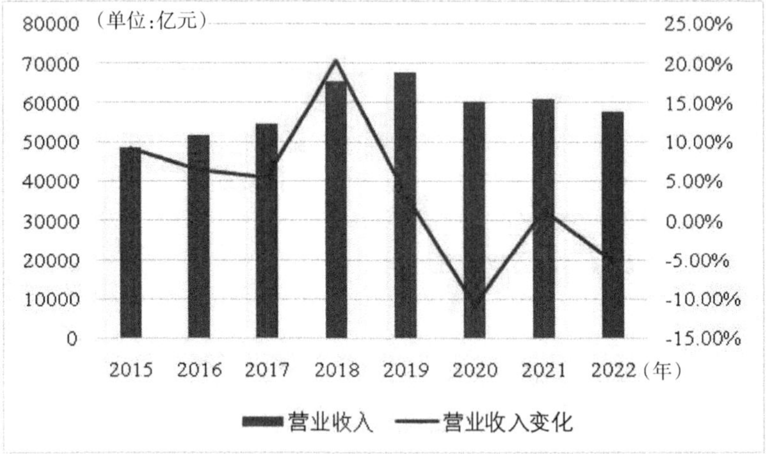

图1-5　2015—2022年中国通信制造产业营业收入变化

（2）毛利润

2015—2022年，中国通信制造产业毛利润呈现明显的波动变化态势。2015—2019年中国通信制造产业毛利润逐年增加，其中2016年毛利润增速最快，达到91.3%，2019年毛利润最多，达到6650.58亿元。受疫情影响，2020年产业毛利润开始大幅下滑，下滑幅度约为64.29%。2022年，中国通信制造产业毛利润从2020年的2375.14亿元增加到3183.62亿元，中国通信制造产业开始回暖（见图1-6）。

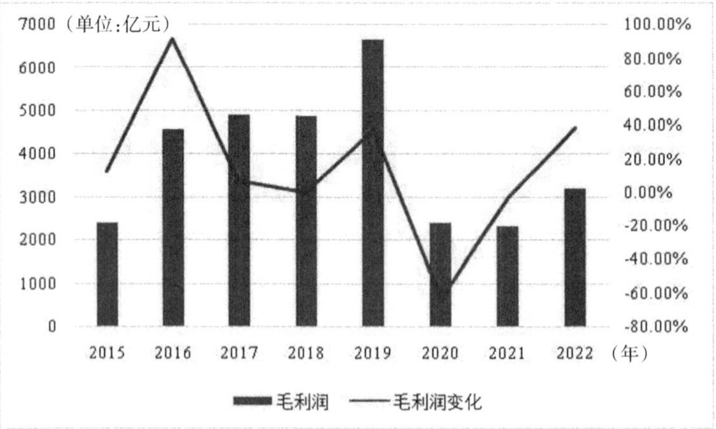

图1-6　2015—2022年中国通信制造产业毛利润变化

2. 一级市场

从投融资次数来看，2015—2023年，中国通信制造产业的投融资次数呈上升趋势。2015—2023年，中国通信制造产业的总投融资次数为1751次，平均每年约195次，投融资次数较少。进入2021年，投融资活跃度开始大幅上升。2021年中国通信制造产业总投融资次数为403次，2023年中国通信制造产业总投融资次数为230次（见图1-7）。

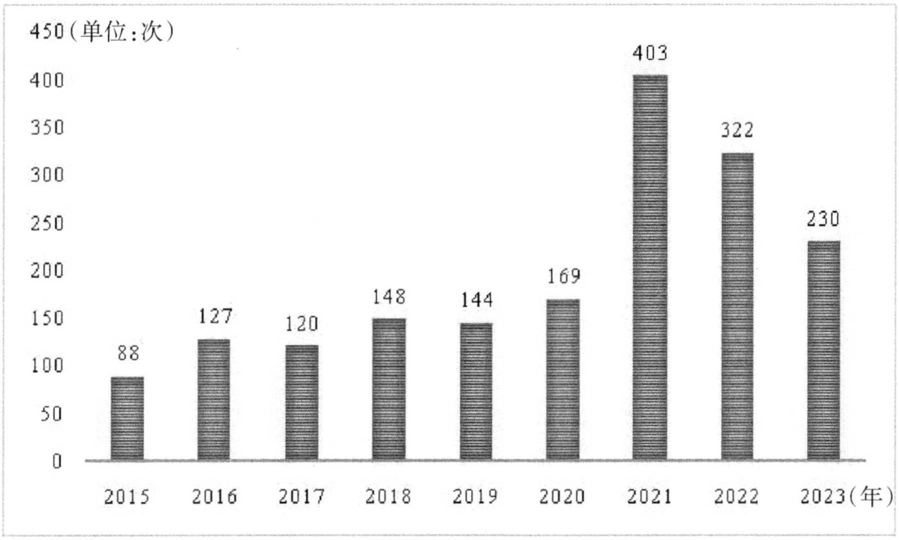

图1-7　2015—2023年中国通信制造产业投融资次数变化

（三）知识产权

从知识产权申请数量来看，2023年4月—2024年2月，中国通信制造产业知识产权总申请数量为484576件。其中发明专利、商标、作品著作权和软件著作权的申请数量分别为138348件、66546件、111155件和168527件。软件著作权的申请数量最多，约占中国通信制造产业知识产权申请总量的34.78%（见图1-8）。

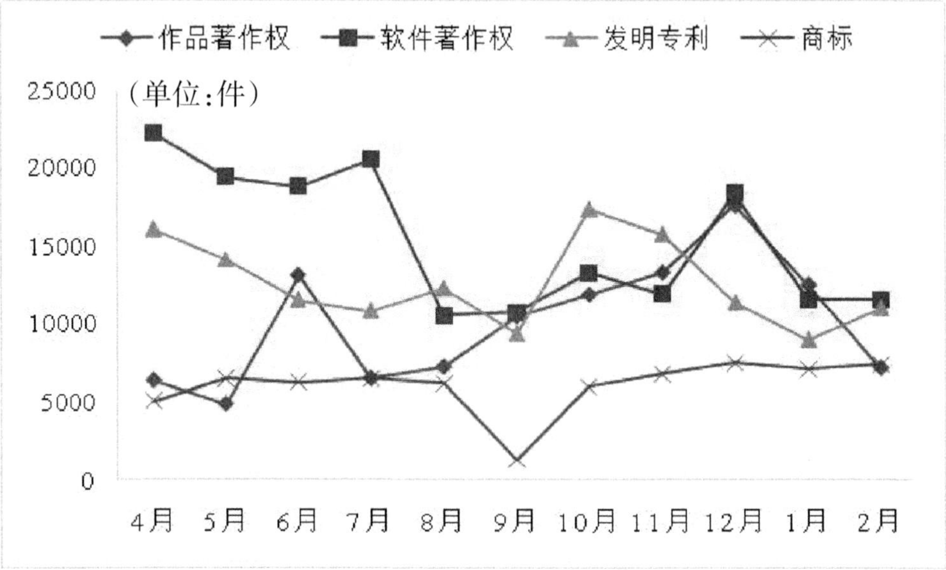

图1-8　2023年4月—2024年2月中国通信制造产业知识产权变化

二、电子设备制造产业

(一)企业分布

1.产业发展趋势

2015—2023年,中国电子设备制造产业企业数量呈逐年递增的态势,其中2023年新增企业数量最多,新增了228715家企业,现存企业1659353家,比2022年增长了约15.99%(见图1-9)。

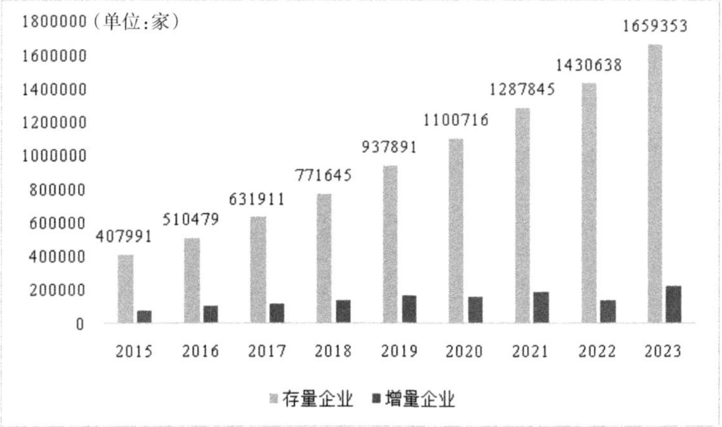

图1-9　2015—2023年中国电子设备制造产业企业数量变化

2.资质企业分布

从资质企业分布来看，被资质认定的电子设备制造企业共有160218家，企业资质认定类型共分为11种，与通信制造企业资质分类不同的是，电子设备制造企业没有民营科技企业，而有创新创业大赛。数据显示，电子设备制造企业中，认定为高新技术企业的约占42.65%，认定为创新型中小企业的约占13.10%，认定为专精特新企业的约占11.51%。电子设备制造企业中，有超过一半的企业具备行业领先水平，具有高水平的创新能力和研发实力，企业的技术有较高的市场价值（见图1-10）。

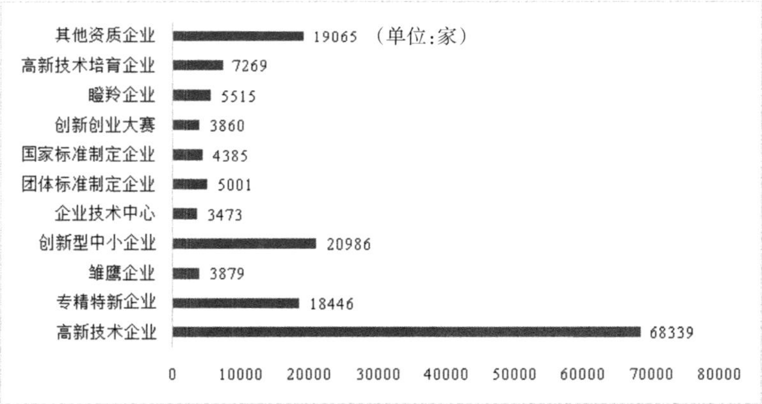

图1-10　电子设备制造产业资质企业分布

3.投融资轮次分布

从电子信息制造产业投融资轮次来看，2024年1—2月，大部分集中在天使轮、B轮融资和A轮融资，其次是战略投资和C轮融资。从整体来看，早期投资的数量占比较多，产业处于初创和扩充业务阶段（见图1-11）。

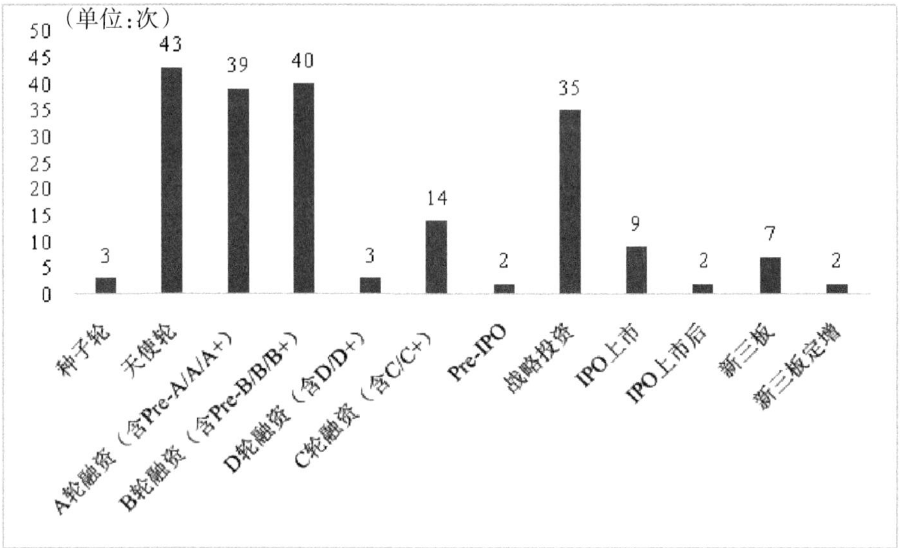

图1-11　2024年1—2月中国电子设备制造企业投融资轮次分布

（二）资本市场

1.二级市场

（1）产业规模

数据显示，2015—2018年中国电子设备制造产业营业收入呈逐年上升趋势，增长速度均高于5%。2022年，中国电子设备制造产业营业收入实现83501亿元，同比增长10.86%。由此说明，中国电子设备制造企业规模较大，且一直保持稳中向好的发展态势（见图1-12）。

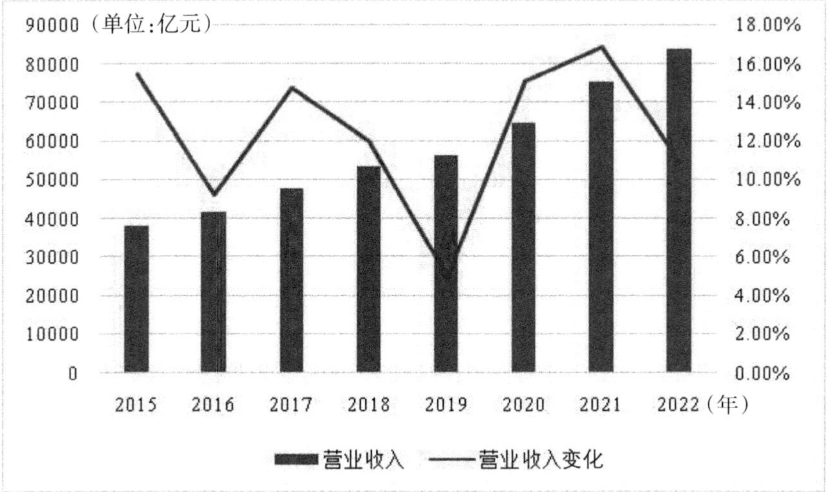

图1-12　2015—2022年中国电子设备制造产业营业收入变化

(2)毛利润

2015—2019年中国电子设备制造产业毛利润整体呈上升趋势。2022年,中国电子设备制造产业毛利润实现9221.15亿元,同比增长18.34%。由此说明,中国电子设备制造产业的盈利能力较强,产业商品的市场竞争力在持续上升。

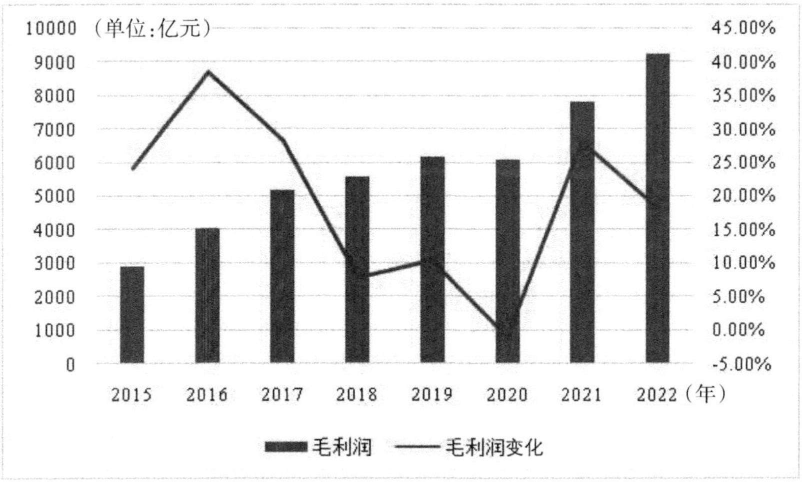

图1-13　2015—2022年中国电子设备制造产业毛利润变化

2.一级市场

从投融资次数来看，2015—2023年，中国电子设备制造产业的投融资次数整体呈上升趋势（见图1-14）。

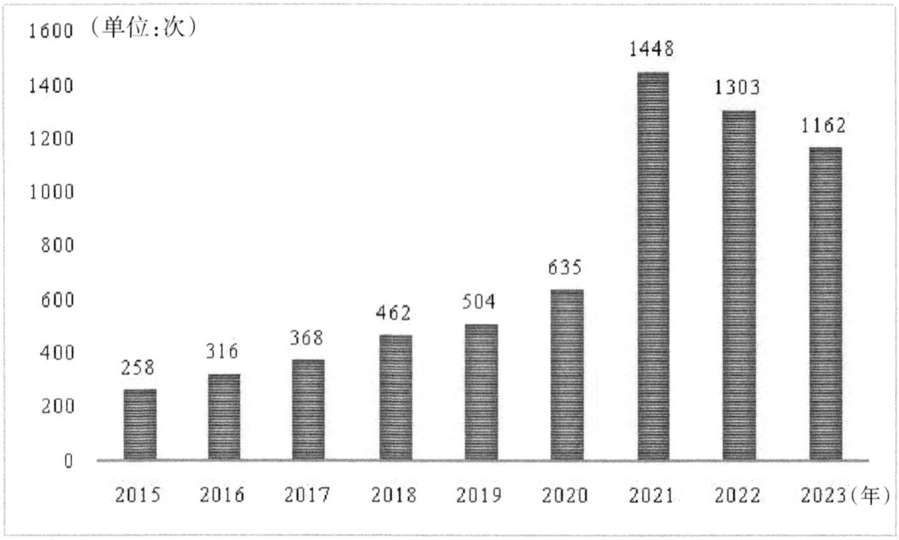

图1-14　2015—2023年中国电子设备制造产业投融资次数变化

2015—2023年，中国电子设备制造产业的总投融资次数为6456次，平均每年约717次，产业投融资较为活跃。进入2021年，投融资活跃度开始大幅上升，2021年中国电子设备制造产业投融资次数为1448次，2021年增幅约128.03%；2023年中国电子设备制造产业投融资次数为1162次，同比2022年下降约10.82%。尽管2022—2023年投融资次数有所下滑，但都高于2020年及之前各年度水平，融资活跃度整体较高。

（三）知识产权

图1-15表明了2023年中国电子设备制造产业知识产权发展现状。数据显示，2023年4月—2024年2月中国电子设备制造产业知识产权申请总数量为870715件，其中发明专利申请数量最多共468354件，约占中国

电子设备制造产业知识产权申请总量的53.79%。作品著作权和商标申请数量位居第二和第三，分别有220771件和123789件，分别约占中国电子设备制造产业知识产权申请总量的25.36%和14.22%。软件著作权数量有57801件，约占中国电子设备制造产业知识产权申请总量的6.64%。

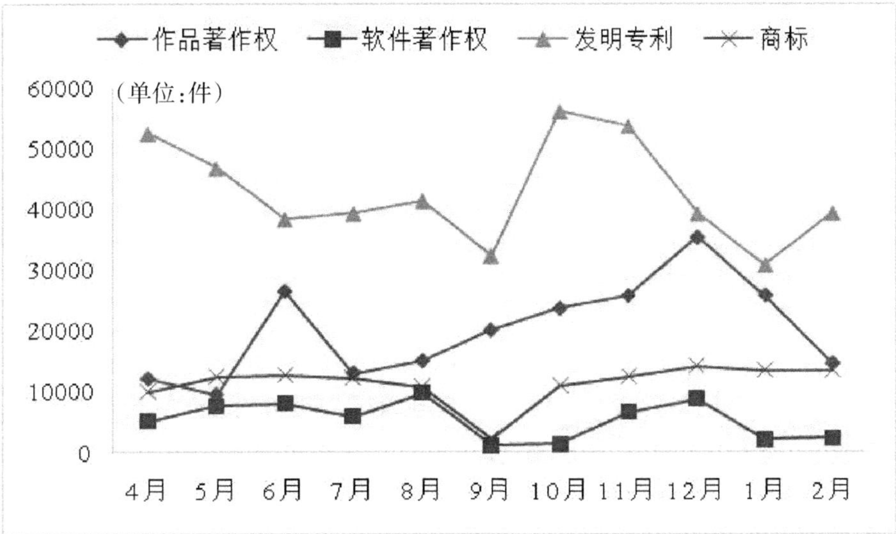

图1-15　2023年4月—2024年2月电子设备制造产业知识产权变化

三、软件服务产业

(一)企业分布

1.产业发展变化

2015—2023年，软件服务产业企业数量逐年递增。2023年新增企业数量最多，新增了356150家企业，现存企业1991497家，同比增长约21.78%，软件服务产业实现快速发展(见图1-16)。

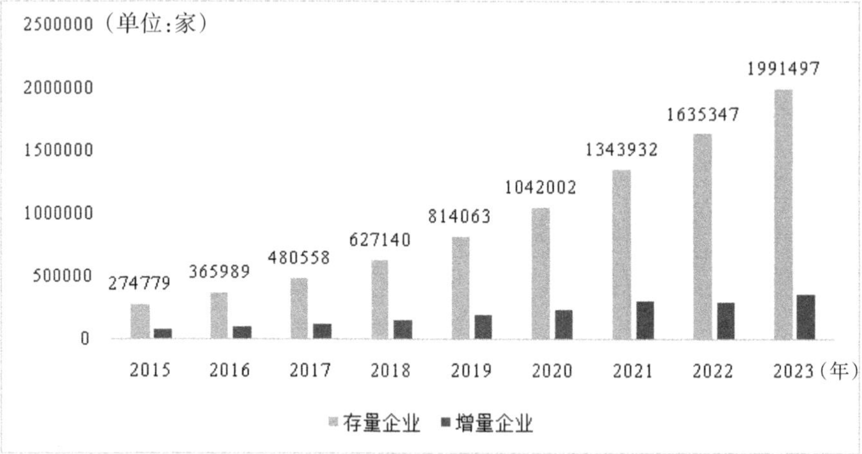

图1-16　2015—2023年中国软件服务产业企业数量

2.资质企业分布

从资质企业分布来看，被资质认定的软件服务企业共有144656家，企业资质认定类型共分为11种，由数据可知，软件服务产业资质企业中，认定为高新技术企业的约占46.08%，认定为创新型中小企业的约占11.85%，认定为专精特新企业的约占9.24%。软件服务产业资质企业中有超过一半的企业具备行业领先水平，具有高水平的创新能力和研发实力，企业的技术有较高的市场价值（见图1-17）。

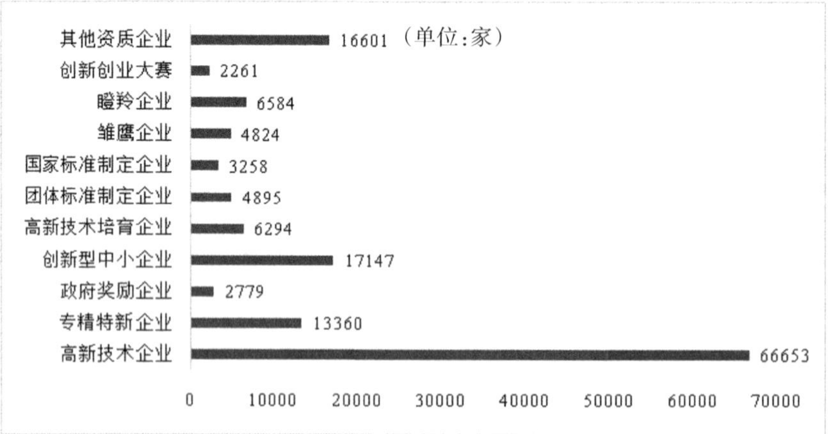

图1-17　软件服务产业资质企业分布

3. 投融资轮次分布

数据显示，2024年1—2月中国软件服务产业投融资轮次由早期投资占主导，其中A轮融资和天使轮占比分别约为36.29%和19.35%，其次是B轮融资和战略投资占比约为13.31%，C轮融资占比约为6.05%（见图1-18）。

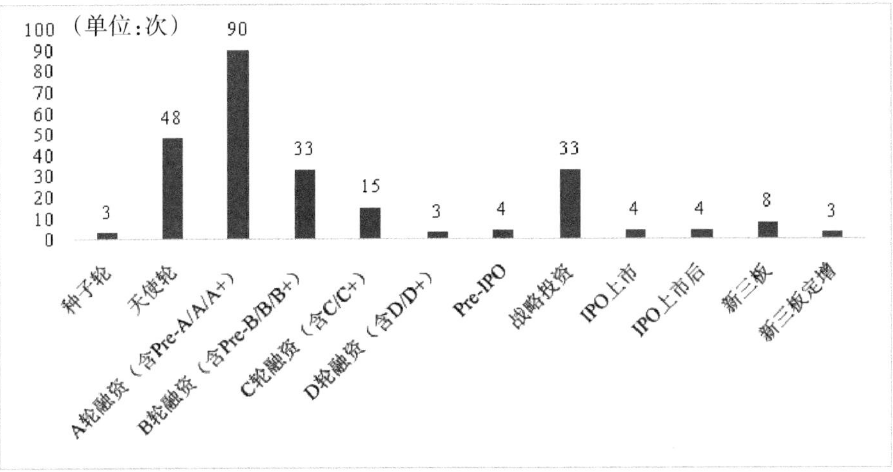

图1-18　2024年1—2月中国软件服务产业投融资轮次分布

（二）资本市场

1. 二级市场

（1）产业规模

2015—2022年中国软件服务产业营业收入主要呈递增的趋势。2018年软件服务产业营业收入增长速度最快，同比增长55%。2020年营业收入有所下滑，下降到28379亿元，下滑速度为1.42%，可能是受疫情影响，导致产业营业收入有所下降。2022年，中国软件服务产业实现营业收入最高，达到35757亿元，同比增长5.41%。由数据可知，中国软件服务产业发展稳步增长，前景广阔（见图1-19）。

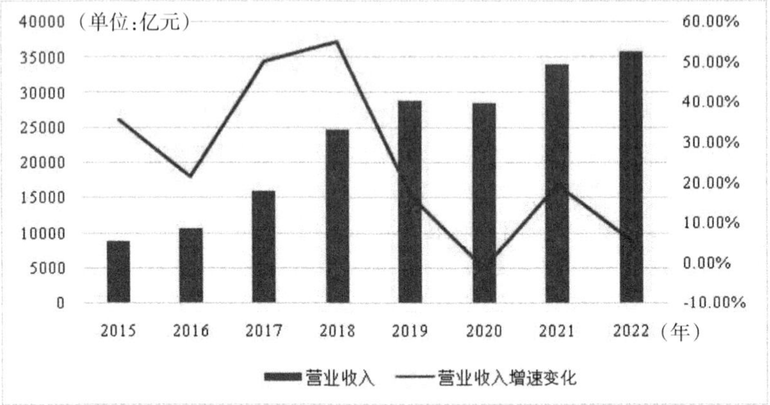

图1-19　2015—2022年中国软件服务营业收入变化

（2）毛利润

数据显示，2015—2022年中国软件服务产业毛利润变化波动较大。2019年中国软件服务产业毛利润最高，增长速度最快，毛利润总额实现6952.98亿元，增长速度为157.62%。2020年产业毛利润大幅下降，下降到3446.1亿元，同比下降50.44%。2021—2022年中国软件服务产业毛利润开始增加，但都没有2019年获得的毛利润多。2022年，中国软件服务产业毛利润达到5535.64亿元，同比增长36.31%。随着中国软件服务产业营业收入的增加，毛利润也在稳定增加，说明中国软件服务产业有着良好的发展前景（见图1-20）。

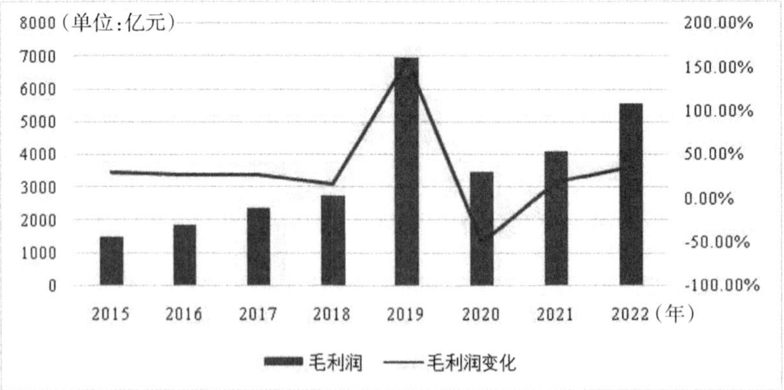

图1-20　2015—2022年中国软件服务产业毛利润变化

2.一级市场

从投融资次数来看,2015—2023年中国软件服务产业投融资次数呈明显的波动变化态势。2015—2023年,中国软件服务产业总投融资次数为8535次,平均每年约948次。进入2021年投融资活跃度开始上升,且2021年该产业的投融资次数为2119次,增幅约148.42%,投融资次数历年最高且增长速度最快。2022—2023年中国软件服务产业投融资次数逐年减少,但比2021年以前各个年份的投融资次数多(见图1-21)。

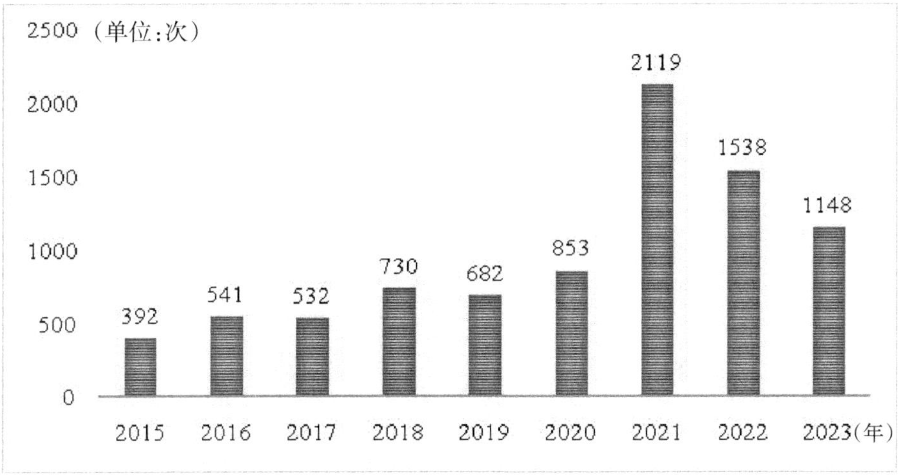

图1-21　2015—2023年中国软件服务产业投融资次数变化

(三)知识产权

从知识产权申请数量的角度,2023年4月—2024年2月中国软件服务产业知识产权申请数量持续增长且总申请数量为966766件。其中发明专利、商标、作品著作权和软件著作权的数量分别为305950件、188096件、364336件和108384件。作品著作权申请数量最多,约占中国软件服务产业知识产权申请总量的37.69%(见图1-22)。

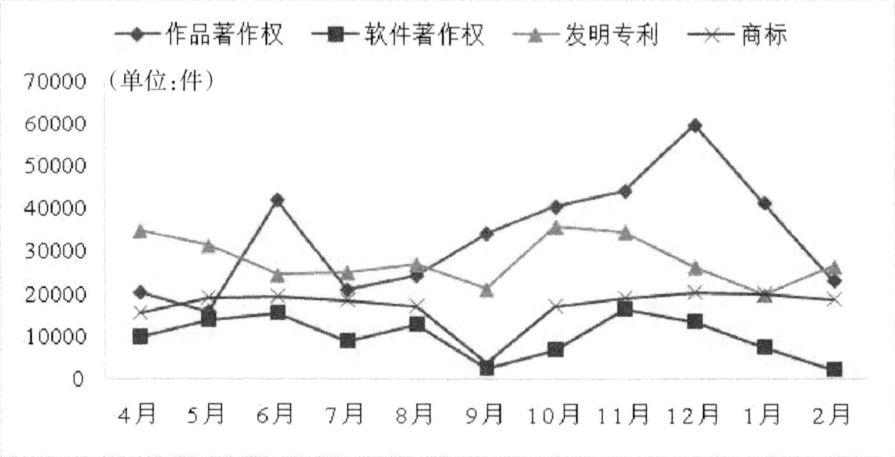

图1-22　2023年4月—2024年2月软件服务产业知识产权变化

四、信息技术服务产业

(一)企业分布

1.产业发展趋势

2015—2023年，中国信息技术服务企业数量呈逐年递增的趋势。2023年，中国信息技术服务企业数量达到3865279家，同时是企业数量增长最多的一年，2023年新增了771708家企业，比2022年增长约24.95%(见图1-23)。

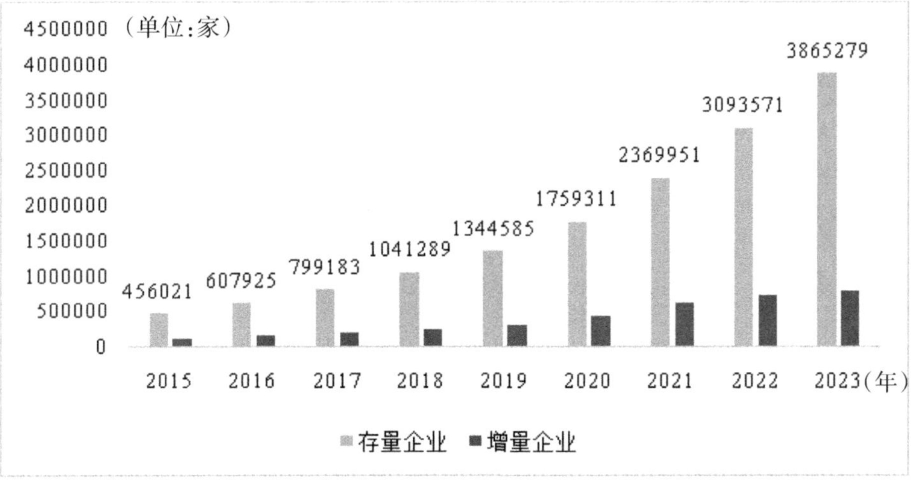

图 1-23　2015—2023 年中国信息技术服务产业企业数量变化

2. 资质企业分布

数据显示，信息技术服务企业中，认定为高新技术企业占比最大，约占 46.24%，其次是创新型中小企业约占 12.45%，超一半的信息技术服务企业具备行业领先水平，反映了信息技术服务行业的蓬勃发展态势和持续增长的市场需求（见图 1-24）。

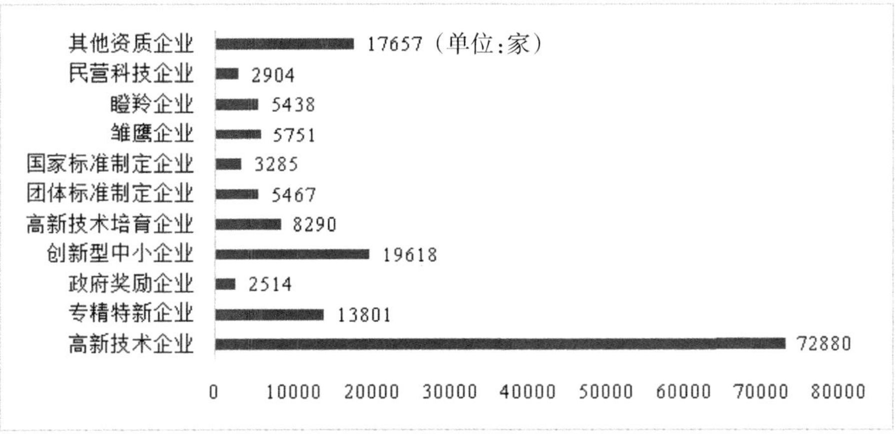

图 1-24　信息技术服务产业资质企业分布

3.投融资轮次分布

从信息技术服务产业投融资轮次分析，2024年1—2月信息技术服务产业的投融资轮次仍处于早期阶段，A轮融资共有103次，约占比39.62%；天使轮有54次，约占比20.77%；战略投资和B轮融资分别有38次和36次，占比分别约为14.62%和13.85%，而C轮融资等较少（见图1-25）。

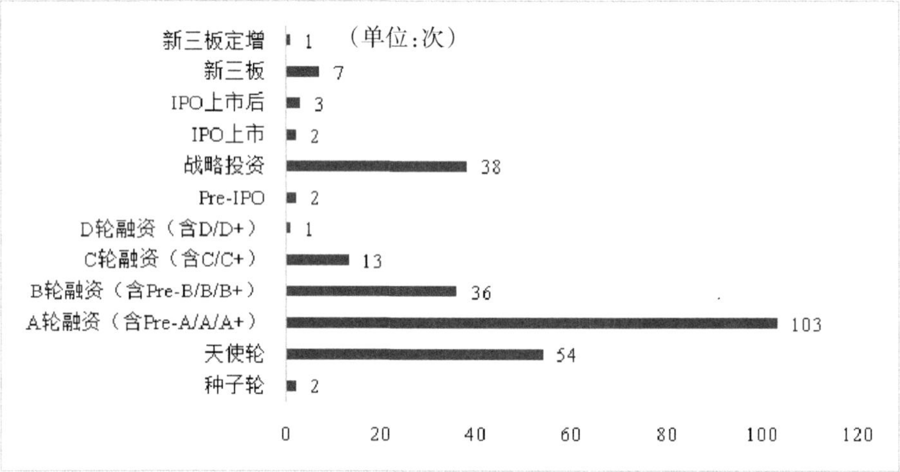

图1-25　2024年1—2月中国信息技术服务产业投融资轮次分布

（二）资本市场

1.二级市场

（1）产业规模

2015—2022年中国信息技术服务产业营业收入呈现波动变化的态势。2015—2019年中国信息技术服务产业营业收入逐年增长，且增长速度均高于5%。2020—2021年，中国信息技术服务产业营业收入小幅度下滑，分别同比下降4.08%和3.73%。2022年中国信息技术服务产业营业收入开始增长，2022年的营业收入从2021年的13749亿元增长到19111亿元，同比增长约39.00%，甚至创历史新高。由此可见，中国信息技术服务产业发展态势良好（见图1-26）。

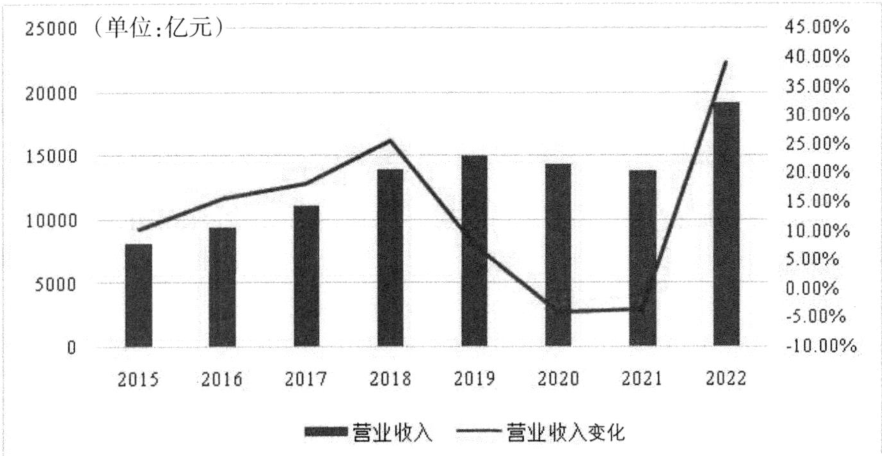

图1-26　2015—2022年中国信息技术服务营业收入变化

（2）毛利润

2015—2022年中国信息技术服务产业毛利润增长速度均高于2%。2022年中国信息技术服务产业毛利润总额实现历年最高，且增长速度最快，产业毛利润达到3790.2亿元，同比增长135.54%。随着中国信息技术服务产业营业收入的增加，毛利润也在稳定增加，说明中国信息技术服务产业有着良好的发展前景（见图1-27）。

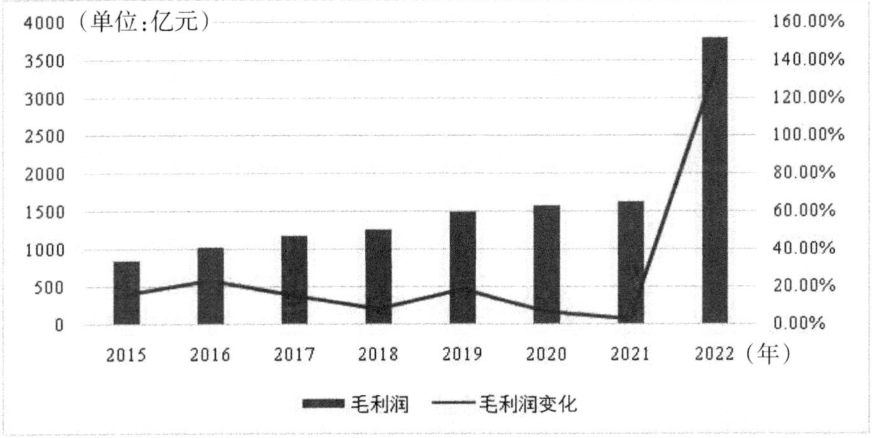

图1-27　2015—2022年中国信息技术服务产业毛利润变化

2.一级市场

从投融资次数来看，2015—2023年中国信息技术服务产业的投融资次数呈现波动变化的态势，2015—2023年，中国信息技术服务产业的总投融资次数为7887次，平均每年约876次，投融资较为活跃。2015—2021年我国信息技术服务产业投融资次数稳步增加，其中，2021年该产业的投融资次数达到峰值，共1994次，约是2020年投融资次数的2.6倍，投融资活跃度迅猛上升。2022—2023年投融资次数分别为1536次和1313次，相比于2021年投融资次数减少，但比2021年以前各个年份的投融资次数都多（见图1–28）。

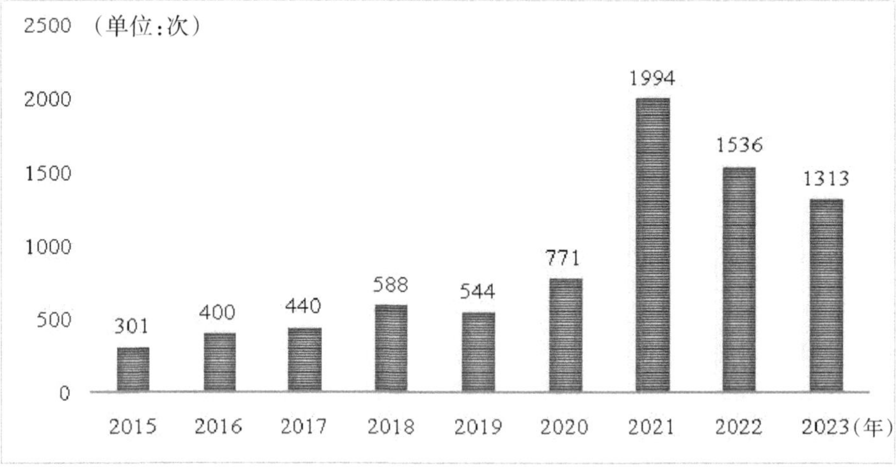

图1–28　2015—2023年中国信息技术服务产业投融资次数变化

（三）知识产权

图1–29表明了2023年4月—2024年2月中国信息技术服务产业知识产权发展现状。数据显示，2023年4月—2024年2月中国信息技术服务产业知识产权申请总数量为1239251件，其中作品著作权申请数量最多，共418929件，约占中国信息技术服务产业知识产权申请总量的33.81%；发明专利和商标申请数量位居第二和第三，分别有313062件和292223件，

约占信息技术服务产业知识产权申请总量的25.26%和23.58%。软件著作权申请数量有215037件，约占中国信息技术服务产业知识产权申请总量的17.35%。中国信息技术服务产业作品著作权、软件著作权、发明专利和商标分布较为均匀，知识产权申请数量较多，说明中国信息技术服务产业创新水平高（见图1-29）。

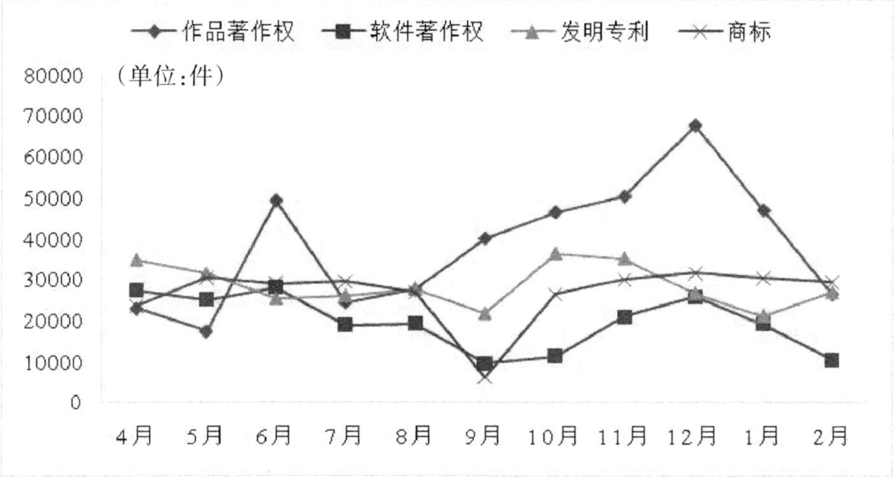

图1-29　2023年4月—2024年2月中国信息技术服务知识产权变化

五、工业互联网产业

（一）企业分布

1.产业发展变化

2015—2023年工业互联网产业企业数量呈逐年增长的趋势。其中2023年新增企业数量最多，新增了157002家企业，现存企业995624家，同比增长约18.72%，工业互联网产业发展实现稳步增长，其中在“十四五”规划开始后企业增长速度更快（见图1-30）。

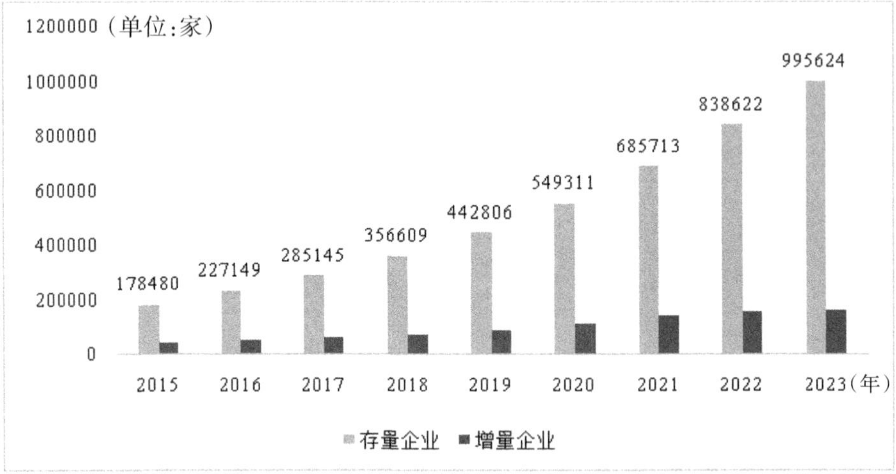

图1-30　2015—2023年中国工业互联网产业企业数量变化

2.资质企业分布

工业互联网产业资质认定企业共有109532家，在11种资质分类中，高新技术企业占比最大，约占43.25%，其次是创新型中小企业、专精特新企业和高新技术培育企业，约分别占12.46%、10.85%和4.61%（见图1-31）。

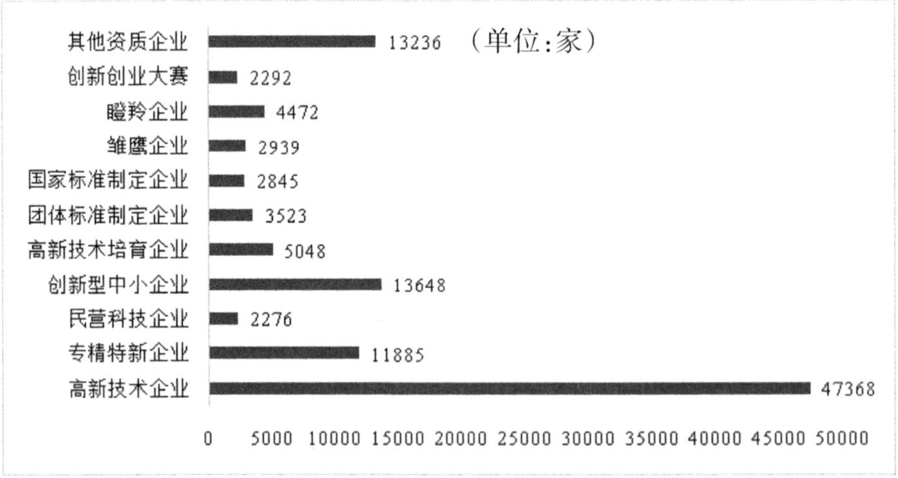

图1-31　工业互联网产业资质企业分布

3. 投融资轮次分布

从工业互联网产业投融资轮次分析，2024年1—2月工业互联网产业的投融资轮次仍处于早期阶段，A轮融资共有70次，约占比37.23%；战略投资有36次，约占比19.15%；B轮融资和天使轮分别有27次和24次，约占比分别为14.36%和12.77%（见图1-32）。

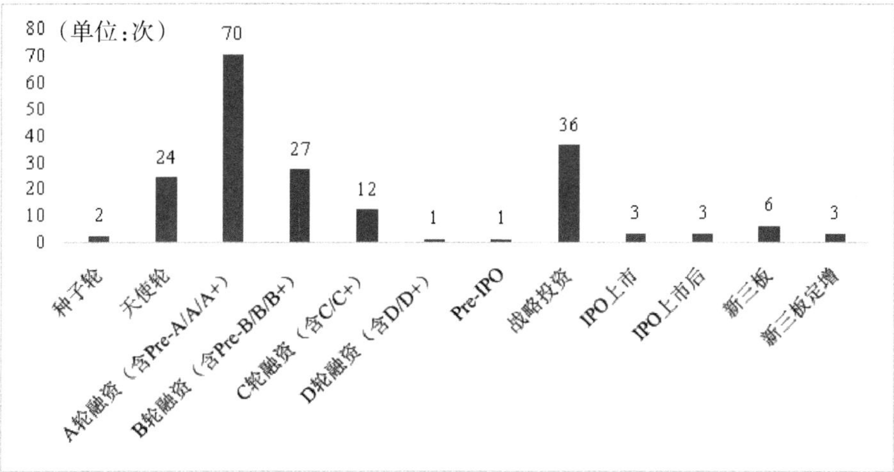

图1-32　2024年1—2月中国工业互联网产业投融资轮次分布

（二）资本市场

1. 二级市场

（1）产业规模

2015—2022年，中国工业互联网产业营业收入变化趋势见图1-33。

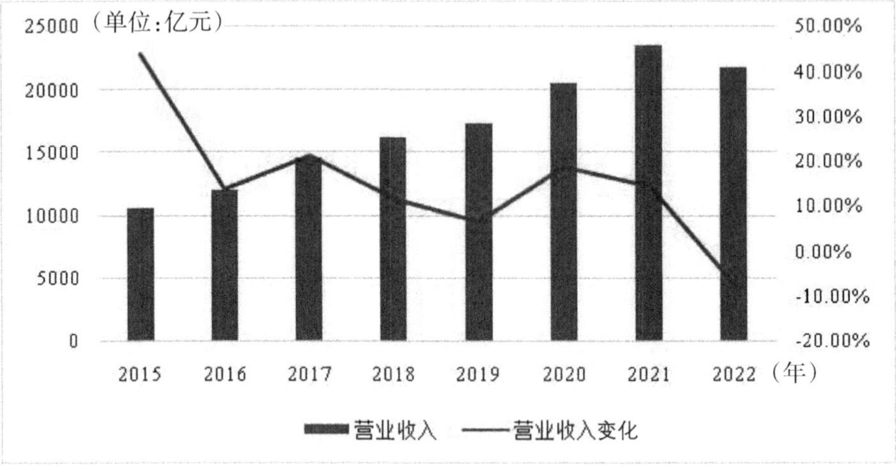

图1-33　2015—2022年中国工业互联网产业营业收入变化

2015—2021年，中国工业互联网产业营业收入增长速度均在6%以上，截至2021年，中国工业互联网产业营业收入最高，达到23403亿元，同比增长14.37%，工业互联网产业发展稳步增长。2022年中国工业互联网产业营业收入为21636亿元，下滑速度为7.55%，与2021年相比营业收入虽有所下滑，但高于2021年以前各个年份的营业收入。可见，中国工业互联网产业发展态势良好。

(2)毛利润

2015—2022年中国工业互联网产业毛利润呈明显的波动变化态势。其中，2016年中国工业互联网产业毛利润增长速度最快，同比增长136.68%；2019年产业获得的毛利润最高，共计5294.7亿元，增长速度为46.46%；2020年产业毛利润大幅下降，下滑到2535.68亿元，下滑速度为52.11%，甚至低于疫情之前的收益，说明该产业在2020年受到疫情的冲击较大；2021年产业毛利润开始缓慢增加；2022年，中国工业互联网产业毛利润为3522.31亿元，同比增长12.68%(见图1-34)。

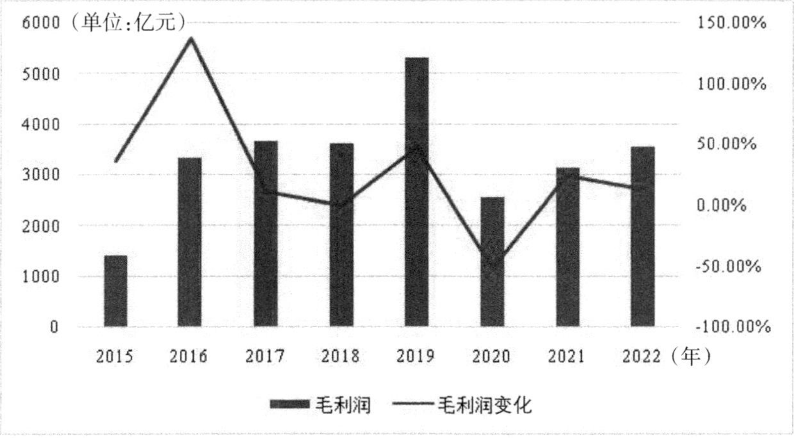

图1-34　2015—2022年中国工业互联网产业毛利润变化

2.一级市场

图1-35显示了中国工业互联网产业的投融资现状。数据表明，2015—2023年，中国工业互联网产业投融资次数主要呈增长趋势。2021年之前各年度投融资次数均未超过600次。2021年该产业的投融资次数达到峰值，共计1390次，比2020年增加了793次。2022—2023年投融资次数逐年减少，但比2021年以前各个年份的投融资次数都多，中国工业互联网产业投融资开始变得活跃(见图1-35)。

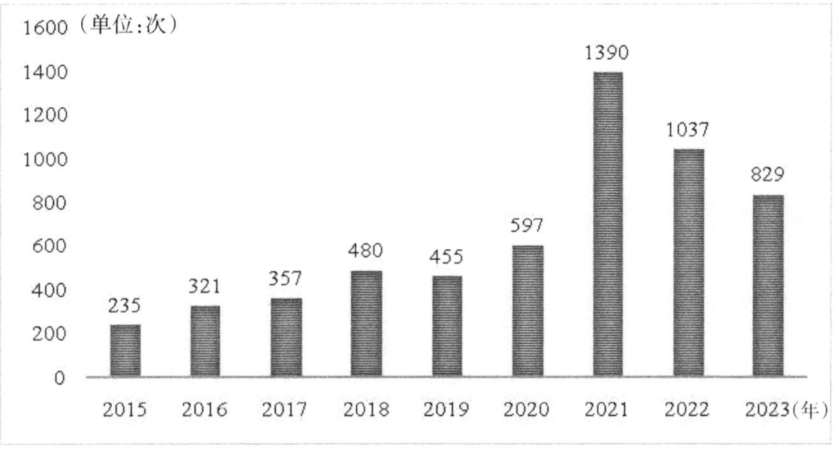

图1-35　2015—2023年中国工业互联网产业投融资次数变化

(三)知识产权

图1-36表明了2023年4月—2024年2月中国工业互联网产业知识产权发展现状。2023年4月—2024年2月中国工业互联网产业知识产权申请总数量为672982件,其中发明专利申请数量最多共277710件,约占中国工业互联网产业知识产权申请总量的41.27%,增长速度最快。作品著作权和商标申请数量位居第二和第三,分别有203745件和118496件,约占工业互联网产业知识产权申请总量的30.27%和17.61%。软件著作权申请数量有73031件,约占中国工业互联网产业知识产权申请总量的10.85%,占比较少。中国工业互联网产业知识产权申请数量较多且增长较快(见图1-36)。

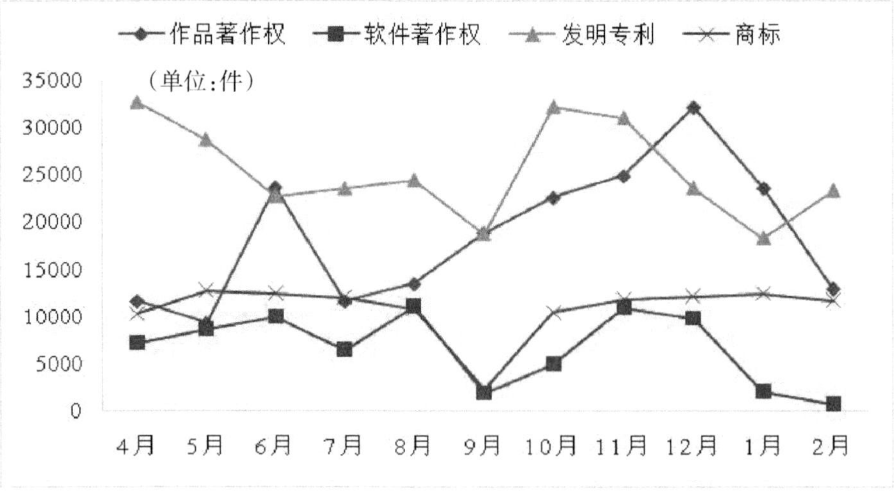

图1-36　2023年4月—2024年2月中国工业互联网知识产权变化

六、云计算产业

（一）企业分布

1.产业变化

2015—2023年，云计算产业企业数量呈逐年增长的趋势。其中2023年新增企业数量最多，新增了368328家企业，现存企业2367604家，约同比增长18.42%，云计算产业发展实现稳步增长（见图1-37）。

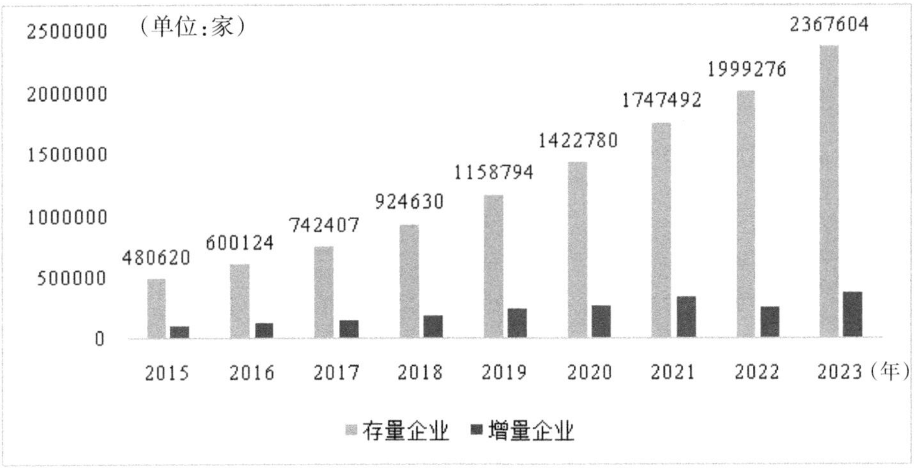

图1-37　2015—2023年中国云计算产业企业数量变化

2.资质企业分布

云计算企业中，认定为高新技术企业占比最大，约占42.28%，其次是创新型中小企业，约占9.95%，由此说明，超一半的云计算企业具备行业领先水平，反映了信息技术服务行业的蓬勃发展态势和持续增长的市场需求（见图1-38）。

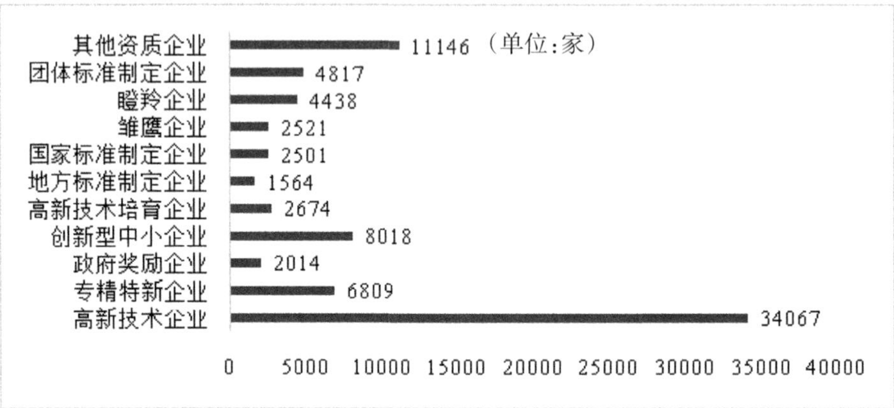

图1-38 云计算资质企业分布

3.投融资轮次分布

从云计算产业投融资轮次分析，2024年1—2月云计算产业的融资轮次仍处于早期阶段，A轮融资共有51次，约占比31.88%，占比最大；天使轮有38次，占比23.75%；战略投资、B轮融资和C轮融资分别有23次、17次和10次，占比分别为14.38%、10.63%和6.25%（见图1-39）。

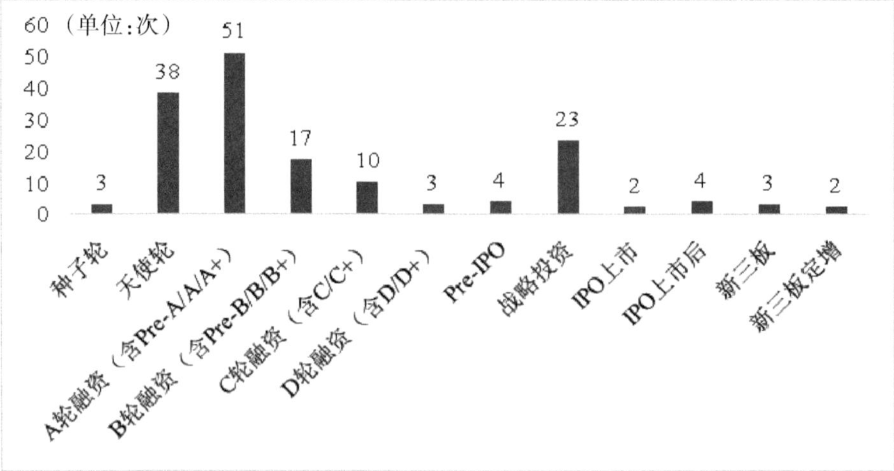

图1-39 2024年1—2月中国云计算产业投融资轮次分布

（二）资本市场

1.二级市场

（1）产业规模

2015—2021年中国云计算产业营业收入稳步增长（见图1-40）。

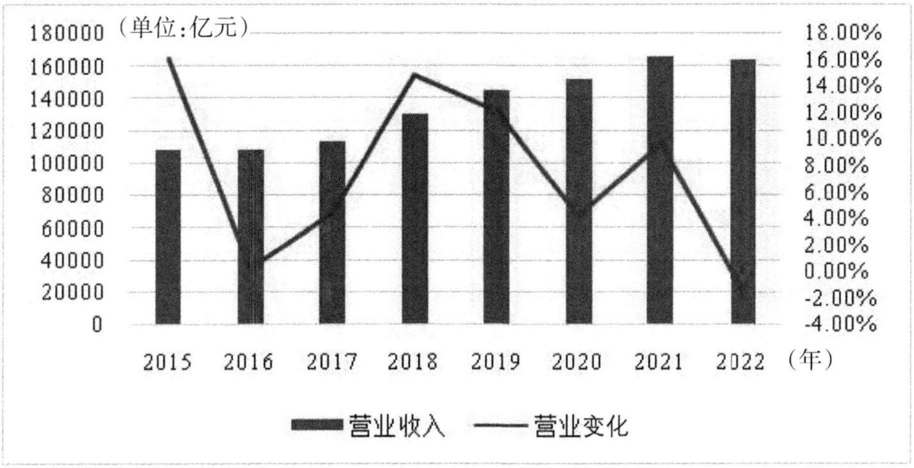

图1-40　2015—2022年中国云计算营业收入变化

2015年中国云计算产业营业收入增长速度最快，增速达到16.04%，营业收入为107483亿元。2021年云计算产业营业收入最高，达到165414亿元，同比增长9.59%。2022年，云计算产业营业收入162948亿元，虽然有所下滑，但仍比2021年之前的营业收入高，说明中国云计算产业发展态势较好。

（2）毛利润

2015—2022年中国云计算产业毛利润呈波动增长状态。2019年云计算产业毛利润最高，共计29665.9亿元，同比增长28.99%，增长速度最快。2022年，中国云计算产业毛利润达到29383.11亿元，同比下降2.4%（见图1-41）。

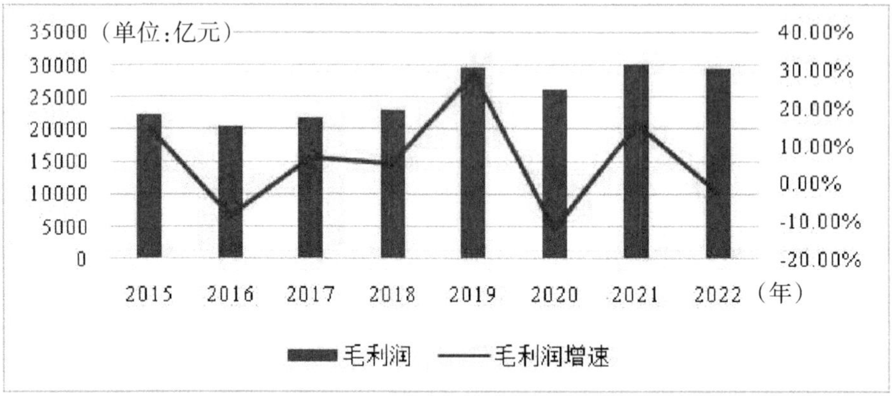

图1-41　2015—2022年中国全国云计算产业毛利润变化

2.一级市场

从投融资次数来看，2015—2023年，中国云计算产业的投融资次数呈现波动变化的态势，2015—2023年，中国云计算产业的总投融资次数为5980次，平均每年约664次，投融资较为活跃（见图1-42）。

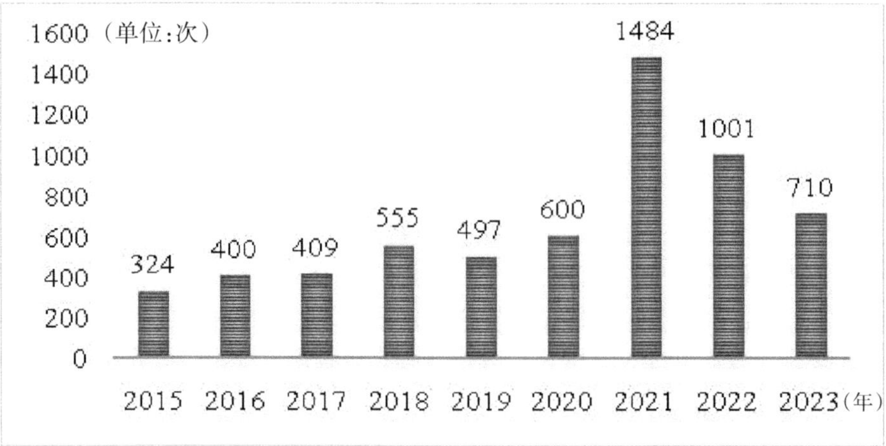

图1-42　2015—2023年中国云计算投融资次数变化

2015—2021年我国云计算产业投融资次数不断变化，其中，2021年该产业的投融资次数达到峰值，共1484次，约是2020年投融资次数的2.5倍，投融资活跃度迅猛上升。2022—2023年投融资次数逐年减少，但比

2021年以前各年份的投融资次数都多。

（三）知识产权

2022年4月—2023年2月中国云计算产业知识产权申请总数量为692278件。其中，发明专利申请数量最多共238329件，约占中国云计算产业知识产权申请总量的34.43%；作品著作权和商标申请数量位居第二和第三，分别有202186件和142154件，约占云计算产业知识产权申请总量的29.20%和20.53%；软件著作权申请数量有109609件，约占中国云计算产业知识产权总量的15.83%，占比最少。中国云计算产业知识产权申请数量较多且稳定增长（见图1-43）。

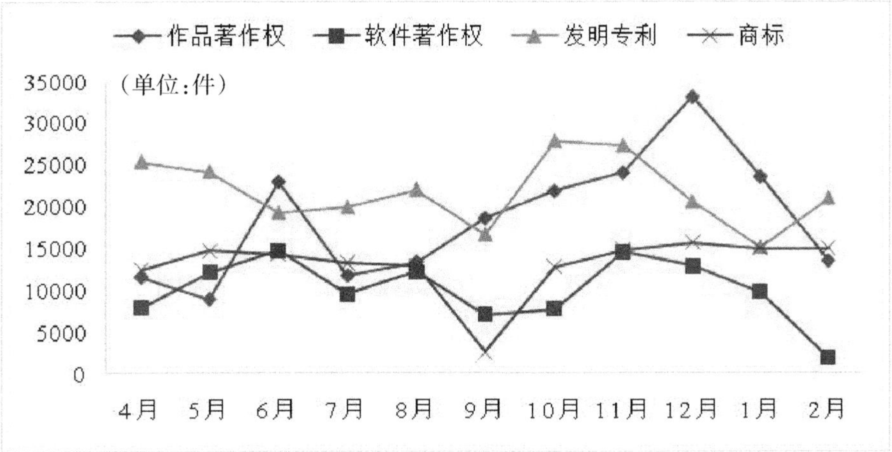

图1-43　2022年4月—2023年2月中国云计算知识产权申请数量变化

七、大数据产业

（一）企业分布

1.产业变化

2015—2023年大数据产业企业数量呈逐年增长的趋势。其中2023年新增企业数量最多，新增了198744家企业，现存企业980701家，同比增长约25.42%，大数据产业发展实现稳步增长，发展态势强劲（见图1-44）。

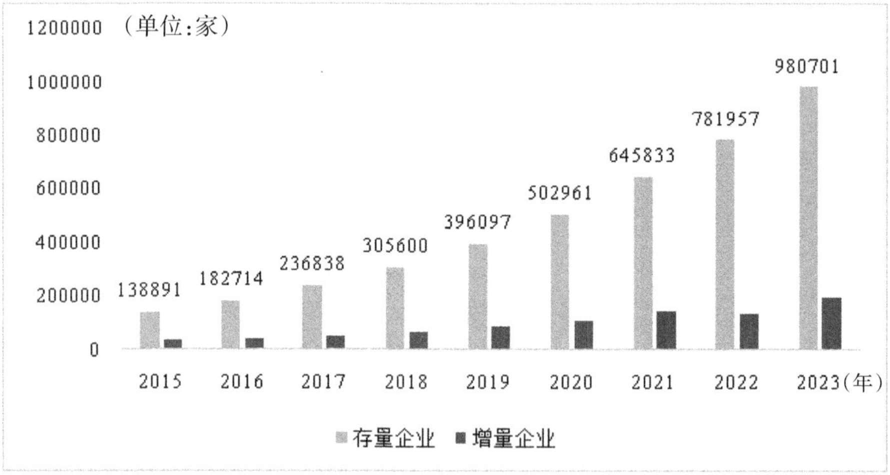

图1-44　2015—2023年中国大数据产业企业数量变化

2.资质企业分布

大数据产业中资质认定企业共有70774家，其中高新技术企业占比最大，约占49.48%，其次创新型中小企业共有9191家，约占比12.99%；瞪羚企业共有3774家，约占比5.33%（见图1-45）。

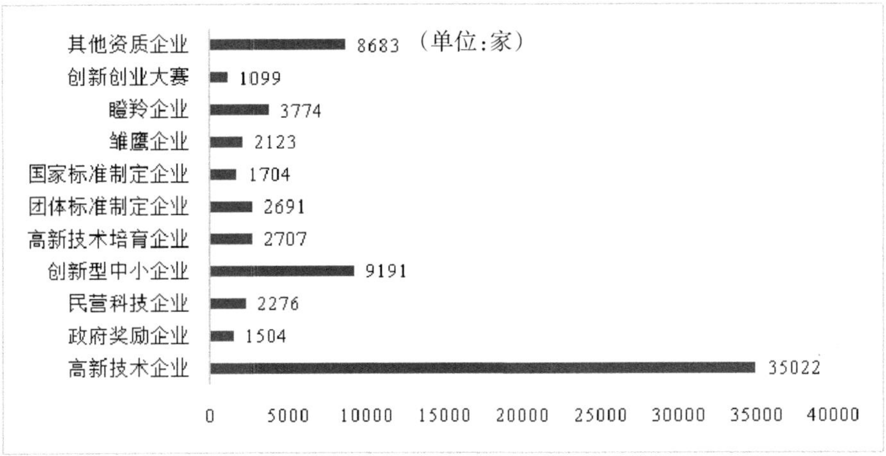

图 1-45　大数据资质企业分布

3. 投融资轮次分布

从大数据产业投融资轮次分析，2024 年 1—2 月大数据产业的融资轮次仍处于早期阶段，A 轮融资共有 60 次，约占比 38.46%；天使轮有 29 次，约占比 18.59%；战略投资、B 轮融资和 C 轮融资分别有 22 次、18 次和 11 次，约占比分别为 14.10%、11.54% 和 7.05%，而 C 轮融资之后的融资较少（见图 1-46）。

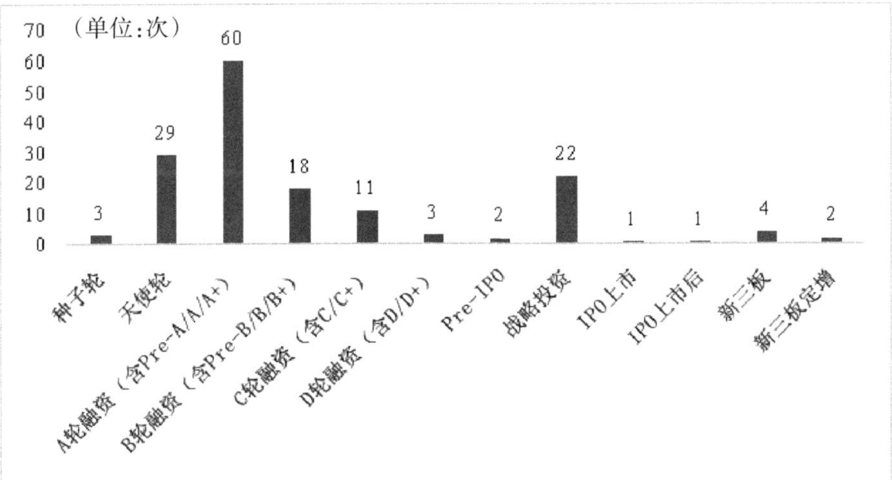

图 1-46　2024 年 1—2 月中国大数据产业投融资轮次分布

(二)资本市场

1.二级市场

(1)产业规模

2015—2023年中国大数据产业营业收入呈明显的波动趋势。2016—2019年中国大数据产业营业收入逐年递增,2016年中国大数据产业营业收入实现24689亿元,同比增长28.42%,增长速度最快。到2019年该产业获得的营业收入增长到37120亿元,增速为7.85%。2020年大数据产业可能受疫情影响大幅度下滑,从2019年的37120亿元下降到30882亿元,速度为-16.80%。2021年收入状况开始好转,2022年该产业营业收入增长到39066亿元,同比增长8.2%,超过疫情之前各时期营业收入,中国大数据产业正逐渐朝更好的方向发展(见图1-47)。

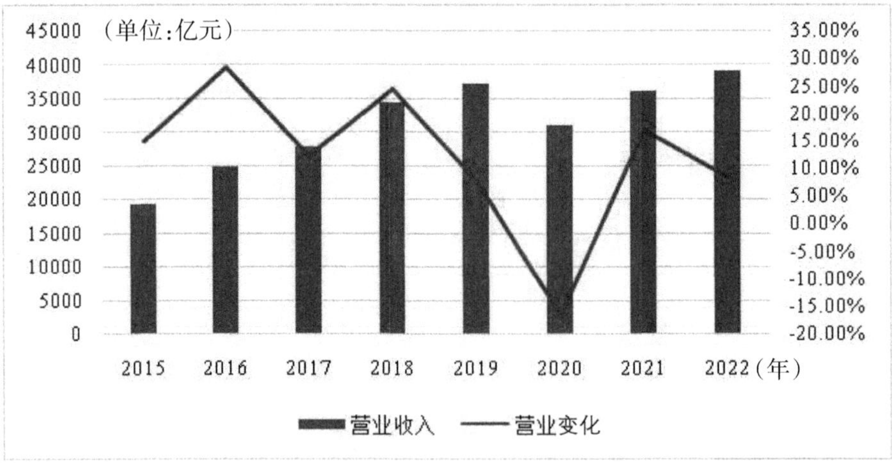

图1-47 2015—2022年中国大数据营业收入变化

(2)毛利润

2015—2022年中国大数据产业毛利润总额明显处于稳步增长阶段,增长速度均高于5%。2015—2021年中国大数据产业毛利润总额增长幅度较为稳定，到2022年，中国大数据产业毛利润总额大幅度上升。2022年中国大数据产业共获得毛利润3017.03亿元，比2021年增长了91.96%，产业收益状况最好（见图1-48）。

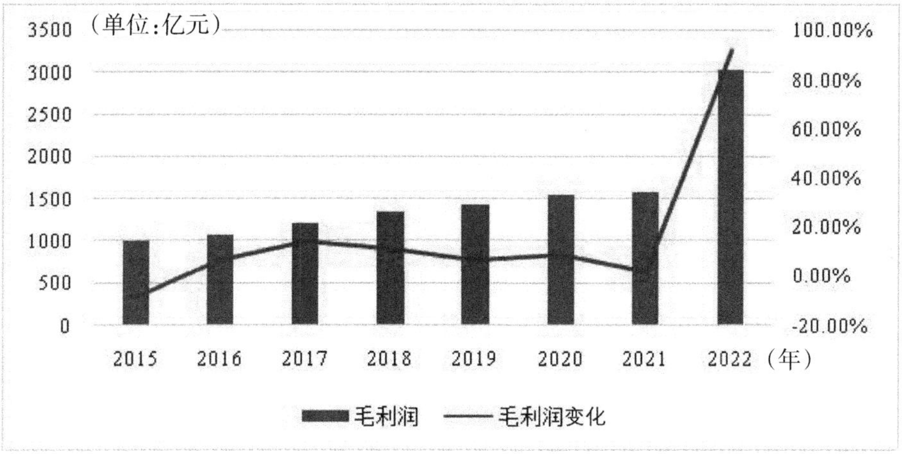

图1-48　2015—2022年中国大数据产业毛利润变化

2.一级市场

2015—2021年中国大数据产业投融资次数基本稳步增加，投融资活跃度较高。2015—2023年中国大数据产业投融资总次数为5619次，平均每年投融资约624次。2021年该产业的投融资次数大幅度增加，共1434次，约是2020年投融资次数的2.5倍，可能受到国家政策支持，2021—2023年中国大数据产业投融资次数均明显高于疫情之前，投融资活跃度大幅上升。2022年和2023年投融资次数虽逐年减少，但都高于年均投融资624次（见图1-49）。

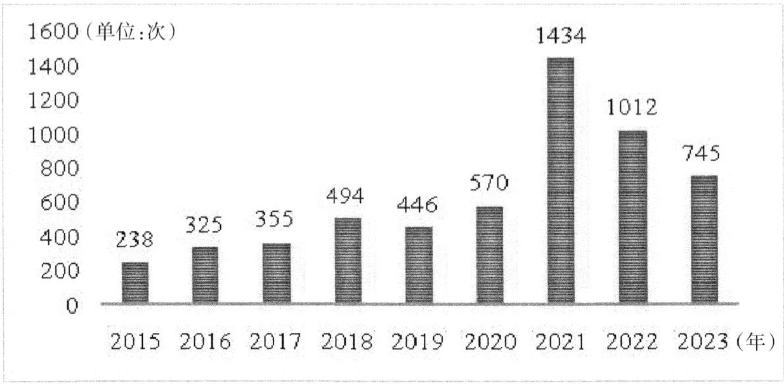

图1-49　2015—2023年中国大数据投融资次数变化

（三）知识产权

从知识产权申请数量的角度分析，2023年4月—2024年2月，中国大数据产业知识产权数量持续变化且总申请数量为566708件。其中发明专利、商标、作品著作权和软件著作权的申请数量分别为165286件、114706件、194894件和91822件。作品著作权申请数量最多，约占中国大数据产业知识产权申请总量的34.39%。2023年4月—2024年2月中国大数据产业知识产权申请数量逐月增加，产业创新能力也在不断提升，产业发展态势较好（见图1-50）。

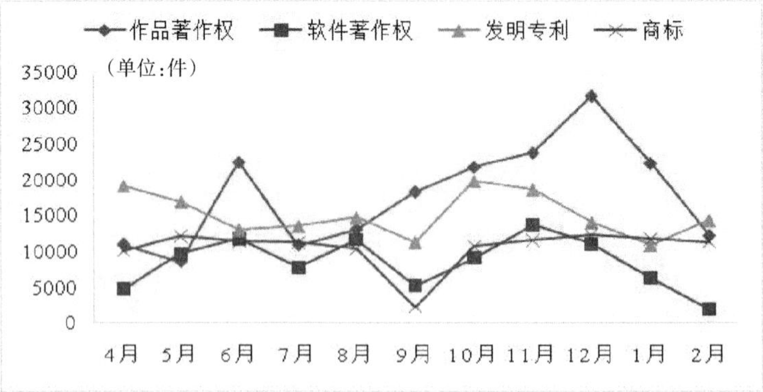

图1-50　2023年4月—2024年2月中国大数据知识产权申请数量变化

第四节　安徽省新一代信息技术产业发展现状

一、产业地图

安徽省新一代信息技术产业的发展图景呈现出新的格局。从城市维度来看，合肥作为安徽省的省会，一直以来都是新一代信息技术产业的重要聚集地，其企业数量遥遥领先于其他地级市，形成了“一市独大”的局面。芜湖市紧随其后，也在产业布局中占据着重要地位。

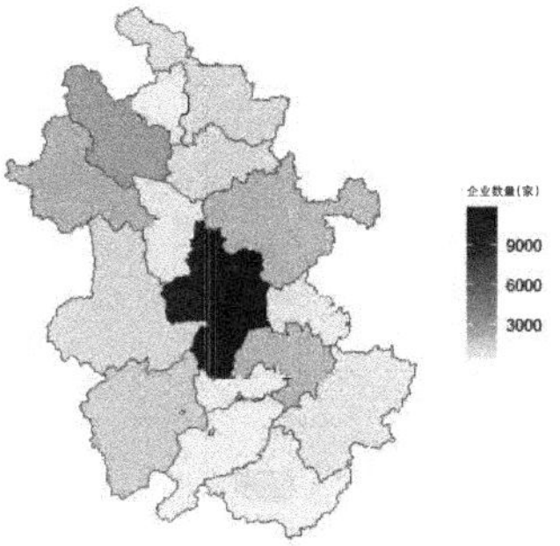

1.集成电路产业分布图

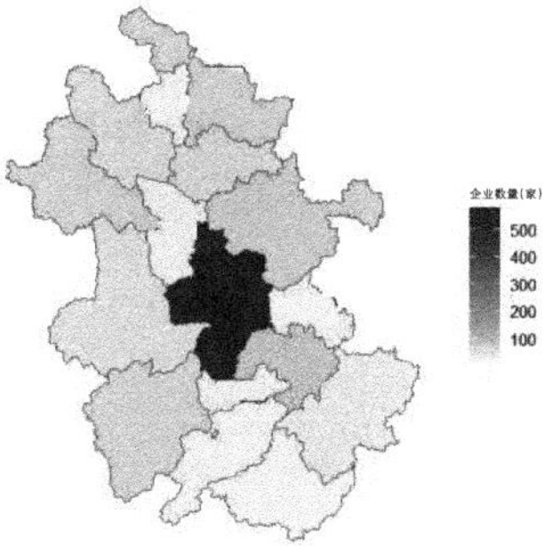

2.新型显示产业分布图

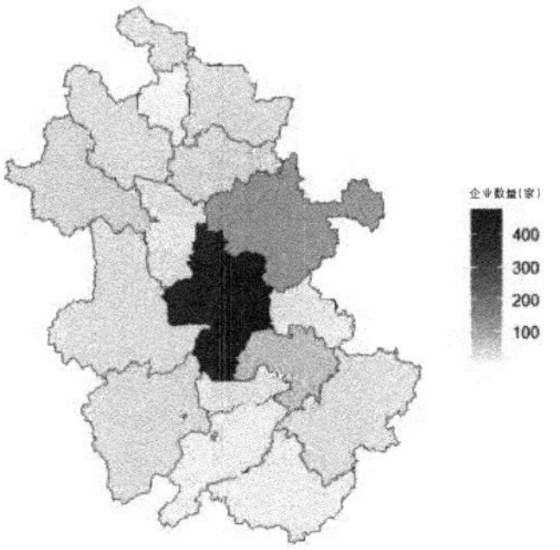

3.量子信息产业分布图

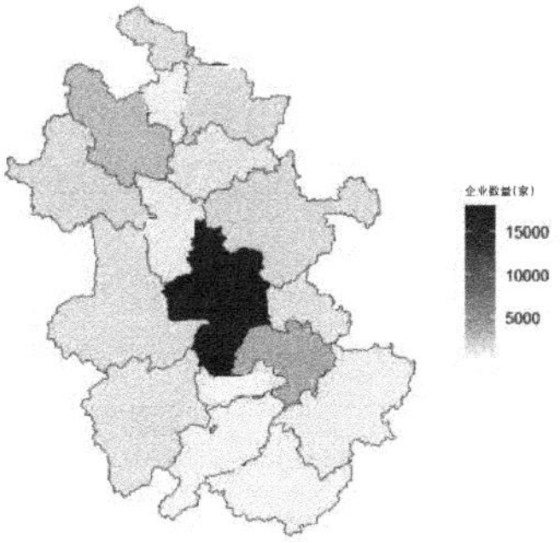

4.工业互联网产业分布图

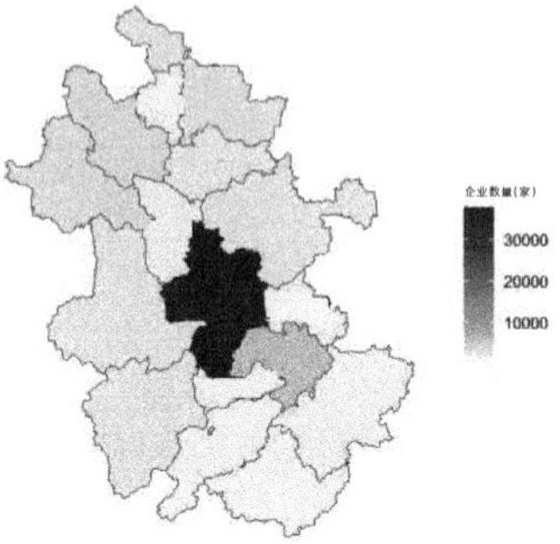

5.软件服务产业分布图

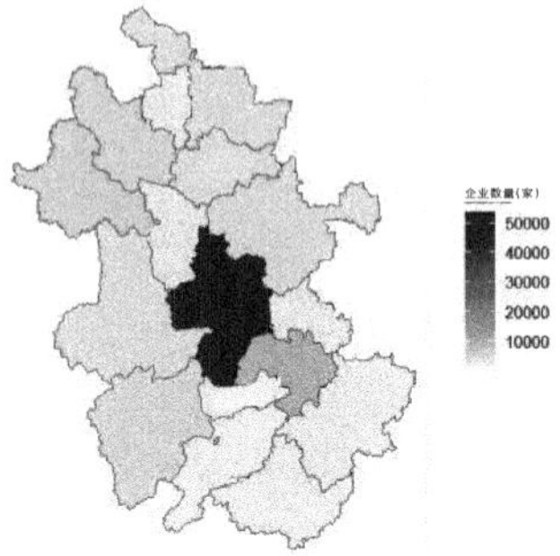

6.信息技术服务产业分布图

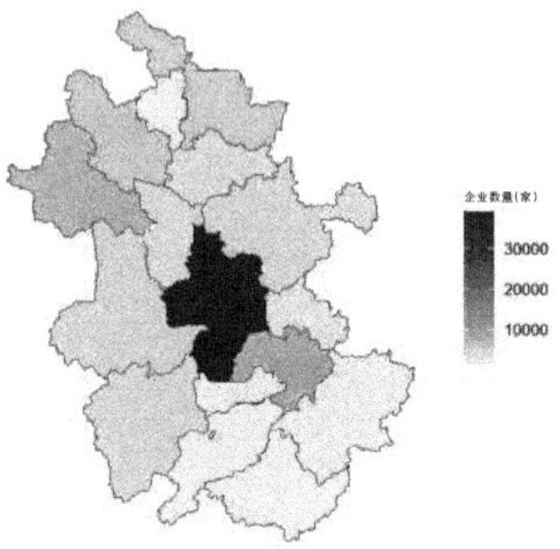

7.云计算产业分布图

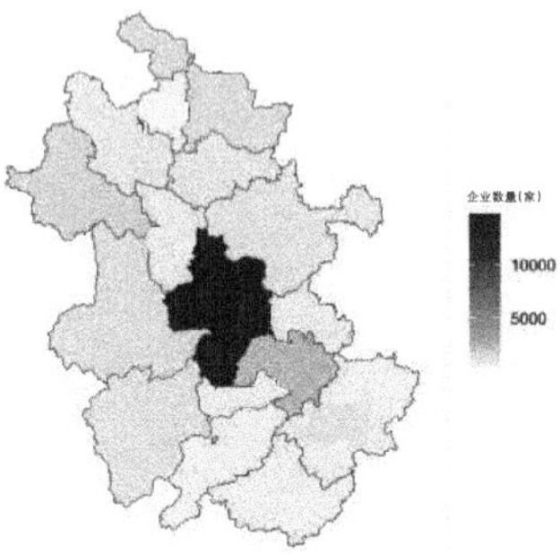

8.大数据产业分布图

图1-51　安徽省新一代信息技术产业分布

就区域发展格局而言，安徽省新一代信息技术产业分布并非均匀，主要集中在皖中与皖南地区，尤其是合肥市汇集了大多数企业，而芜湖、滁州等城市也承载了相当数量的企业。相比之下，皖北地区的新一代信息技术产业发展相对滞后，仅有阜阳、亳州、宿州等少数城市有所进展，整体呈现出与皖南地区巨大的发展差距。在不同产业领域分布上，安徽省新一代信息技术产业也呈现出不同特点。集成电路、工业互联网、云计算与大数据、软件与信息技术服务等领域的发展较为迅速，主要集中在合肥、亳州、芜湖、阜阳、宿州等城市，而在新型显示和量子信息领域，主要集聚于合肥、芜湖、滁州等城市。这种多样化的分布特征反映了安徽省新一代信息技术产业的发展动态与特点。合肥作为省会和科技创新中心，自然成为该省信息技术产业的核心地带，而其他城市根据各自的优势和特点，在不同领域展现出了各自的发展优势。这种多中心、多领域的发展格局，为安徽省新一代信息技术产业的全面发展提供了广阔的空间。需要注意的是，尽管合肥等城市在新一代信息技术产业中占据着重要地位，但整个产业布局仍然存在一定的不均衡性，特别是皖南地区与皖北地区之间的发展差距。因此，未来安徽省在促进新一代信息技术产业发展时，应当注重平衡各地区发展，推动全省产业的协调发展，实现更高水平的整体发展（见图1-51）。

二、集成电路产业

（一）企业成立时间和注册资本分布

据统计，安徽省集成电路相关企业中，上市企业24家，新三板企业13家，发债企业4家、私募融资企业107家、资质认定企业达到了2456家。

从安徽省集成电路相关企业成立时间分布来看，计29553家，有9860家企业即33.36%的企业成立时期为3年内；有15413家企业即52.15%的企业成立日期为3—10年；有4280家企业即14.48%的企业成立日期为10年以上。安徽省集成电路相关企业数量逐年增加，超过一半的企业成立于“十二五”和“十三五”期间，说明近年来，国家及安徽省政府制定的相关政策极大地推动着集成电路产业的发展。

从安徽省集成电路相关企业注册资本分布来看，计28520家，注册资本在100万—500万元与500万—1000万元的集成电路相关企业数量最多，分别有9063家和8131家，约占31.78%和28.51%；注册资本在5000万元以上的集成电路相关企业数量最少，有1231家，仅占4.32%；注册资本在100万元以下、1000万—5000万元的企业分别占19.56%和15.84%。安徽省集成电路相关企业注册资本总体处于中等偏上，企业发展规模较大，实力相对较强（见图1-52）。

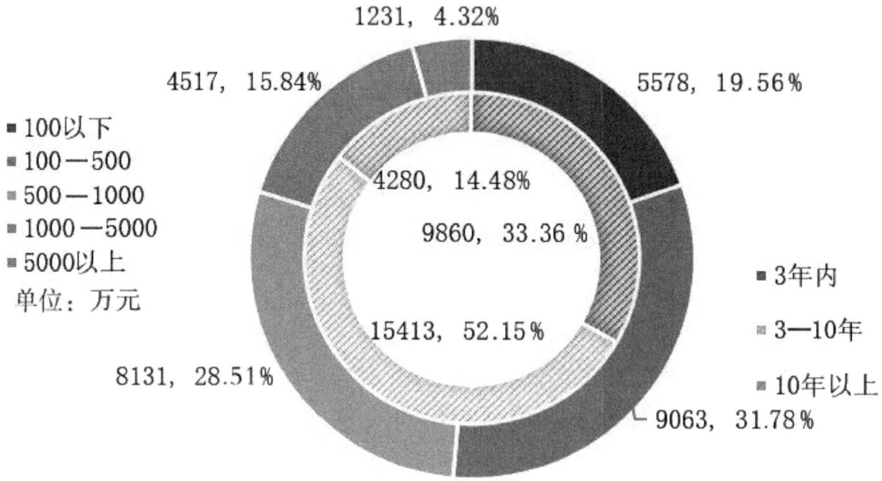

图1-52　安徽省集成电路企业成立时间与注册资本分布

（二）产品和服务类型分布

从产品分布来看，安徽省集成电路产业的产品和服务包括医疗保健设备、家用电器、通信系统、应用系统集成服务、电脑硬件、宽带网络设备、网络连接设备、空调器、通信设备、综合布线、集成电路设计、半导体芯片经销、计算机整机。其中提供医疗保健设备、家用电器、通信系统的企业达到了4227家、2667家和2101家，约占全省集成电路企业的20.58%、12.99%和10.23%，是量子信息技术主要的应用产品；提供综合布线、集成电路设计、半导体芯片经销和计算机整机的相关企业分别有875家、847家、754家和709家。安徽省集成电路产业的产品种类呈多元化发展状态（见图1-53）。

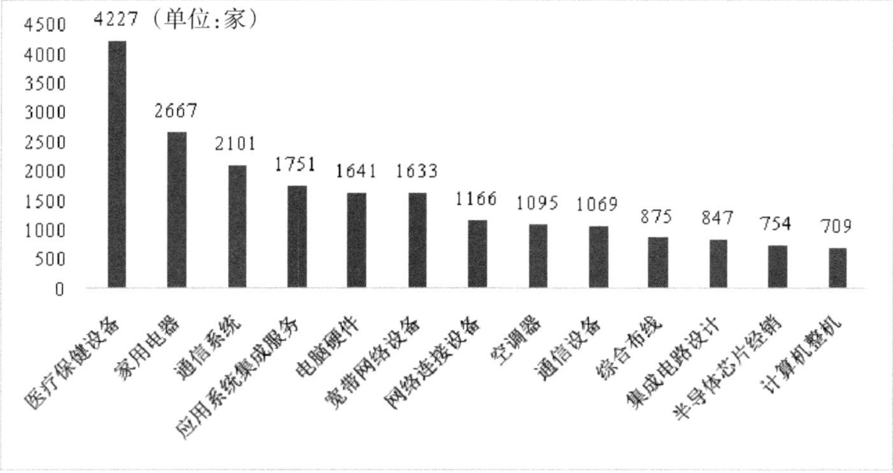

图1-53　安徽省集成电路产业产品分布

三、新型显示产业

(一)企业成立时间和注册资本分布

据统计，安徽省新型显示相关企业中，上市企业6家，新三板企业1家，发债企业6家、私募融资企业7家、资质认定企业达到了163家。

从安徽省新型显示相关企业成立时间分布来看，计1320家，成立时间在3—10年的企业数量最多，达到了857家，约占64.92%；有251家企业即19.02%的企业成立时期为3年内；有212家企业即16.06%的企业成立日期为10年以上。成立时期为3—10年的企业占比最多，安徽省新型显示相关企业数量整体上呈逐年上升的趋势。

从安徽省新型显示相关企业注册资本分布来看，计1263家，注册资本在500万—1000万元的新型显示相关企业数量最多，共有311家，约占24.62%；注册资本在100万元以下和100万—500万元的企业分别有301

家和307家，约占比分别为23.83%、24.31%；5000万元以上的新型显示相关企业数量最少，有116家，仅占9.18%；注册资本在1000万—5000万元的企业有228家，约占18.05%。安徽省新型显示产业约一半的企业注册资金相对较少，企业所需承担的责任与风险较小，相对应地可能会影响企业的盈利能力，不利于企业扩大规模（见图1-54）。

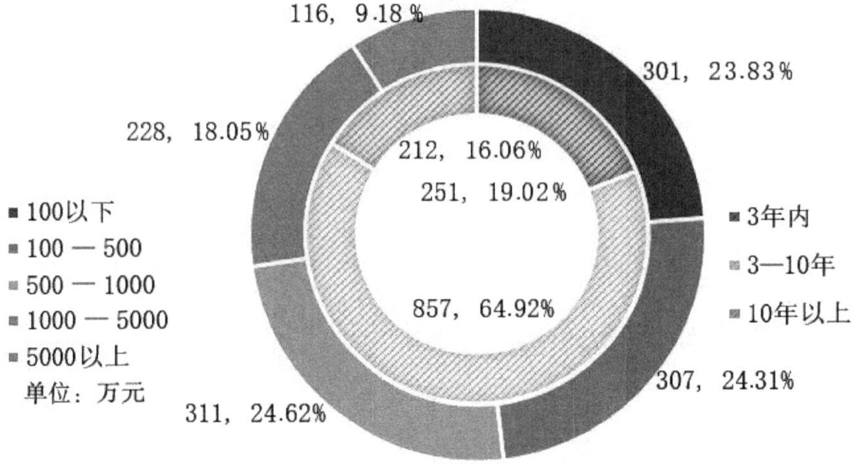

图1-54　安徽省新型显示企业成立时间与注册资本分布图

（二）产品和服务类型分布

安徽省新型显示企业相关产品和服务包括计算机整机、手机、可穿戴设备、触摸屏、真空镀膜设备、液晶显示器、平板电脑、笔记本电脑、光学膜片、背光显示模组和显示器件材料等。其中提供计算机整机企业规模最大，共有709家新型显示企业提供该产品，约占安徽省新型显示企业的51.34%；其次是提供手机和可穿戴设备的企业分别有279家和184家，占全省该产业企业的20.20%和13.32%；提供显示器件材料的企业最少，只有9家，仅占0.65%。安徽省新型显示产业在技术应用方面发展较好，但显示器件等关键材料的发展处于劣势(见图1-55)。

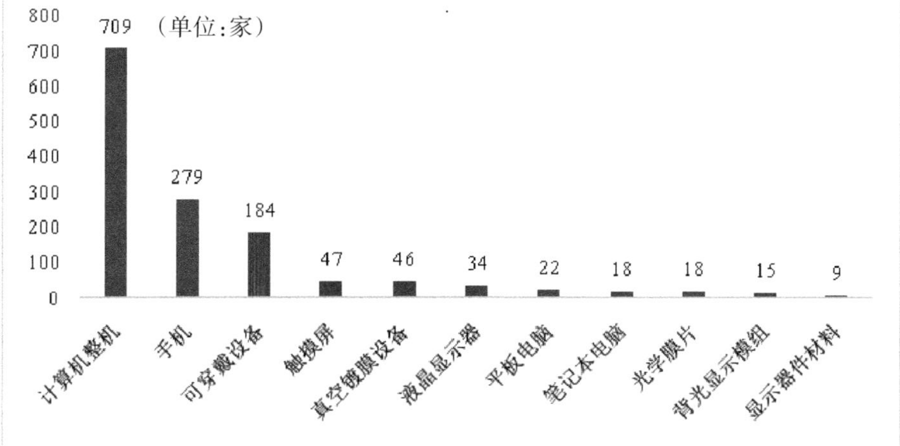

图1-55　安徽省新型显示产业产品分布

(三)代表性企业

新型显示作为信息交互的重要端口,已发展成为新一代信息技术产业先导性支柱产业,安徽省新型显示产业也聚集了一批具有影响力的企业,如安徽芯瑞达科技股份有限公司、合肥京东方视讯科技有限公司、合肥维信诺科技有限公司、芜湖长信科技股份有限公司、滁州惠科光电科技有限公司、蚌埠高华电子股份有限公司等。2018年合肥维信诺建成了安徽省首条高端柔性AMOLED面板生产线,项目完善了合肥新型显示产业结构,巩固了合肥在显示领域的引领地位。

新瑞达是主营新型显示光电系统的设计、研发、生产和销售的国家级高新技术企业,主要产品有背光显示模组、光电显示设备、其他LED照明产品和液晶显示器材料等。在企业规模方面,2023年该企业背光显示模组、光电显示设备和其他LED照明产品的营业收入分别为66290.95万元、49749.59万元和670.73万元,分别占主营收入的56.8%、46.23%和0.57%,

其中背光显示模组和光电显示设备营业收入相比2022年均有所增加，分别增长了12.95%和48.16%；2023年背光显示模组和光电显示设备的毛利润分别为17551.87万元和7968.75万元，比2022年增长了44.15%和35.92%，但其他LED照明产品亏损了17.2万元，同比下滑104.49%。在研发创新方面，该企业在2012—2024年共注册23项商标，申请了283项实用新型、发明、外观设计等专利，具体包括背光模组、光学透镜、显示器等。

四、量子信息产业

（一）企业成立时间和注册资本分布

据统计，安徽省量子信息相关企业中，上市企业只有1家，私募融资企业有4家、资质认定企业有112家。

从安徽省量子信息相关企业成立时间分布来看，计1030家，3年成立时间不足的企业达到了502家，约占48.74%；成立时间在3—10年的企业数量有429家，约占41.65%；有99家企业即9.61%的企业成立时期在10年以上。“十四五”期间安徽省量子信息相关企业增长数量最多，增长速度飞快。

从安徽省量子信息相关企业注册资本分布来看，计1011家，注册资本在100万—500万元的量子信息相关企业数量最多，共有293家，约占28.99%；5000万元以上的量子信息相关企业数量最少，有88家，仅占8.70%；注册资本在100万元以下、100万—500万元、1000万—5000万元的企业分别有225家、267家和138家，占比为22.26%、26.40%和13.65%（见图1-56）。

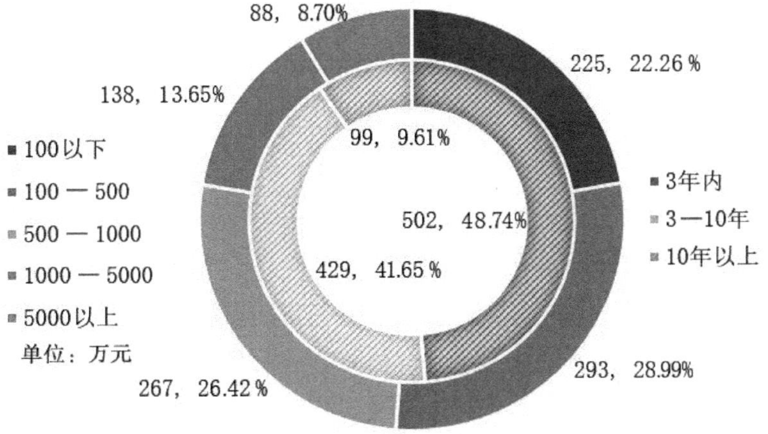

图1-56　安徽省量子信息企业成立时间和注册资本分布情况

（二）产品和服务类型分布

安徽省量子信息产业相关产品和服务主要包括IDC数据中心服务、光纤光缆和半导体二极管等。其中提供IDC数据中心服务的企业数量最多共879家，约占安徽省量子信息产业相关企业的80.20%，主营光纤光缆和半导体二极管产品的企业大约共占19.80%（见图1-57）。

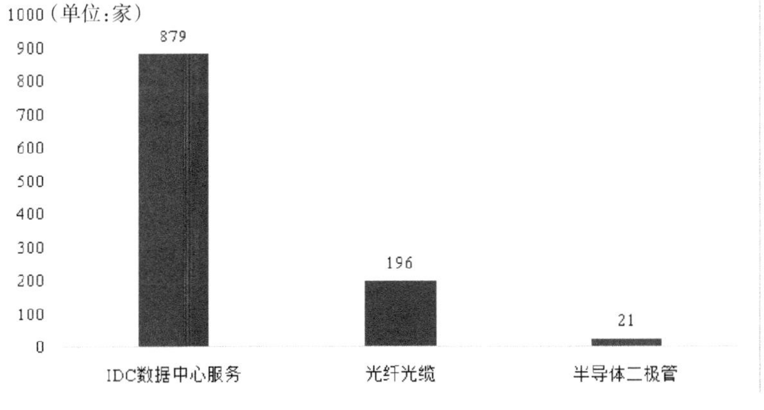

图1-57　安徽省量子信息产业主营产品和服务类型分布

（三）代表性企业

量子信息已经成为全球国家科技领域关注的焦点，代表性研究成果和应用探索进展亮点纷呈，市场前景广阔。安徽省量子信息产业代表性企业有科大国盾量子技术股份有限公司、本源量子计算科技（合肥）股份有限公司和国仪量子（合肥）技术有限公司等。

科大国盾于2009年成立，主要业务范围有信息系统、量子通信、量子计算及通用量子技术的开发、应用和咨询等。在企业规模方面，2020—2022年该企业的主营业务收入主要来自其他信息科技服务、计算机整机和量子通信设备等产品的销售。其中，2022年其他信息科技服务、计算机整机和量子通信设备的营业收入分别为6179.38万元、3414.42万元和3280.72万元，分别占主营业务收入的48%、26.52%和25.48%。值得注意的是，2020—2022年该企业在量子通信设备业务上的经营占比逐年下滑，从2020年的82.09%下降到2022年的25.48%，而对其他信息科技服务的经营占比逐年增加，即从2020年的14.05%增加到2022年的48%；分析表明，企业规模虽在逐年扩大，但在主营业务方向上的重点产品也有所转化，从专注于量子信息的研发逐渐转换到对其他信息科技服务的应用。在研发投入方面，科大国盾至今累计获得专利605项，软件著作权30项，主要包括量子通信、量子计算和量子精密测量的研发，说明企业有关量子信息的创新水平和技术研发能力较强。

五、软件与信息技术服务产业

（一）企业成立时间和注册资本分布

据统计，安徽省软件服务产业上市企业12家，新三板企业16家，发债企业6家、私募融资企业73家、资质认定企业4264家；安徽省信息技术服务产业上市企业9家，新三板企业10家，发债企业6家、私募融资企业75家、资质认定企业4586家。从安徽省软件与信息技术服务相关企业成立时间分布来看，计51978家，3年成立时间不足的企业达到了32187家，约占61.92%；成立时间在3—10年的企业数量有17802家，约占34.25%；有1989家企业即3.83%的企业成立时期在10年以上。

从安徽省软件与信息技术服务相关企业注册资本分布来看，计50513家，注册资本在100万—500万元的软件与信息技术服务相关企业数量最多，共有17252家，约占34.15%；5000万元以上的量子信息相关企业数量最少，有610家，仅占1.21%；注册资本在100万元以下、500万—1000万元和1000万—5000万元的企业分别占28.10%、27.30%和9.23%。安徽省软件与信息技术服务相关企业数量在近3年内呈上升趋势，产业发展势头强劲，这表明软件与信息技术服务产业的发展在安徽省得到了越来越多的关注和认可（见图1-58）。

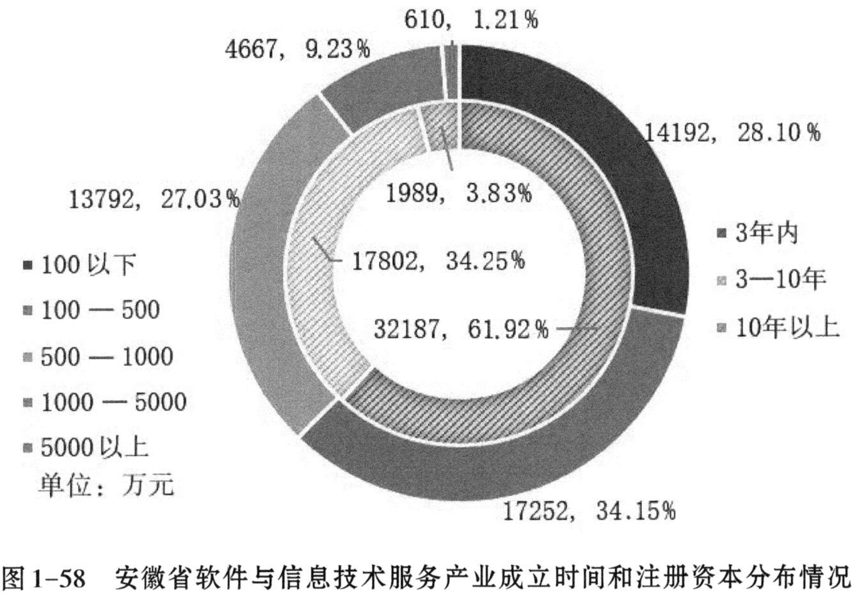

图1-58　安徽省软件与信息技术服务产业成立时间和注册资本分布情况

（二）产品和服务类型分布

安徽省软件服务产业相关产品和服务主要包括系统集成服务、安全软件、数据处理服务、系统软件、计算机网络系统集成、数据中心系统集成、软件技术服务、智能建筑系统集成、设备类系统集成服务、应用系统集成服务、行业应用软件、数据库管理软件、教育应用软件、电商平台提供商、交友婚恋服务等。其中提供系统集成服务、安全软件和数据处理服务的企业数量排名前三，分别有16913家、12744家和11306家，约占安徽省软件服务产业企业的21.91%、16.51%和14.65%；系统软件、数据中心系统集成和计算机网络系统集成分别由7151家、5811家和5389家软件服务相关企业提供，占比分别为9.26%、7.53%和6.98%（见图1-59）。

安徽省信息技术服务产业提供的相关产品和服务包括信息科技咨询服务、通信网络技术服务、系统集成服务、其他信息科技服务、数据处理服务、通信网络工程、计算机网络系统集成、数据中心系统集成服务、商务流程外包服务、智能建筑系统集成、设备类系统集成服务、应用系统集成服务、集成电路设计、呼叫中心服务、数字内容应用服务和全屋智能等。安徽省信息技术服务企业主要提供信息科技咨询服务和通信网络技术服务，分别有63575家和33551家企业，分别占安徽省信息技术服务企业的36.59%和19.31%；其次有16913家、14548家和11306家相关企业提供系统集成服务、其他信息科技服务和数据处理服务，分别占9.73%、8.37%和6.51%（见图1-60）。

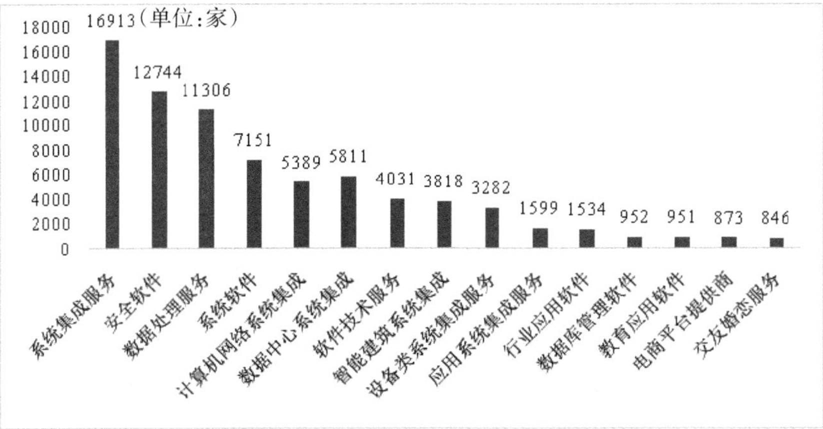

图1-59　安徽省软件服务产业产品和服务类型分布

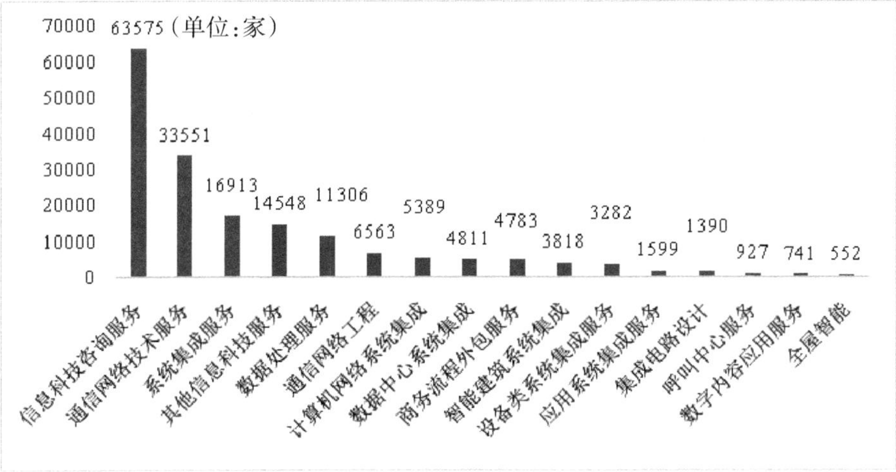

图1-60　安徽省信息技术服务产业产品和服务类型分布

(三)代表性企业

软件和信息技术服务产业是国民经济和社会信息化的基础性、战略性产业。"十三五"以来,安徽省软件和信息技术服务产业持续快速发展,相关企业奋勇争先,如科大国创软件股份有限公司、科大讯飞股份有限公司和合肥润东通信科技股份有限公司等。

科大国创2000年成立，主要业务范围有交通运输系统集成、其他行业应用软件和电池管理系统等。其中，其他行业应用软件主要包括网络与信息安全和人工智能等应用的软件开发，以及对云计算、大数据和物联网等技术的研发和服务。在企业规模方面，2023年该企业对其他行业应用软件的主营收入为49036.38万元，主营业务占比43.89%，比2022年增长了10.65%；2018—2023年其他行业应用软件的毛利润逐年增加，2023年该业务的毛利润达到了21345.34万元，比2022年增长了27.04%，毛利润占主营业务的78.14%，企业主要以该业务实现盈利。在研发投入方面，科大国创至今累计获得专利90项，软件著作权417项，由此说明企业对软件与信息技术等创新水平较低。

六、工业互联网产业

（一）企业成立时间和注册资本分布

据统计，安徽省工业互联网相关企业中，上市企业11家，新三板企业有12家，发债企业2家、私募融资企业59家、资质认定企业达到了2864家。

从安徽省工业互联网相关企业成立时间分布来看，计36934家，有21652家企业即58.62%的企业3年成立时间不足；有12868家企业即34.84%的企业成立时间为3—10年；有2414家企业即6.55%的企业成立时间为10年以上。

从安徽省工业互联网相关企业注册资本分布来看，计35833家，工业互联网企业的注册资本主要集中在100万—500万元和500万—1000万元，分别有12308家和10285家企业，占比为34.35%和28.70%；安徽省工业互联网相关企业中有7455家企业注册资本在100万元以下，占比为20.80%；注册资本在1000万—5000万元和5000万元以上的工业互联网相关企业分别占比13.23%和2.83%。安徽省工业互联网相关企业数量整体上呈逐年上升的趋势，其中在3年内成立的企业数量开始大幅增加，说明国家和安徽省各部门等对工业互联网的政策和资金等的支持，对工业互联网企业的发展有显著成效（见图1-61）。

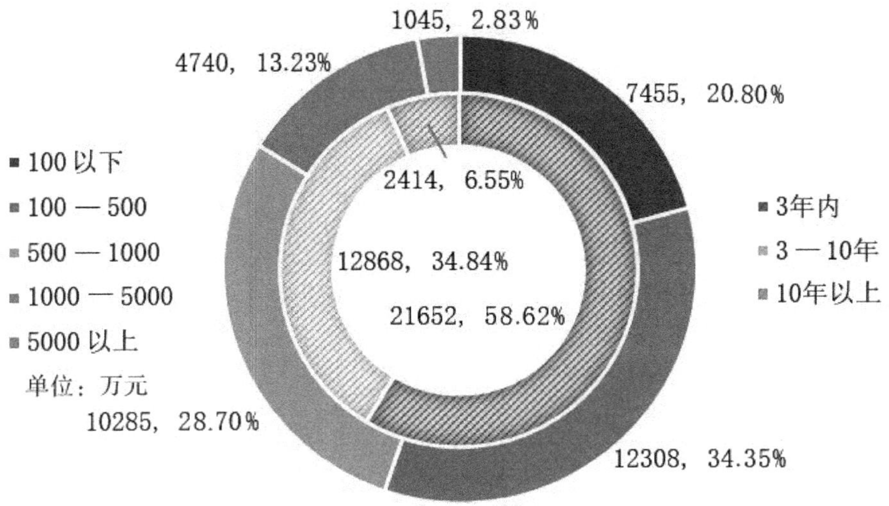

图1-61　安徽省工业互联网企业成立时间和注册资本分布

（二）产品和服务类型分布

安徽省工业互联网产业提供的产品和服务包括安全软件、数据处理服务、工业自动化设备、宽带网络设备、通信系统、通信设备、工业机器人、综合布线、数控机床、云计算服务、传感器、通信配套产品、管理类企业应用软件和工业系统集成等。其中提供安全软件和数据处理服务的企业规模最大，分别有12744家和11306家企业提供该产品，约占安徽省工业互联网企业的34.01%和30.17%；提供工业自动化设备和宽带网络设备的企业数量明显比排名前两种产品少得多，相关企业约共占安徽省工业互联网企业的14.63%（见图1-62）。

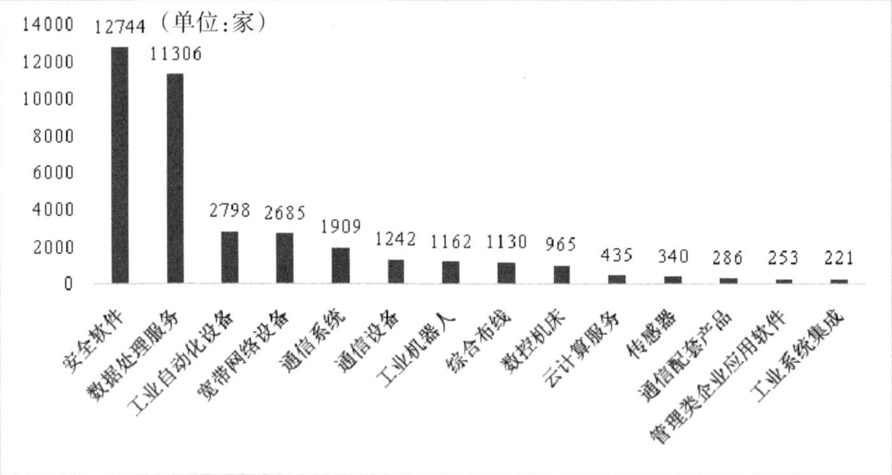

图1-62　安徽省工业互联网产业产品和服务类型分布

（三）代表性企业

工业互联网是新一代信息通信技术与工业经济深度融合的全新工业生态、关键基础设施和新型应用模式。安徽省工业互联网产业代表性企业有科大讯飞股份有限公司、羚羊工业互联网股份有限公司、容知日新科技股份有限公司和四创电子股份有限公司等。

羚羊工业互联网成立于2022年，作为工业互联网产业刚成立的企业之一，在2023年入选工业互联网500强，成为工业互联网试点单位，企业发展势头强劲。该企业致力于通过工业互联网赋能产业转型升级，通过工业感知、工业认知、工业大模型等AI技术实现海量供需深度对接，助力企业降本增效、创新发展。此外，公司还发布了羚羊工业大模型V1.5版，该模型在自监督学习、多任务学习、强化学习等方面进行了全面升级，进一步深化了“核心能力+工业场景”的融合。

七、云计算产业

（一）企业成立时间和注册资本分布

据统计，安徽省云计算相关企业中，上市企业11家，新三板企业16家，发债企业47家、私募融资企业47家、资质认定企业达到了2414家。

从安徽省云计算相关企业成立时间分布来看，计94545家，企业成立时间在3年内和3—10年的安徽省云计算相关企业占比最大，分别占44.70%和44.05%；有10634家企业即11.25%的企业成立时间在10年以上。

从安徽省云计算相关企业注册资本分布来看，计89584家，注册资本在100万元以下的云计算相关企业数量最多，有40813家，占比为45.56%；其次，有23084家和18671家企业注册资本在100万—500万元以及500万—1000万元，分别占25.77%和20.84%，企业数量差别较小；注册资本在1000万—5000万元以及5000万元以上的云计算相关企业数量最少，分别有5712家和1304家，占比为6.38%和1.46%。安徽省云计算相关企业数量整体上呈逐年上升的趋势，云计算产业以向上态势持续发展（见图1-63）。

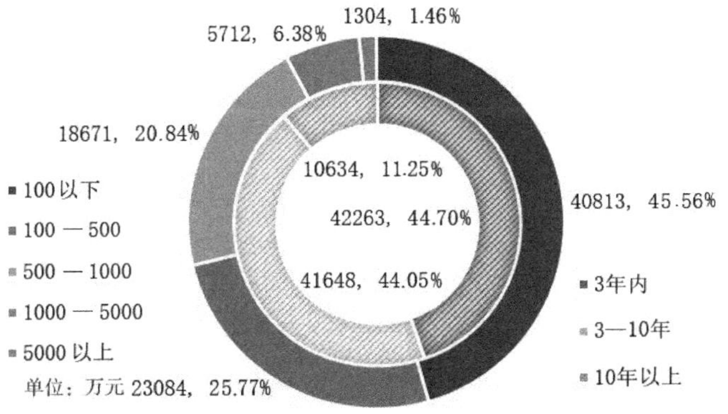

图1-63　安徽省云计算企业成立时间和注册资本分布

（二）产品和服务类型分布

安徽省云计算产业相关产品和服务包括教育咨询、安全软件、培训服务、系统软件、学前教育、软件技术服务、保健护理机构、教育服务、艺术培训服务、驾校培训服务、行业应用软件、区域性银行个人业务、学校教育、整形美容医院、数据库管理软件等。其中提供教育咨询服务的企业最多，共28860家，约占安徽省云计算企业的33.63%；其次提供安全软件和培训服务的企业分别有12742家和10193家，约占比为14.85%和11.88%；仅有约1.11%的云计算相关企业提供数据库管理软件，涉及该产品的企业数量较少（见图1-64）。

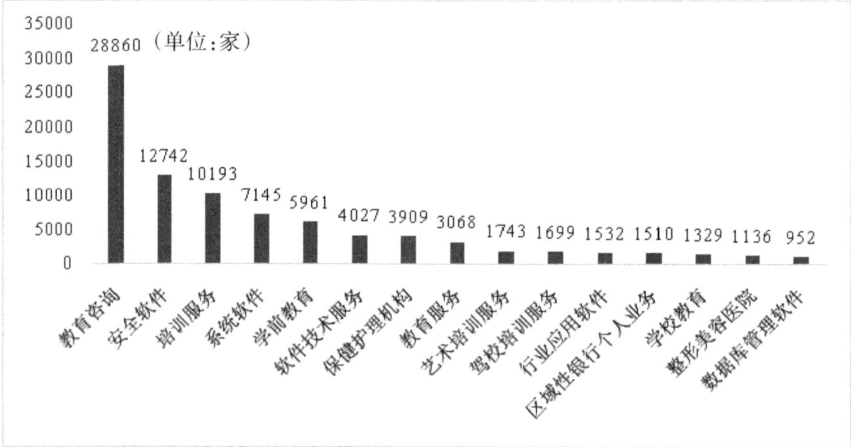

图1-64　安徽省云计算产业产品和服务类型分布

八、大数据产业

（一）企业成立时间和注册资本分布

据统计，安徽省大数据相关企业中，上市企业3家，新三板企业8家，发债企业2家、私募融资企业34家、资质认定企业1530家。

从安徽省大数据相关企业成立时间分布来看，计28808家，有13602家企业即47.22%的企业成立时间为3年内，即2021—2024年内成立；有12327家企业即42.79%的企业成立时间为3—10年；有2879家企业即10.00%的企业成立时间为10年以上。

从安徽省大数据相关企业注册资本分布来看，计25945家，注册资本在500万—1000万元的大数据相关企业数量最多，共有8008家，约占30.87%；注册资本在5000万元以上的大数据相关企业数量最少，有691家，仅占2.67%；注册资本在100万元以下、100万—500万元和1000万—5000万元的大数据相关企业分别占26.26%、28.24%和11.97%。安徽省大数据相关企业数量整体上呈逐年上升的趋势且产业规模较大。其中，2021年开始大数据相关企业数量出现爆发式增长，说明成立时间越短的企业，对大数据概念的敏感度越强，越容易切入大数据产业（见图1-65）。

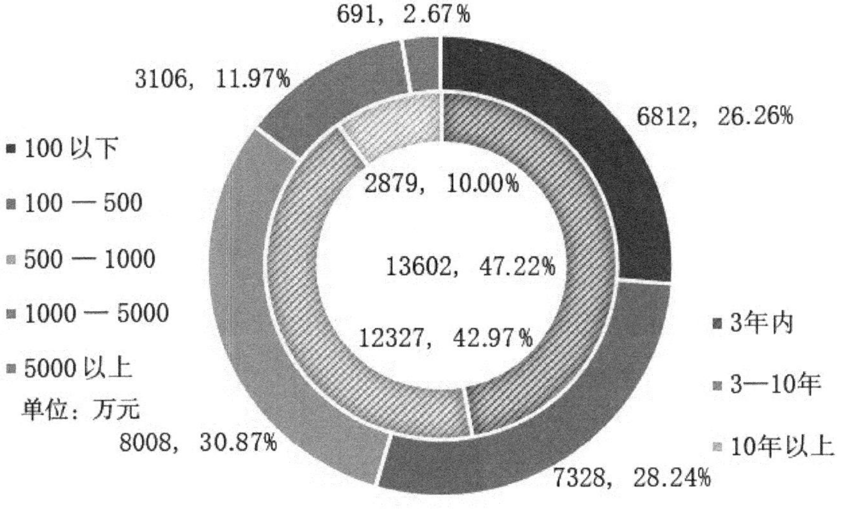

图1-65 安徽省大数据企业成立时间和注册资本分布

(二)产品和服务类型分布

安徽省大数据企业相关产品和服务包括数据处理服务、系统软件、数据中心系统集成、数据库管理软件、教育应用软件、电商平台提供商、交友婚恋服务、云计算服务、非传统电信运营商、人才招聘信息服务、其他电子商务服务、金融数据信息服务、在线法律信息服务。其中,安徽省大数据相关企业主要提供数据处理服务、系统软件和数据中心系统集成,企业数量分别有11302家、7145家和4810家,约分别占比39.45%、24.94%和16.79%;大数据相关企业对数据库管理软件、教育应用软件、电商平台提供商等其他产品提供较少(见图1-66)。

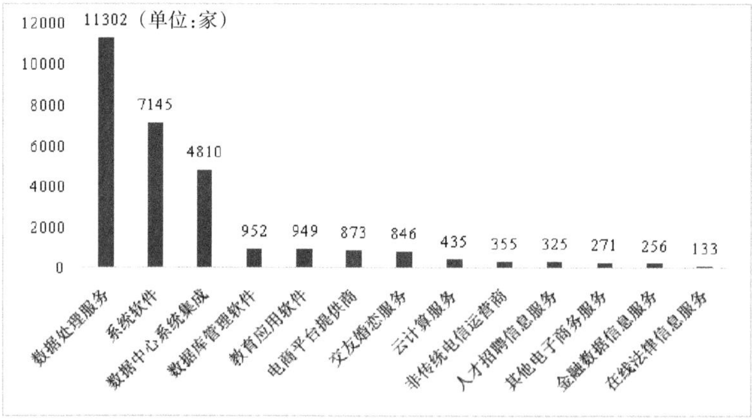

图1-66 安徽省大数据产业产品和服务类型分布

(三)代表性企业

云计算和大数据已经成为经济高质量发展的重要因素,也将在未来迎来更大的发展机遇。近年来,安徽省大力推进"数字江淮"建设,构建了"一中心、两基地、多园区"的云计算和大数据产业发展格局。安徽省云计算与大数据产业代表性企业有科大讯飞股份有限公司、科大国创云网科技有限公司、合肥城市云数据中心股份有限公司、飞友科技股份有限公司等。

合肥云城市成立于2012年，作为国家级高新技术企业与国内知名的混合云服务商，利用自有云计算资源、服务管理能力与技术研发能力，以混合云模式为客户提供“云计算+服务+数据”的云计算业务，以保护客户的数据安全以及业务的连续性。该企业的业务范围包括数据中心业务、混合云业务和生态云业务等，目前该企业客户已经涵盖政府、金融、制造、医疗等多个行业，企业业务涉及较广，发展前景广阔。

第五节 安徽省新一代信息技术产业安全评价

一、产业竞争力

（一）产业集群化

近年来，安徽省将集成电路、新型显示、人工智能技术以及先进结构材料四大产业作为重点发展对象，这些产业不仅在国内崭露头角，更是被纳入国家战略性新兴产业集群之列。这一战略决策不仅促进了地方经济的快速增长，也推动了安徽在全国乃至全球产业格局中的地位不断提升。据统计，安徽该四大产业集群已经吸引了近2000家企业入驻，年营业收入高达4000亿元，显示出强大的产业集聚效应和市场竞争力。这一成就的取得，离不开安徽省政府的大力支持和各企业的共同努力。安徽省在优化营商环境、提供政策扶持、加强人才引进等方面下足了功夫，为企业的发展创造了良好条件。

在数字经济时代，数据中心的重要性不言而喻。芜湖数据中心集群作为全国一体化算力网络长三角国家枢纽节点之一，无疑为安徽乃至整个长三角地区的数字经济发展注入了强大动力。这一地位不仅提升了芜湖在全国乃至全球的数据中心布局中的地位，也为安徽的数字经济发展提供了坚实的基础设施保障。

在空天信息领域，安徽省同样展现出了强大的发展潜力和实力。航天宏图、中科星图、银河航天、九州云箭、亿航智能等一批领军企业纷纷入驻安徽，投资兴业。这些企业在商业火箭和卫星载荷研发制造、卫星运营服务、通用航空以及无人机等领域取得了重要突破，为安徽省的空天信息产业集群发展注入了强劲动力。其中，发射巢湖一号、“合肥高新一号”等多颗卫星，彰显了安徽省在空天信息领域的实力和影响力。

（二）强化技术攻关，创新成果涌现

安徽省始终将量子技术视为解决当前最为紧急和紧迫问题的核心技术之一。为了推动量子技术的研发和应用，安徽省加强了关键技术的研究，并在省级科技重大专项和重点研发计划中特别设立了量子信息领域，从而增加了对量子领域的投资和支持。通过实施“揭榜挂帅”和“公开竞争”等机制，安徽省已成功实施了14项量子领域的省级科技重大专项和7项省级重点研发计划项目，这些项目实施为量子技术的应用研究提供了有力支撑，促进了量子技术在多个领域的广泛应用。

与此同时，安徽省在量子技术领域取得了显著的进步。例如，新一代合肥量子城域网已经建成，并在合肥先进计算中心部署了量子计算机；推出了基于量子精密测量的电力系统电流测量解决方案，为电力系统的智能化和高效化提供了强有力的支持；积极推动“经典—量子”协同的量子计算全球开发者平台上线，为全球量子计算研究提供了便利。此外，安徽省的先进工艺动态存储芯片已经实现量产，为信息技术的发展提供了坚实的硬件基础。除上述成果外，安徽省还取得了许多重要的创新成果，如“量子钻石显微镜”和北斗三号卫星低能离子探测载荷等。这些成果充分展示了安徽省在量子技术领域的强大实力，并为国内外同行提供了参考。

（三）壮大市场主体，加快融合赋能

随着科技的不断进步和全球化的深入发展，新一代信息技术产业已成为推动地方经济发展的重要引擎。在这一背景下，安徽省政府采取多元化措施，积极引育市场主体，推动新一代信息技术产业的创新生态持续优化。

第一，在引育市场主体方面，安徽省实施"百企领军""千企竞发"等企业梯度培育计划，鼓励优质企业通过项目建设、战略重组、上市等方式，加快成长为具有国际竞争力的大型企业和行业龙头企业。截至2023年11月，安徽新一代信息技术产业上市公司突破40家、电子信息制造业规模以上企业超过1500家、高新技术企业数增长28%、国家级专精特新"小巨人"企业超过70家[①]，这些数字不仅展示了安徽省在新一代信息技术产业领域的实力，也反映了该省在优化创新生态、引育市场主体方面的显著成效。其中，合肥京东方大尺寸显示面板出货量居全球前列，晶合集成液晶面板显示驱动芯片代工领域市场占有率全球第一，成功跻身晶圆代工企业全球前十。这些企业的成功，为安徽省新一代信息技术产业的发展树立了标杆。

第二，在基础设施方面，数字基础设施是数字经济发展的基础，更是新一代信息技术产业的"底座"。安徽省在数字基础设施建设方面同样不遗余力，加快建设布局数字基础设施，以更快的网速、更便捷的数字互联，造福群众。以5G为例，安徽省累计建成5G基站11.4万个，已实现省辖市城区、县城城区、乡镇镇区5G网络全覆盖，行政村5G通达率达到94.4%，全省家庭千兆光纤网络覆盖率达到177.8%，合肥、芜湖、黄山、宿州4市入选千兆城市。这些数字基础设施的建设和完善，为安徽省数字经济的蓬勃发展提供了坚实基础。

第三，在产业融合方面，安徽省以5G、工业互联网等为代表的数字经

① https://www.gov.cn/lianbo/difang/202402/content_6932733.htm。

济蓬勃发展，产业与产业之间实现了融合赋能。安徽省始终坚持“数字赋能+融合创新”，加速推动三次产业质量变革、效率变革、动力变革，通过构建以双跨平台为引领、区域平台横向覆盖、行业平台纵向连接的工业互联网平台赋能体系，目前，全省重点工业互联网平台连接设备数超800万台，服务企业超10万家，其中，羚羊工业互联网综合服务平台注册用户已达50.8万户，服务企业218万次。这些举措不仅促进了数字经济的快速发展，也为传统产业的转型升级提供了有力支持。

二、产业可持续发展力

安徽省新一代信息技术产业相关企业研发投入、研发人员、研发机构、有效发明专利占全社会比重均超过80%[①]；除此之外，对研发费用的投入也在逐年增加且投入力度极大，研发投入占营业收入的比例逐年增加。具体地，以12家安徽省新一代信息技术产业相关上市公司为例[②]，从研发人员数量占比来看，2018—2022年，12家上市公司的研发人员数量占比分别为25.65%、24.92%、24.92%、24.86%、26.24%；从研发投入费用来看，2018—2022年依次为33.07亿元、42.08亿元、49.52亿元、57.55亿元、59.07亿元；从研发投入占营业收入的比例来看，其12家上市公司的研发投入占营业收入的比重逐年提高，2018—2022年分别为7.18%、7.18%、7.21%、7.33%、7.51%。由此说明，安徽省新一代信息技术产业研发投入力度不断提升，加大研发投入将继续成为新一代信息技术产业技术创新、抢占市场份额、提高行业竞争力最重要的手段（见图1-67、图1-68）。

① https://www.gov.cn/lianbo/difang/202402/content_6932733.htm。

② 12家上市公司为大富科技、晶赛科技、凯胜科技、科大国创、科大讯飞、三七互娱、四创电子、铜峰电子、皖通科技、雅葆轩、长信科技、中电兴发。

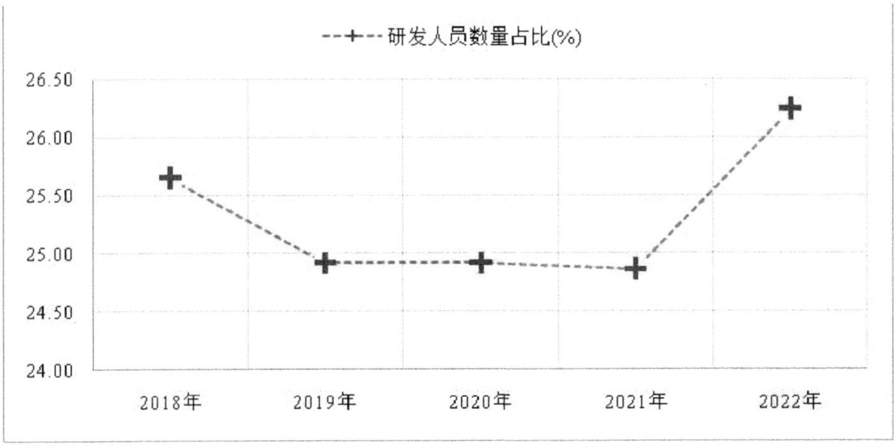

图1-67　2018—2022年安徽省新一代信息技术产业研发人员数量占比

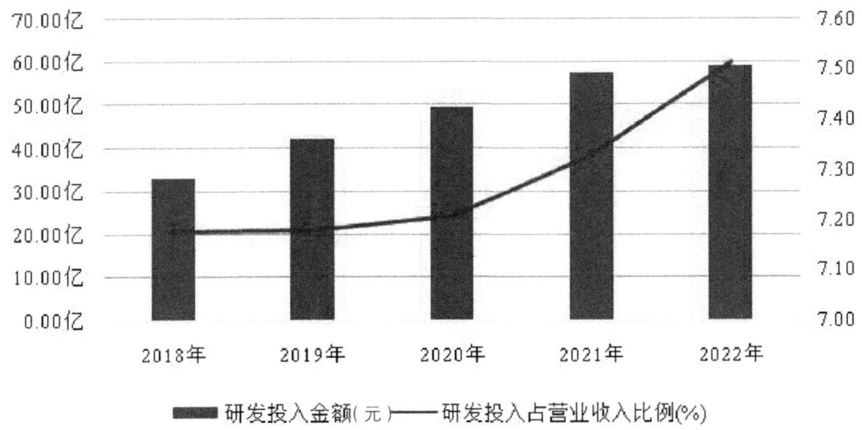

数据来源于CSMAR数据库。

图1-68　2018—2022年安徽省新一代信息技术产业研发投入力度

第一章　新一代信息技术产业

三、产业成长性

（一）市场开拓力与成长性

安徽省新一代信息技术产业的营业总收入增长率显示了一定的活力，但也呈现出一些波动和下滑的趋势。具体地，以12家安徽省新一代信息技术产业上市公司为例，2018—2022年，这12家营业总收入增长率分别为17.67%、17.29%、11.65%、19.35%、0.49%，2021年达到最高，2022年大幅度下滑，仅为0.49%，这种波动可能反映了市场竞争激烈、市场需求变化等因素对企业业绩的影响。尽管如此，这12家上市公司营业总收入增长率均值为13.29%，显示了安徽省新一代信息技术产业在市场开拓力方面具有较高水平。

同样，安徽省新一代信息技术产业资产总额增长率长期处于较高水平。以12家安徽省新一代信息技术产业相关上市公司为例，2018—2022年12家资产总额增长率分别为15.05%、9.77%、7.13%、22.77%、16.56%，且长期处于7%以上，这12家上市公司资产总额增长率均值为14.26%。这说明安徽省新一代信息技术产业在资本积累和资产投入方面表现出了较强的动力和潜力，产业成长性较好（见图1-69）。

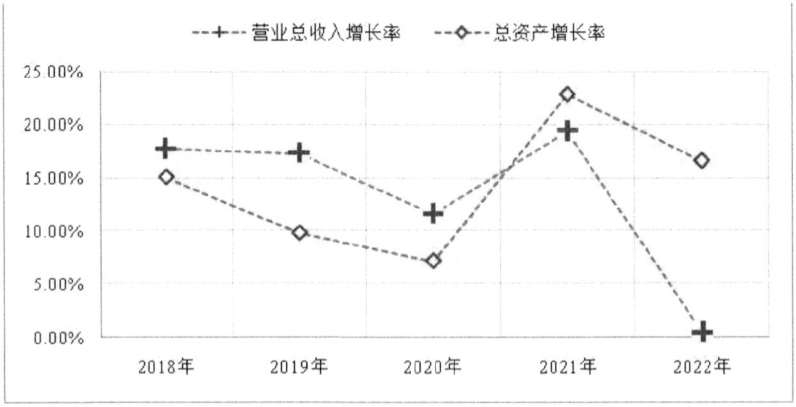

数据来源：CSMAR数据库。

图1-69　2018—2022年安徽省新一代信息技术产业营业总收入和总资产增长率

（二）盈利能力

盈利能力方面，安徽省新一代信息技术产业净资产收益率整体呈现逐年增长的趋势，但2022年下降幅度显著。以12家安徽省新一代信息技术产业上市公司为例，2018—2022年，12家上市公司的净资产收益率分别为9.10%、8.72%、10.96%、12.44%、5.00%，其中2021年净资产收益率达到最高，2022年最低仅为5.00%，这12家上市公司的净资产收益率均值约为9.24%，反映了安徽省整体新一代信息技术产业盈利能力处于中等水平（见图1-70）。

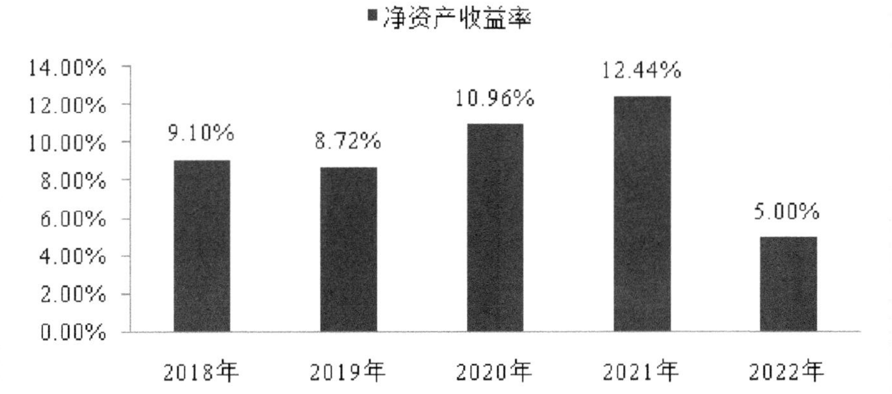

数据来源：CSMAR数据库。

图1-70　2018-2022年安徽省新一代信息技术产业盈利能力

第六节 问题与建议

一、主要问题

安徽省新一代信息技术产业虽然取得了显著的进步和成就，但也面临着一些亟待解决的问题和挑战，主要体现在以下几个方面。

（一）关键核心技术依赖度高

安徽省新一代信息技术产业虽在部分领域已经达到或接近国际先进水平，但在集成电路、工业软件、基础软硬件、高端传感器、工业控制系统等关键核心技术方面，仍然存在较大的差距和短板，对国外的依赖度较高。

第一，在集成电路领域，"十三五"期间，尽管安徽省手机面板驱动芯片市场占有率领占全球第一，车规级微控制器打破了国外垄断，但是电子设计自动化工具、高端光刻机、光刻胶等主要依赖进口。第二，在新型显示领域，安徽省大尺寸面板出货量全球第一，但曝光机、蒸镀机等核心设备被国际巨头垄断。第三，在软件与信息技术服务领域，安徽省大量的软件与软件一体化产品走向市场，但在基础软件与工业软件的对外依存度极高。第四，在工业互联网领域，"十三五"期间，安徽省共建成国家级工业互联网示范平台20个，省级制造业与互联网发展融合试点企业305个，但缺少高质量的平台和高水平的解决方案服务商，且在高端传感器、工业控制系统等方面依赖进口。第五，在云计算与大数据领域，安徽省构建了"一中心、两基地、多园区"的云计算和大数据产业发展格局，但基础软硬件系统大多依赖进口，核心技术受限。

（二）产业发展不平衡不充分

安徽新一代信息技术产业在不同地区、不同领域的发展存在显著的差距和不足，产业结构和布局还需要进一步优化。一方面，新一代信息技术产业的发展主要集中在合肥、芜湖等城市，其他地区的发展水平相对缓慢和滞后，地区间的发展不平衡现象仍然存在，为完善区域的协调发展，还需完善相关机制和政策。另一方面，新一代信息技术产业的发展主要集中在部分领域，如软件与信息技术服务、工业互联网、云计算与大数据等，而在其他领域，如量子信息、5G/6G、区块链等，尚处于起步阶段，具有巨大的发展潜力。因此需要加大对新兴领域的支持力度，促进其发展壮大，以实现产业结构的优化和布局。

（三）龙头企业带动作用弱

安徽省新一代信息技术产业的龙头企业对规模以下的新一代信息技术企业辐射带动不足，其主要表现为以下三个方面：第一，龙头企业数量少。2022年安徽省26家新一代信息技术上市企业中，营业收入在30亿元以上的仅有5家，占比仅为19%。安徽省在新一代信息技术产业中，能够真正发挥引领作用的龙头企业数量相对较少，尽管一些企业在软件与信息技术服务、云计算、大数据等领域取得了一定成就，但在其他新兴领域如量子信息、5G/6G、人工智能等方面，具有较强带动作用的龙头企业相对较少。第二，技术创新能力不足。部分龙头企业在新一代信息技术产业的技术创新能力方面存在不足，虽然在软件开发、数据分析等方面取得了一定成就，但在前沿技术领域的研发和创新方面还有待加强，导致产业整体的技术创新能力不够强劲。第三，产业链不完善。一些龙头企业在新一代信息技术产业链中缺乏完善的产业生态，未能形成完整的产业链条和生态系统。这导致了在关键技术、人才培养、市场拓展等方面的不利影响，制约了产业整体发展。

（四）技术人才匮乏

安徽省新一代信息技术产业在发展中还存在着高科技人才匮乏的问题，其主要表现在以下两个方面：一方面，人才结构不合理。安徽省新一代信息技术产业人才结构相对不合理，高端技术人才和创新型人才数量相对较少，且存在区域分布不均衡情况。其中2018—2022年12家上市企业研发人员数量占比均值为25.32%，甚至有部分企业在此期间研发人员数量为0人。这导致了一些企业在技术研发、创新能力等方面的短板，制约了产业整体发展。另一方面，高端人才流失严重。由于缺乏良好的人才培养机制和发展环境，安徽省一些新一代信息技术领域的高端人才容易流失到其他产业发展先进的地区或企业，造成了人才流失。这不仅损失了宝贵的人才资源，还削弱了安徽省新一代信息技术产业的竞争力。

二、发展建议

（一）聚焦重点领域，突破共性技术难关

在新一代信息技术产业中，关键核心技术的依赖性对产业的发展至关重要。第一，政府设立专项资金，支持产业界和科研机构联合攻关，突破关键共性技术难题，如安全可靠的数据传输、高效的数据处理算法等；加强产学研合作，建立开放共享的研发平台，促进技术创新和成果转化。通过突破共性技术难关，提高产业的核心竞争力和自主创新能力，推动整个行业向前发展。第二，通过加大对人才培养投入，建立完善的人才培养体系，培养一批掌握关键技术的高级人才和专业人才；加强与高校、科研院所等合作，引进国内外优秀人才，提升团队创新能力和竞争力。通过加强人才队伍建设，为产业技术创新和发展提供强有力的人才支持，促进产

业高质量发展。第三，企业应加强对关键技术和信息安全的自主研发和掌握，建立健全的技术保护和知识产权保障机制，提升系统安全性和数据保护能力，防范信息泄露和网络攻击等安全风险。通过提升产业自主可控能力，确保产业的可持续发展，为产业的健康发展提供坚实保障。

（二）促进区域协调发展

安徽省在新一代信息技术产业领域具有巨大的发展潜力，但在区域发展上存在明显的不平衡现象。为了实现全省新一代信息技术产业的协调发展，一方面，可以强化合肥龙头地位。合肥作为安徽省的政治、经济和文化中心，应加强在新一代信息技术产业中的龙头地位。政府可以通过增加科研经费、优化营商环境、加大对高新技术企业的扶持力度等方式，吸引更多的优秀企业和人才聚集于合肥，形成技术创新和产业集聚效应。另一方面，充分发挥其他城市产业发展比较优势。除了合肥，安徽省还有诸如芜湖、滁州、蚌埠、铜陵、池州等城市，这些城市在资源禀赋、产业基础和区位优势上各具特色，政府可以根据各城市的实际情况，制定差异化的产业发展政策，支持其发展新一代信息技术产业。

（三）强内引外，提升产业龙头企业带头能力

安徽省新一代信息技术产业龙头企业数量少，带动作用较弱，为提升产业龙头企业的示范引领作用，一方面，政府可以通过挖掘和培育省内近五年营业收入年均增长率超过省内平均水平或者在国内外具有较强影响力的企业，加大对有发展潜力企业的扶持力度，如设立创业孵化基地、贷款优惠等政策支持、加强对中小企业的培训和指导，提升其管理和运营水平等，将其发展为龙头企业，增加安徽省新一代信息技术产业的龙头企业数量。这一举措的目的在于进一步发挥已有龙头企业带头作用的基础上，培育新的龙头企业，以提升整个产业的示范引领作用。同时，企业自

身要吸引并加强培育研究人员,提升研发费用利用率,增强技术创新能力,扩大企业规模,提高企业盈利能力,不断开拓市场。另一方面,政府可以建立产业合作交流平台,举办产业合作交流会、高峰论坛等活动,吸引更多的省外和国外企业关注安徽省产业发展。接着,制定优惠政策,提供土地、人才等资源支持,降低企业入驻成本,积极吸引省内和国外实力企业在皖落户,多角度利用资源,不断提升新一代信息技术产业龙头企业的带头能力。

第二章　新能源汽车和智能网联汽车产业

第一节　中国新能源汽车和智能网联汽车产业概述

一、中国新能源汽车和智能网联汽车产业范畴

在科技的飞速发展中，一场前所未有的变革在人类社会正在悄然发生。在这个变革的浪潮中，新能源汽车产业和智能网联汽车产业作为未来出行的重要组成部分，正在逐渐成为全球范围内的热门话题。下面对这两个产业的概念、发展现状、结构特征以及未来趋势进行详细的探讨。

(一)概念

1.新能源汽车产业

新能源汽车产业是指以新能源为动力来源,采用先进的技术和设备生产出的具有节能、环保、高效等特点的汽车产业。新能源汽车主要包括电动汽车(包括纯电动汽车、插电式混合动力汽车和燃料电池汽车)、混合动力汽车和其他新能源车辆(如太阳能汽车、氢能汽车等)。

新能源汽车产业的发展可以追溯到20世纪初,但直到近年,由于全球面临的能源危机不断加剧,二氧化碳排放带来的环境污染问题日益严重,新能源汽车产业才真正迎来了快速发展的机遇。各国政府纷纷出台政策支持新能源汽车产业的发展,企业也在加大研发投入,推动新能源汽车技术的创新和应用。

目前,新能源汽车产业已经形成了完整的产业链,包括电池、电机、电控等核心零部件的研发和生产,以及整车制造、销售和服务等环节。在全球范围内,特斯拉、比亚迪、宁德时代等企业已经成为新能源汽车产业的领军企业。

2.智能网联汽车产业

智能网联汽车产业是指通过车载通信设备、传感器、控制器等技术手段,实现汽车与其他车辆、基础设施、互联网等的信息交互和共享,从而提高汽车的安全性、舒适性和经济性的一种新兴产业。智能网联汽车主要包括自动驾驶汽车、车联网汽车和智能交通系统等。

智能网联汽车产业的发展壮大,得益于大数据、云计算、人工智能等尖端科技的飞速进步。这些技术的发展为汽车提供了更强大的计算能力、更精确的感知能力和更智能的控制能力,使得汽车能够实现更高级别的自动驾驶和车联网功能。

目前,智能网联汽车产业正处于快速发展阶段,各大汽车制造商和科技公司纷纷加大对智能网联汽车技术的研发投入。谷歌、苹果、百度等科技巨头已经将智能网联汽车作为重要的战略方向，开展了大量的研究和试验。同时，全球范围内的自动驾驶测试和示范项目也在稳步推进，为智能网联汽车的商业化应用奠定了基础。

3.新能源汽车产业与智能网联汽车产业的融合发展

新能源汽车产业和智能网联汽车产业之间存在着密切的联系和互动。一方面，新能源汽车的持续发展为智能网联汽车提供了坚实的基础。电动汽车的电动化和轻量化特征，有助于实现汽车的自动驾驶和车联网功能，也显著降低了能源消耗和环境影响。另一方面，智能网联汽车的进步也对新能源汽车的普及和应用起到了积极的推动作用。智能网联汽车可以实现更高效的能源管理和调度，提高新能源汽车的使用效率和经济性。这两者之间形成了良性互动关系，相互促进、共同发展。新能源汽车的发展为智能网联汽车提供了更优越的基础条件，而智能网联汽车的推广又为新能源汽车的普及和应用提供了有力支持。这种互补性的发展，无疑将推动整个汽车产业向着更高效、环保、智能化的方向迈进。

随着新能源汽车产业和智能网联汽车产业的不断发展，两者之间的融合将越来越紧密。未来的汽车将不仅仅作为人们出行所使用的交通工具，更将成为人们工作、生活和娱乐的重要载体。在这个过程中，政府、企业和社会各界需要共同努力，助力新能源汽车产业和智能网联汽车产业的创新发展，为人类创造更加美好的未来出行环境。

（二）主要领域

在中国，新能源汽车产业涵盖了多个领域，包括电动汽车、插电式混合动力汽车和燃料电池汽车等。其中，电动汽车作为新能源汽车的主要类型，占据了市场的主导地位。电动汽车的发展得益于其零排放、低噪音、高效率等优点，符合中国对于环保和能源安全的战略需求。

电动汽车产业的发展主要依赖于电池技术的进步，当前中国的电动汽车电池技术已经达到了国际先进水平，特别是在锂离子电池领域，中国企业已经具备了全球领先的技术和产能。随着电池技术的进步和成本的降低，电动汽车的市场接受度正在不断提高。此外，中国政府对新能源汽车产业的大力支持，也为电动汽车的发展提供了有力的保障。插电式混合动力汽车是在传统混合动力汽车的基础上，增加了外接充电功能，使其结合了传统内燃机和电动机的优点，能够在电动模式下实现零排放行驶，同时具备较长的续航里程，可以实现纯电动驾驶的汽车，满足了不同用户的需求。近年来，随着电池技术的进步和政府政策的支持，插电式混合动力汽车在中国市场上逐渐获得了认可。燃料电池汽车是一种使用氢气作为燃料，通过燃料电池产生电能驱动汽车的新能源汽车。虽然目前燃料电池汽车在成本、氢气供应等方面仍存在一定的挑战，目前市场份额较小，但随着技术的不断进步和其快速加氢和长续航的特性，燃料电池汽车有望在未来成为新能源汽车的重要组成部分，被视为未来长途运输和重型车辆的重要选择。

在中国，智能网联汽车产业是一个涵盖多个技术领域的高速发展行业，其中包括但不限于自动驾驶、车联网和车载信息服务。自动驾驶技术是智能网联汽车产业中引人注目的领域之一。自动驾驶技术的研发涉及先进的传感器、计算机视觉、人工智能以及大数据分析等技术，旨在实现车辆的自主驾驶能力，减少人为操作，提高道路安全性。现在中国的自动驾驶技术已经取得了显著的进步，特别是在环境感知、决策规划、控制执行等关键技术上，中国企业已经具备了一定的竞争力。此外，中国政府对自动驾驶技术的研发和应用也给予了大力支持，为中国智能网联汽车产业的发展创造了良好的环境。车联网是指通过车载信息系统实现将汽车与外部网络和设备连接起来的技术，包括车与车、车与人、车与基础设施之间的信息交互。这一技术的发展有助于提高交通效率，减少拥堵，同时为驾驶者提供丰富的信息和服务。在中国，车联网产业已经取得了一定的发展，特别是在车载信息服务、车辆远程监控等方面，中国企业已经具备了一定的竞争力。车载信息服务包括导航、娱乐、远程诊断和维护等功能。通过车联网技术，这些服务能够实时更新，为驾驶者提供便利和安全保障。

智能网联汽车产业的发展不仅涉及技术进步,还包括对现有交通法规的适应和更新,以及对消费者需求的深入了解。随着技术的不断成熟和市场的逐渐开放,智能网联汽车产业在中国正迎来前所未有的发展机遇。政府的支持政策、企业的研发投入以及消费者对新技术的接受度,共同推动了这一产业的快速成长。未来,智能网联汽车有望在提高交通安全、优化交通管理和增强驾驶体验方面发挥重要作用。

(三)结构特征

在产业链方面,中国新能源汽车和智能网联汽车产业链已经初步形成,涵盖了整车制造、零部件供应、充电设施建设、运营服务等多个环节。在整车制造方面,除了传统的汽车企业积极布局新能源汽车领域外,还涌现出一批专注于新能源汽车研发和生产的创新型企业。在零部件供应方面,中国企业在电池、电机、电控等关键零部件领域取得了一定的技术突破,部分产品已经具备国际竞争力。在充电设施建设和运营服务方面,国家电网、特来电等企业加大了投资力度,形成了一定规模的充电网络。

在技术创新方面,中国新能源汽车和智能网联汽车产业在电池技术、驱动电机技术、智能网联汽车技术等方面取得了显著成果。例如,中国在锂离子电池和固态电池技术方面取得了显著进展,某些产品的性能指标,如能量密度和循环寿命,已触及国际领先水平。在驱动电机领域,中国企业已完成了永磁同步电机和交流异步电机等电机技术的开发及产业化过程。同时,在智能网联汽车技术领域,中国企业在自动驾驶、车联网、人工智能等方面取得了一系列创新成果,部分技术已经实现商业化应用。

市场需求方面,中国作为全球最大的汽车市场,新能源汽车和智能网联汽车市场需求潜力巨大。随着消费者对环保、节能、智能化等方面需求的不断提高,新能源汽车和智能网联汽车的市场份额将逐步扩大。就产业规模而言，预期到2025年将超越5000亿元大关，达到5303亿元[①]。此外，随着城市化进程的推进，公共交通、共享出行等领域对新能源汽车和智能网联汽车的需求也将不断增加。

从政策支持、产业链完善、技术创新和市场需求等方面来看，中国的新能源汽车与智能网联汽车产业拥有显著的竞争实力。然而，产业发展仍面临诸多挑战，如核心技术瓶颈、市场竞争加剧、充电基础设施建设滞后等问题。因此，中国新能源汽车和智能网联汽车产业需要继续加大政策支持力度，推动产业链协同创新，加快技术研发和应用推广，以实现产业的可持续发展。

（四）产业分类

为响应《"十三五"国家战略性新兴产业发展规划》，国家统计局于2018年11月制定了更新的《战略性新兴产业分类（2018）》标准，以更准确地监测和评估战略性新兴产业的发展规模、结构和速度。新的分类体系明确了新能源汽车产业的范围，覆盖从整车制造到相关设施及服务的各个环节，并对配件制造进行了详细划分，包括电机、发动机、储能装置等关键部分的生产。与《战略性新兴产业分类（2012）》相比，新版本合并了发电机和电动机制造，主要新增新能源汽车其他相关服务，这有助于全面促进新能源汽车产业的进一步发展（见表2-1）。重新分类，是实施党的二十大提出的战略性新兴产业融合发展方针的具体行动。为切实做好第五次全国经济普查工业战略性新兴产业相关调查工作，制订《工业战略性新兴产业分类目录（2023）》，该分类目录延续了上述对新能源汽车的界定。

① https://finance.sina.com.cn/tech/roll/2023-10-20/doc-imzrsqia6481652.shtml。

表2-1 《战略性新兴产业分类(2018)》对新能源汽车产业的界定[①]

新能源汽车产业	新能源汽车产业子分类	重点产品和服务
新能源汽车整车制造	新能源汽车整车制造	新能源车整车制造,按功能细分为乘用车、商务车以及专用车
新能源汽车装置、配件制造	电机、发动机制造	汽车用发动机制造 发电机及发电机组制造 电动机制造
	新能源汽车储能装置制造	电子元器件与机电组件设备制造 锂离子电池制造 镍氢电池制造 其他电池制造
	新能源汽车零部件配件制造	泵及真空设备制造 气体压缩机械制造 气体、液体分离及纯净设备制造 喷枪及类似器具制造 电工机械专用设备制造 汽车零部件及配件制造 电动机制造 电力电子元器件制造 运输设备及生产用计数仪表制造 电子测量仪器制造

① https://www.gov.cn/zhengce/zhengceku/2018-12/31/content_5433037.htm。

续 表

新能源汽车产业	新能源汽车产业子分类	重点产品和服务
新能源汽车相关设施制造	供能装置制造	塑料包装箱及容器制造 气体压缩机械制造 阀门和旋塞制造 气体、液体分离及纯净设备制造 改装汽车制造 汽车零部件及配件制造 配电开关控制设备制造 其他输配电及控制设备制造 通信系统设备制造
	试验装置制造	电工机械专用设备制造 电工仪器仪表制造 实验分析仪器制造 试验机制造
	其他相关设施制造	其他合成材料制造 电工机械专用设备制造
新能源汽车相关服务	新能源汽车充电及维修服务	机动车充电销售 汽车修理与维护
	新能源汽车其他相关服务	工程和技术研究和试验发展 检测服务

二、中国新能源汽车和智能网联汽车产业链

（一）产业链演化趋势

新能源汽车和智能网联汽车作为汽车行业变革的两大主角，其产业链的演化趋势引起了广泛的关注。

第一，新能源汽车产业链的演化趋势。新能源汽车是指以新型能源为动力，集节能、环保、安全于一身的汽车。随着世界范围内对环境保护

意识的不断增强，新能源汽车的发展势头正旺。从原材料开采、电池制造、汽车组装到销售服务，新能源汽车产业链日渐成熟。在这一过程中，几个发展趋势尤为显著：一是电池技术的持续创新，直接推动了新能源汽车续航能力的显著增加；二是充电基础设施的扩建，使得新能源汽车的使用更加方便；三是智能化和网络化的趋势，使得新能源汽车更加智能和便捷。

第二，智能网联汽车产业链的演化趋势。智能网联汽车是指通过车载信息系统实现与其他车辆、道路设施、互联网等的信息交互，从而提高驾驶安全性、舒适性和效率的汽车。智能网联汽车产业链的演化趋势主要体现在以下几个方面：一是传感器技术的创新使汽车能够感知周边环境，增强了驾驶安全性；二是通信技术的进步让汽车能与其他车辆、道路基础设施和网络进行数据交换；三是人工智能技术的发展正推动汽车朝向自动驾驶进化，提升驾驶效率。

新能源汽车和智能网联汽车产业链的演化趋势，不仅改变了汽车产业的生产方式，也改变了消费者的使用习惯。在这个过程中，政府、企业和消费者都需要不断适应和应对新的挑战。政府需要制定相应的政策，引导和支持新能源汽车和智能网联汽车的发展；企业需要加大研发投入，提高产品的技术水平和市场竞争力；消费者需要改变传统的消费观念，接受和使用新能源汽车和智能网联汽车。

新能源汽车和智能网联汽车产业链的演化趋势，是科技进步和社会发展的必然结果。推进新能源汽车与智能网联汽车产业的进一步发展，旨在打造环保、智慧、高效的交通系统，是未来工作的重要目标。

（二）产业链图谱

新能源汽车包括混合动力电动汽车、纯电动汽车、燃料电池电动汽车等。它们采用非常规的车用燃料作为动力来源，综合运用车辆的动力控制和驱动方面的先进技术。智能网联汽车将车联网与智能车有机联合，并融合现代通信与网络技术，实现车与人、路、后台等智能信息交换共享，实现安全、舒适、节能、高效行驶，最终可替代人来操作的新一代汽车。新能源汽车是未来汽车发展趋势，智能网联技术是利用新能源汽车作为平台进行研发的，新能源汽车可以更好地实现智能网联功能。

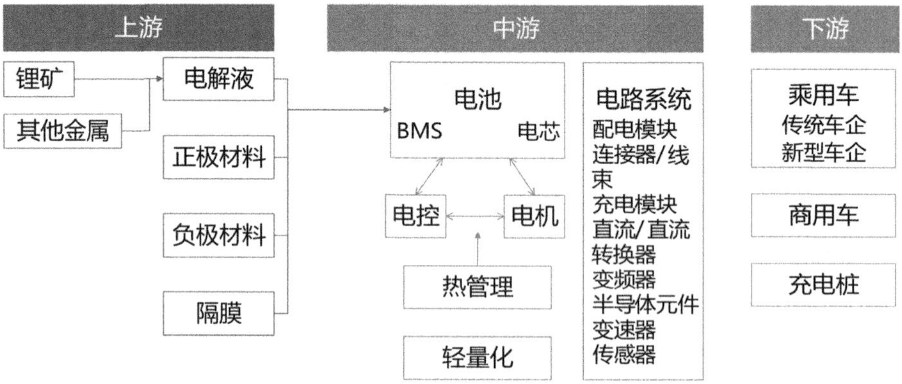

图2-1　新能源汽车产业链图谱①

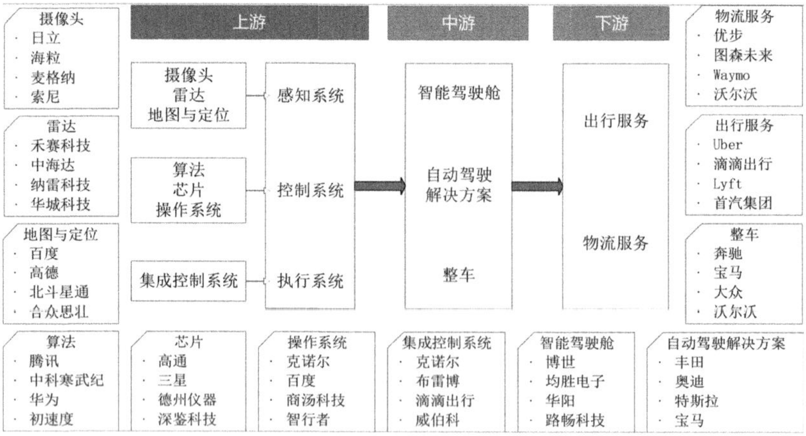

图2-2　智能网联汽车产业产业链图谱②

① https://www.ahchanye.com/xnyqc.html。

② https://www.ahchanye.com/xnyqc.html。

三、新能源汽车和智能网联汽车产业环境分析

科技创新在推动产业发展中扮演关键角色，尤其是在汽车产业。得益于高科技和资本的有力支持，汽车产业电动化、智能化和网联化的发展趋势锐不可当。新能源汽车和智能网联汽车是这一变革的典型代表，它们结合了汽车制造与人工智能、大数据、物联网等尖端信息技术，处于技术革新和产业布局加速的关键时期，成为加速产业深度变革的助推器，正在抢占未来产业发展的制高点。下面从国际环境和国内环境两个方面，客观地描述这两个产业的发展现状和未来趋势。

（一）国际环境

随着经济的不断发展、环保意识的增强以及可持续发展观念的深入人心，新能源汽车产业在全球范围内得到了显著推动。许多国家通过政策支持和目标设定，加速了新能源汽车的发展和普及。美国、德国、日本等国家纷纷出台政策，主要从购置新能源汽车补贴入手，以需求带动整个新能源汽车的发展。除了政策方面外，中国、日本、美国等国家都针对新能源汽车的发展做出了相应的目标规划，促进新能源汽车在本国的普及。

1.政策支持

为了应对气候变化和环境污染问题，各国政府纷纷出台了一系列政策支持新能源汽车和智能网联汽车的发展，主要通过提供购车补贴等措施，刺激对新能源汽车的需求。例如，美国政府设立了200亿美元的电动汽车基础设施基金，以支持电动汽车充电设施的建设；欧洲联盟计划到2030年将新能源汽车销量提高到总销量的40%。此外在基础设施建设上，加强充换电站和加氢站的建设，形成覆盖城乡的充电网络，并对作为公共设施的充电桩给予财政支持。

2.技术创新

新能源汽车和智能网联汽车的发展离不开技术创新。近年来，电池

技术、电机技术、电子控制技术等方面取得了显著进步，使得新能源汽车的性能得到了大幅提升。此外，自动驾驶技术的发展也为智能网联汽车的实现提供了可能。国际合作方面，鼓励在新能源汽车领域的国际交流与合作，促进技术共享和协同发展。

3.市场需求

随着消费者对环保和节能的认识不断加深，新能源汽车和智能网联汽车的市场需求也在逐渐增加。据统计，2019年全球新能源汽车销量达到了221万辆，同比增长10%[①]。根据国际能源署（IEA）的数据，全球电动汽车销量预计将在2030年超过7000万辆，新车渗透率有60%左右[②]。

综上所述，可以看出新能源汽车产业正处于快速发展阶段，得益于技术进步、政策扶持和市场需求增长。未来，随着技术不断成熟和市场扩大，新能源汽车有望在全球车市中占据更大份额。

（二）国内环境

目前我国汽车主要以汽油、柴油为燃料，随着汽车产销量及保有量的迅速增长，燃油汽车带来的能源紧张问题也更加突出。我国新能源汽车年销量占比从2016年的1.2%左右一路高涨，到2021年中国新能源乘用车销量331万辆，占全球市场份额的53%，超过欧洲，成为全球最大的新能源汽车市场。2022年，随着华为、小米入局电动汽车、比亚迪停产传统油车，新能源电动汽车将成为互联网公司竞争的又一赛道。而电动汽车的智能化又离不开5G、大数据、云计算、人工智能的加持，所以这些领域仍将成为互联网企业持续发力的方向。

1.政策支持

中国政府对新能源汽车和智能网联汽车产业的发展给予了高度重视，并出台了一系列政策和措施来支持这一领域的发展。例如，国家相关

① http://auto.people.com.cn/n1/2020/0205/c1005-31571731.html。

② https://www.iea.org/reports/global-ev-outlook-2023。

部门联合发布了《关于加快推进新能源汽车产业发展的指导意见》《新能源汽车产业发展规划(2021—2035年)》,这些政策旨在推动汽车产业的技术革新,促进电动化、智能化、网联化的趋势,以实现产业的升级和可持续发展。

政府通过提供购车补贴、税收优惠等经济激励措施,鼓励消费者购买新能源汽车,从而刺激市场需求。加大对充电桩、换电站等基础设施的建设力度,以解决新能源汽车充电不便的问题,提高用户的使用便利性。鼓励企业加大研发投入,推动新能源、新材料以及互联网、大数据、人工智能等多种变革性技术的融合与创新。支持在新能源汽车领域的国际交流与合作,引进国外先进技术和管理经验,提升国内产业的国际竞争力。制定长远的市场发展规划,明确新能源汽车产业的发展目标和路径,引导产业健康有序发展。完善相关法律法规,为新能源汽车和智能网联汽车的发展提供法律保障,同时确保安全和环保标准得到遵守。促进上下游产业链的协同发展,包括电池制造、电机生产、车联网服务等,形成完整的产业生态。地方政府也根据中央政策出台了相应的配套措施,如限购政策的调整、地方补贴等,以适应本地区的实际情况。在一些城市开展新能源汽车的示范运营,通过实际应用收集数据,优化技术和商业模式。简化新能源汽车的上市审批流程,加快新技术、新产品的市场化进程。通过媒体和公共活动提高公众对新能源汽车和智能网联汽车的认识和接受度。

2.技术创新

中国在新能源汽车和智能网联汽车领域的技术创新取得了显著成果。在电池技术方面,中国企业如宁德时代、比亚迪等已经具备了较强的竞争力;在电机技术方面,中国企业如大洋电机、方正电机等也取得了重要突破;在电子控制技术方面,中国企业如长安汽车、吉利汽车等已经实现了较高的技术水平。

3.市场需求

中国是全球最大的汽车市场,新能源汽车和智能网联汽车在中国市场具有无穷的发展潜力。根据中国汽车工业协会的数据,2019年中国新能源汽车销量达到了120.6万辆，同比下降4%[1]。我国2022年新能源车产量700.3万辆，增长90.5%，渗透率达25.8%。预计2030年产量超过1500万辆，保有量1亿辆，为汽车产业及道路交通碳达峰奠定基础[2]。

综上所述，中国政府通过一系列综合性的政策措施，旨在推动新能源汽车和智能网联汽车产业的快速发展，同时也为全球汽车产业的转型升级提供了中国方案。这些不仅有助于环境保护和能源结构的优化，也是中国汽车产业走向高质量发展的必由之路。

（三）未来趋势

新能源汽车和智能网联汽车是当前汽车行业的两大热点。随着技术的不断进步和政策的推动，这两个领域发展呈现出一些明显的趋势。

新能源汽车和智能网联汽车的融合发展。新能源汽车和智能网联汽车的发展是相辅相成的。一方面，新能源汽车的发展为智能网联汽车提供了技术支持。例如，新能源汽车的电池技术、电机技术、电控技术等都可以应用到智能网联汽车中。另一方面，智能网联汽车的发展也为新能源汽车提供了市场空间。例如，智能网联汽车可以实现车辆的远程监控和故障预警，这可以提高新能源汽车的使用效率和安全性。

在这个过程中，新能源汽车和智能网联汽车将实现深度融合，共同推动汽车行业的变革。新能源汽车将为智能网联汽车提供强大的动力支持，而智能网联汽车将为新能源汽车提供广阔的市场空间。同时，新能源汽车和智能网联汽车的发展也将带动相关产业的发展，包括电池、电机、电控等关键零部件产业，以及车联网、大数据、人工智能等新兴信息技术产业。

虽然新能源汽车和智能网联汽车的发展前景广阔，但也面临着一些

---

① http://lwzb.stats.gov.cn/pub/lwzb/gzdt/202005/W020200528770641948487.pdf。

② https://finance. sina. com. cn/hy/hyjz/2023-04-01/doc-imynvuek4023506. shtml? r=0&tr=174。

挑战,包括技术研发的资金投入、社会接受度的问题、法规和标准的完善等。首先,技术研发需要大量的资金投入,而目前这两个领域的投资还相对较少。其次,新能源汽车和智能网联汽车的推广还面临着一些社会接受度的问题。例如,消费者对新能源汽车的安全性和续航里程还有疑虑,对智能网联汽车的自动驾驶功能还存在恐惧心理。最后,新能源汽车和智能网联汽车的法规和标准还不完善,这也给这两个领域的发展带来了一定的困扰。只有通过不断的技术创新和政策推动,才能克服这些挑战,实现这两个领域的健康发展。

总的来说,新能源汽车和智能网联汽车的发展前景十分广阔,有望成为推动汽车行业变革的重要力量。通过不断的技术创新和政策推动,我们期待在不久的将来,能够看到更加环保、智能、便捷的新能源汽车和智能网联汽车在生活中得到广泛应用。

(四)结语

随着科技的日新月异,全球新能源汽车和智能网联汽车产业正面临空前的增长机遇。这两大领域已成为当前汽车工业的核心关注点,并预计将引领该行业未来的发展趋势。随着技术创新和政策激励的持续推动,这两个领域的发展将呈现出一些明显的趋势,包括市场规模的持续扩大、技术的创新、产业链的逐渐完善等。同时,新能源汽车和智能网联汽车也将实现深度融合,共同推动汽车行业的变革。这两个产业的发展不仅将对全球汽车市场产生深远影响,也将为人类社会的可持续发展提供强大动力。

新能源汽车产业正在经历一场深刻的变革。电池技术的进步和成本的降低,使得新能源汽车的性能得到了显著提升。特别是续航里程的提升,使得新能源汽车在实用性上越来越接近传统燃油车。此外,充电设施的建设在逐步完善,为新能源汽车的普及提供了便利。预计到2030年,新能源汽车将在全球范围内占据主导地位,这将对全球能源结构产生深远影响,推动全球向更加清洁、低碳的方向发展。

智能网联汽车产业也正在快速发展。自动驾驶技术的发展为智能网联汽车的实现提供了强大的动力。随着5G技术在全球范围内的部署和运用,车联网技术预计将提升,从而为智能网联汽车提供必要的技术基础。展望2030年,智能网联汽车有望成为汽车行业发展的主要趋势。这种发展势将有效提升交通流动性并降低交通事故发生率,提高驾驶体验,为人类社会的出行方式带来革命性的改变。

新能源汽车产业和智能网联汽车产业在全球范围内正迎来快速发展的机遇。在政策支持、技术创新和市场需求的共同推动下,这两个产业将在未来几年内取得更加显著的成果。中国作为全球最大的汽车市场,将在新能源汽车产业和智能网联汽车产业的发展中发挥重要作用。中国的政策支持、庞大的市场需求以及强大的制造能力,将为这两个产业的发展提供强大的动力。我们有理由相信,新能源汽车产业和智能网联汽车产业将在中国的发展中大放异彩,为全球汽车产业的发展提供新的动力和方向。

第二节　新能源汽车和智能网联汽车产业政策

一、中国新能源汽车和智能网联汽车产业政策发展动态

(一)政策要点

中国新能源汽车和智能网联汽车产业政策涵盖了从顶层设计到具体实施的各个方面。近年来,我国在这两个领域制定了一系列发展规划,旨在推动技术创新、基础设施建设以及市场化应用。中国新能源汽车和智能网联汽车产业政策要点如表2-2所示。

表2-2　中国新能源汽车和智能网联汽车产业政策要点

文件名称	主要内容
新能源汽车产业发展规划（2021—2035年）	该规划提出了总体思路、战略定位和发展目标，部署了关键技术攻关、基础设施建设、融合应用和产业生态培育等主要任务，并明确了完善政策措施、组织实施和保障体系等内容。此外，它还提出了加强新能源汽车与能源、交通、信息通信等领域统筹融合，提升新能源汽车产业核心竞争力的目标
关于加强新能源汽车与电网融合互动的实施意见	新能源汽车通过充换电设施与供电网络相连，构建新能源汽车与供电网络的信息流、能量流双向互动体系，可有效发挥动力电池作为可控负荷或移动储能的灵活性调节能力，为新型电力系统高效经济运行提供重要支撑。车网互动主要包括智能有序充电、双向充放电等形式，可参与削峰填谷、虚拟电厂、聚合交易等应用场景。充分发挥新能源汽车在电化学储能体系中的重要作用，巩固和扩大新能源汽车发展优势，支撑新型能源体系和新型电力系统构建
关于延续和优化新能源汽车车辆购置税减免政策的公告	为了支持新能源汽车产业发展，政府将继续实施新能源汽车车辆购置税的减免政策。2024年1月1日—2025年12月31日购买的新能源汽车将享受免征车辆购置税优惠，但免税额不超过3万元/车。2026年1月1日—2027年12月31日购买的新能源汽车将享受减半征收车辆购置税优惠，减税额不超过1.5万元/车。这些措施旨在降低消费者购买新能源汽车的成本，推动新能源汽车的销售和产业发展
关于加快推进充电基础设施建设更好支持新能源汽车下乡和乡村振兴的实施意见	要适度超前建设充电基础设施，支持农村地区购买使用新能源汽车，强化农村地区新能源汽车服务管理。该文件提出了一系列措施，其中包括优化完善支持政策、鼓励开展试点示范、持续推动桩站建设、强化配套电网建设等。这些措施将有助于促进新能源汽车在农村地区的普及和发展，为乡村振兴提供有力支撑

续 表

文件名称	主要内容
关于搞活汽车流通扩大汽车消费若干措施的通知	为了稳定经济和改善民生，搞活汽车流通，扩大汽车消费，采取如下措施：优化限购政策，支持更新消费，培育二手车市场，通过补贴等措施推广新能源汽车，优化使用环境，提供多样化的汽车金融产品，等等
汽车行业稳增长工作方案（2023—2024年）	采取支持扩大新能源汽车消费，稳定燃油汽车消费，推动汽车出口提质增效，促进老旧汽车报废、更新和二手车消费，提升产品供给质量水平，保障产业链供应链稳定畅通等举措，实现2023年汽车行业运行保持稳中向好发展态势，2024年，汽车行业运行保持在合理区间、产业发展质量效益进一步提升的发展目标
关于进一步构建高质量充电基础设施体系的指导意见	为了促进中国新能源汽车产业的迅速增长，并提高充电设施的服务品质，进而向用户提供更为方便、安全、高效的充电体验，改进充电网络布局，加速关键区域的建设工作，提高服务运营质量，并通过科技创新来引导发展。同时，增强政策和资金的支持，以确保到2030年能够建立一个广泛覆盖、规模恰当、结构优化、功能齐全的优质充电基础设施网络
新能源汽车动力蓄电池回收服务网点建设和运营指南	新能源汽车生产企业承担动力蓄电池回收的主体责任，汽车生产企业在销售新能源汽车时，应当在其售后服务机构内，为每辆新能源汽车产品建立动力蓄电池回收渠道，跟踪记录动力蓄电池回收情况
国家车联网产业标准体系建设指南（智能网联汽车）（2023版）	为充分发挥标准在车联网产业生态环境构建中的引领和规范作用，适应我国智能网联汽车发展的新趋势、新特征和新需求，加快构建新型智能网联汽车标准体系
关于开展智能网联汽车准入和上路通行试点工作的通知	指导智能网联汽车制造商和用户加强能力建设，在确保安全的基础上，推动产品性能和功能的提升以及产业生态的持续优化。借助试点项目的经验，完善管理实践，为相关的法律法规和技术标准的修订提供支持，加速建立和改进智能网联汽车的生产准入和道路交通安全管理机制

续 表

文件名称	主要内容
车联网(智能网联汽车)产业发展行动计划	依托我国在网络通信、电子信息和汽车制造领域的综合优势,我们将推动政策环境的优化,并强化行业间的合作。通过突破核心技术,巩固产业基础,我们致力于打造一个技术先进、市场广泛、安全可靠且具有强大竞争力的车联网新生态系统,促进产业融合发展
智能网联汽车道路测试与示范应用管理规范(试行)	在道路测试基础上增加载人载货示范应用,并将高速公路纳入道路测试及示范应用道路范围;北京、上海、广州等头部城市接连出台多项政策支持企业从道路测试向规模化测试、示范应用、无人测试示范演进
关于加强智能网联汽车生产企业及产品准入管理的意见	为保障公众生命和财产安全,同时促进智能网联汽车产业的持续健康成长,该意见强调了建立完善的企业和产品准入管理体系的重要性。包括企业必须建立完善的数据与网络安全管理机制,规范软件的在线更新流程,并强化自动驾驶产品的安全性管理措施
关于开展智能网联汽车"车路云一体化"应用试点工作的通知	坚持"政府引导、市场驱动、统筹谋划、循序建设"的原则,建成一批架构相同、标准统一、业务互通、安全可靠的城市级应用试点项目,推动智能化路侧基础设施和云控基础平台建设,提升车载终端装配率,开展智能网联汽车"车路云一体化"系统架构设计和多种场景应用,形成统一的车路协同技术标准与测试评价体系,健全道路交通安全保障能力,促进规模化示范应用和新型商业模式探索,大力推动智能网联汽车产业化发展

(二)政策特点

近年来,中国政府高度重视新能源汽车和智能网联汽车产业的发展,制定了一系列政策措施予以支持。这些政策措施包括实施新能源汽车购置补贴、免征购置税、优先购车指标等政策,鼓励消费者购买新能源汽车;加大对充电基础设施建设的投入,提高充电设施的覆盖面和使用便利性;

推动智能网联汽车在特定区域开展示范应用，积累相关技术和经验。政府强调电动化、网联化、智能化的发展方向，并倡导以融合创新为重点，突破关键核心技术。政府还大力促进充电设施、氢能源设施、智能交通系统以及智能汽车相关基础设施建设，从而为智能网联汽车提供坚实的新型基础设施支撑。这些措施不只推进了新能源汽车和智能网联汽车行业的进步，还助力整个产业链的持续健康成长。

1.新能源汽车产业政策特点

中国的新能源汽车产业发展政策特点主要体现在以下几个方面：

首先，中国制定了《新能源汽车产业发展规划（2021—2035年）》，旨在推动新能源汽车产业的高质量发展，加快建设汽车强国。这一规划明确了产业发展的战略目标和发展方向。政府强调深化“三纵三横”的研发布局，即纯电动汽车、插电式混合动力汽车和燃料电池汽车的研发，以提升新能源汽车整车综合性能。这体现了中国在新能源汽车技术研发方面的全面布局和持续推进。基础设施建设方面，为了解决充电基础设施滞后的问题，政府计划加快建设充换电服务网络。这不仅包括充电桩的建设，还包括鼓励地方开展V2G（车对电网）示范应用，实现新能源汽车与电网能量的高效互动。

其次，中国在新能源汽车产业的核心零部件及整车制造领域具备生产成本和效率优势，产业链供应链相对完整，整体优势突出。这为产业的高速发展提供了有力支撑。政府通过一系列政策措施促进新能源汽车的市场推广，包括提供购车补贴、税收优惠等激励措施，以及推动新能源汽车在公共交通、政府采购等领域的应用。中国积极参与国际交流与合作，推动新能源汽车产业的全球化发展。例如，中国的新能源汽车企业与国际合作伙伴共同开发国际市场，提升了中国品牌的国际认可度。新能源汽车产业的发展符合全球减排趋势和环境保护的要求，有助于实现碳中和目标，这也是政策支持的重要方向。政策还鼓励新能源汽车与智能网联技术的融合，推动汽车产业向更加智能化、网络化的方向发展。近年来，中国新能源汽车的产销量持续增长，已成为全球最大的新能源汽车市场。政策的支持和市场的响应推动了产业规模的扩大。中国的新能源汽车企业如比亚迪等在全球市场中表现突出,成为行业的领导者。这些企业的发展得益于政策的扶持和市场的培育,同时推动整个产业的进步。

最后,中国新能源汽车产业的发展政策特点是多方面的,包括长期规划、技术创新、基础设施建设、产业链优势、市场推广、国际合作、环境友好、智能化与网联化、产销规模扩大以及企业竞争力提升等。这些特点共同推动了中国新能源汽车产业的快速发展和国际领先地位的确立。

2.智能网联汽车产业政策特点

智能网联汽车产业政策特点可以总结如下:

中国政府根据《中国制造2025》和《国家综合立体交通网规划纲要》,已经制定了智能网联汽车的发展战略。这一战略不仅指导国内产业发展,还使中国成为国际汽车发展体系的重要组成部分。在智能网联汽车领域,中国已经发布了《智能网联汽车技术路线图2.0》,该路线图详细阐述了"三横两纵"的技术架构,包括车辆关键技术、信息交互关键技术和基础支撑关键技术等重点方向。为了全面推动车联网产业技术研发和标准制定,中国已经制定了《国家车联网产业标准体系建设指南》,对智能网联汽车标准体系进行了系统规划和部署。

智能网联汽车产业政策涵盖了研发设计、生产准入、销售流通、测试示范、报废回收等多个环节,旨在构建支持智能网联汽车高质量发展的全生命周期政策覆盖环境体系。政策鼓励围绕智能网联汽车产业展开建链、强链,以形成相应的产业集群,细分领域涉及软件算法、环境感知、通信网络等。此外,国家各部门出台了一系列政策,支持智能网联汽车产业的整车制造、交通运输、信息交通通信、电子交通互联等多个领域的创新,并鼓励开展多种场景应用,如前沿技术研发类场景等。政策倡导建设智能化路侧基础设施,实现5G通信网络全覆盖,部署C-V2X基础设施,以及交通信号机和交通标志标识等的联网改造,推动智能网联汽车"车路云一体化"系统架构设计和多种场景应用。中国在智能网联汽车领域的政策制定和技术发展方面已取得显著进展,成为引领全球智能网联汽车发展的重要力量。

总之，中国智能网联汽车产业政策的特点体现在顶层设计、技术路线图、标准体系建设、全生命周期政策覆盖、产业集群发展、政策支持与应用场景拓展、车路云一体化以及国际领先地位等方面。这些政策特点共同构成了中国智能网联汽车产业发展的政策框架，为产业的健康发展提供了有力的政策支持。

二、安徽省新能源汽车和智能网联汽车产业政策发展动态

安徽省新能源汽车和智能网联汽车产业政策如表2–3所示。

表2–3　安徽省新能源汽车和智能网联汽车产业政策要点

文件名称	主要内容
安徽省新能源汽车产业集群发展条例	是中国首部针对新能源汽车产业在省级层面制定的专项法规，主要内容包括以下几个方面：鼓励和支持新能源汽车产业的技术创新，提升产业核心竞争力。加强产业链上下游的协同发展，优化产业结构，提高产业链的整体水平和效率。扩大新能源汽车的应用范围，推动在公共交通、物流运输等领域的广泛应用。促进国内外交流合作，吸引外资企业投资，推动产业集群国际化发展。提供政策上的扶持和优惠，包括资金支持、税收减免等，以激励产业发展。培育市场需求，通过补贴等手段刺激消费者购买新能源汽车，扩大市场规模。加快新能源汽车充电设施等基础建设，为新能源汽车的普及和使用提供便利。建立健全新能源汽车产业的监管体系，确保产业健康有序发展。该条例的实施旨在推动安徽省新能源汽车产业的快速发展，构建完整的产业生态，提升产业竞争力，促进经济的高质量发展。这一举措对于引导和规范新能源汽车产业的发展具有重要意义，也为其他省份提供了可借鉴的经验
安徽省“十四五”汽车产业高质量发展规划	安徽省的这一规划旨在通过一系列具体的目标和措施，推动汽车产业的高质量发展，特别是在新能源汽车和智能汽车领域，涵盖了产业发展的具体目标和布局，国际化战略提升品牌的全球影响力，满足市场需求和消费者需求

续 表

文件名称	主要内容
关于加快推进公共领域新能源汽车应用工作的通知	为加快推进安徽省公共领域新能源汽车应用，优化公共领域新能源汽车市场环境，促进新能源汽车产业持续健康发展，该通知从以下几个方面部署工作：加快公共领域汽车新能源化，明确在公共领域如公交、出租、公务等领域推广新能源汽车的具体目标。推进公共领域充换电基础设施建设，优化公共领域车型供给和销售模式，开展公共领域氢能示范应用，开展公共领域智能网联汽车推广应用，降低公共领域新能源汽车使用和运营成本
关于印发安徽省高质量充换电服务体系建设方案（2023—2027年）的通知	为加快构建高质量充换电服务体系，更好满足人民群众绿色出行需要，助力实现碳达峰碳中和目标，助推安徽省加快建设具有国际竞争力的新能源汽车产业集群，制定本方案。目标到2027年，基本建成覆盖广泛、规模适度、结构合理、功能完善、开放融合、惠及民生的现代化高质量充换电服务体系，有力支撑新能源汽车产业发展，更好满足人民群众购置和使用新能源汽车需要，助力打造新能源汽车出行最友好省份
安徽省新能源汽车产业发展行动计划（2021—2023年）	该计划主要围绕设定发展目标、明确重点任务和执行保障措施进行。目标是在“关键零部件—整车—产业链—产业集群”模式基础上，进一步增强安徽省新能源汽车产业的市场竞争力和份额。这包括通过优化生产布局和完善质量管理体系，促进新能源乘用车、客车和货车的发展，实现产业升级 重点任务涉及培育高质量的产业体系，利用整车企业的引领作用，支持新能源乘用车企业优化生产结构，扩大新能源客车和货车的生产和销售。同时，鼓励企业加快产品和市场的结构调整，吸引国内外新能源汽车企业和相关研发制造项目，加强产业链建设，提高供应链的稳定性和竞争力 为保证计划的顺利执行，将实施一系列保障措施，如政策支持、资金投入和技术创新等，以推动新能源汽车产业的持续健康发展

续表

文件名称	主要内容
安徽省新能源汽车充换电基础设施建设运营管理办法(暂行)	明确充换电基础设施的布局规划,要求与城市发展和交通规划相协调。规定了充电设施应符合的技术标准和安全要求,确保设施的通用性和安全性。鼓励社会资本参与充换电基础设施的投资和建设,提供财政补贴等激励措施。建立充换电设施的运营监管机制,确保服务质量和消费者权益。推动形成覆盖城乡的充换电服务网络,便利新能源汽车的使用。建设统一的充换电信息服务平台,实现信息共享和智能管理。该办法旨在通过政策引导和规范管理,加快建设和完善安徽省新能源汽车充换电基础设施,支持新能源汽车产业的发展,满足公众对新能源汽车充电的需求,促进绿色交通的发展
合肥市进一步促进新能源汽车和智能网联汽车推广应用若干政策	该文件主要从支持公共充电设施运营,支持换电基础设施建设和运营,优化新能源汽车使用环境,支持公共领域节能减排,支持新能源汽车下乡,支持氢燃料电池汽车示范推广,支持智能网联测试应用,支持产业链生态体系建设等方面以推动合肥市新能源汽车产业高质量发展
关于印发《合肥市“十四五”新能源汽车产业发展规划》的通知	为了落实合肥市政府“争创国家级战略性新兴产业集群,把合肥建设成为新能源汽车之都”的战略部署,该规划总结新能源汽车国内外发展形势和产业发展趋势,结合合肥市产业基础,制定发展目标。到2025年,全市新能源汽车产业规模迈上新台阶,重点领域取得新突破,优势特色领域不断拓宽,创新创业主体更加活跃,服务体系日趋完善,集聚发展格局基本形成,产业综合竞争力显著提升,努力争创国家级战略性新兴产业集群
关于印发《芜湖市智能网联汽车道路测试与示范应用管理办法(试行)》的通知	该管理办法旨在规范和促进芜湖市智能网联汽车的道路测试与示范应用,保障公共安全,推动产业发展。明确智能网联汽车测试主体的资质要求,包括技术能力、安全保障能力等。规定了道路测试的申请流程、条件以及必要的安全措施。建立道路测试的监督管理机制,确保测试活动的安全性和合规性。鼓励在特定区域或场景下开展智能网联汽车的示范应用,并逐步推广。强调数据安全和用户隐私的保护,确保测试和应用过程中的数据安全。对发生交通事故时的责任划分进行规定,明确各方的责任和义务。提供政策支持,包括资金、场地等资源,以激励智能网联汽车的测试和示范应用

第三节 中国新能源汽车和智能网联汽车产业发展态势

下面根据IDDRP数据分析我国新能源汽车和智能网联汽车产业发展态势。①

一、企业分布

(一)产业发展趋势

通过观察存量企业和增量企业随时间的变化来了解新能源汽车和智能网联汽车产业企业数量的增长趋势。从图2-3可以看出,2015—2023年,新能源汽车产业存量企业数量持续上升,其增长率在2016—2019年逐渐下降,但在2020—2021年有所回升。增量企业数量呈现波动上升趋势,其中在2016—2017年经历了较大的增长,之后增长率急剧下降,甚至在2022年出现了负增长。在2023年,增量企业的增长量又有所回升。总结来说,新能源汽车产业存量企业的数量持续增长,尽管增长率在不同年份有所波动,显示出行业逐步发展成熟和稳定。增量企业的波动增长则可能反映了市场动态变化、政策影响或行业内部竞争等因素。增量企业在2016年至2017年经历了显著增长,但随后增长放缓,甚至在2022年出现减少,这可能表明新企业的创建速度放缓。2023年的数据表明增量企业的增长量有所恢复,反映了市场的动态变化。

① https://iddrp.chinascope.com/college-login。

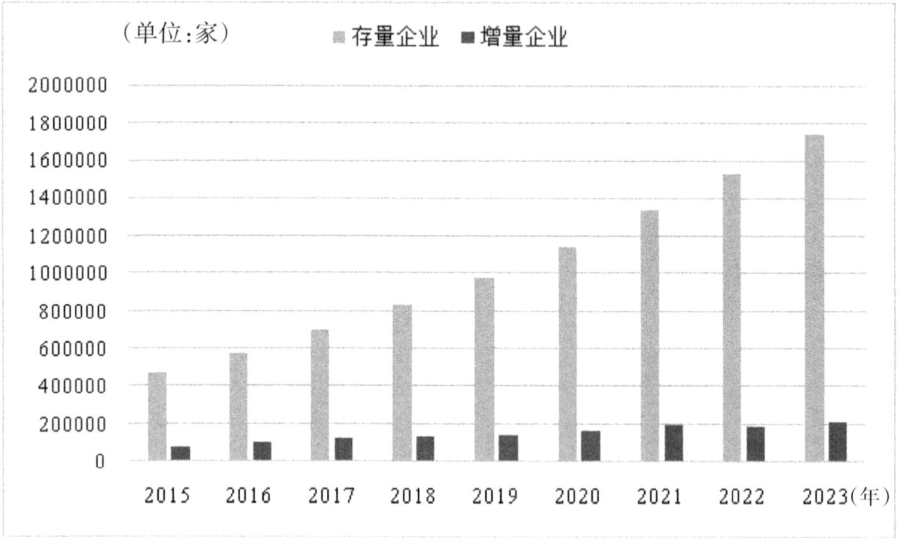

图2-3 2015—2023年中国新能源汽车产业企业数量变化

从图2-4可以看出，2015—2023年，智能网联汽车产业存量企业数量持续上升，其年增长率虽然有波动，但整体没有出现负增长，说明行业持续吸引新企业进入。增量企业数量呈现波动上升趋势，其中2019—2020年经历了较大的增长，但之后增长率急剧下降，甚至在2022年增量企业数量有所回落，随后在2023年又大幅增长创造了新高。综合以上数据，智能网联汽车产业的企业数量增长趋势总体上是积极向上的；存量企业数量稳步增长，显示出行业的成熟度和稳定性。增量企业在2015—2021年经历了显著增长，但在2022年出现减少，这可能表明新企业的创建速度放缓。然而，2023年增量企业的大幅增长，可能预示着行业即将迎来新一轮的快速发展期。

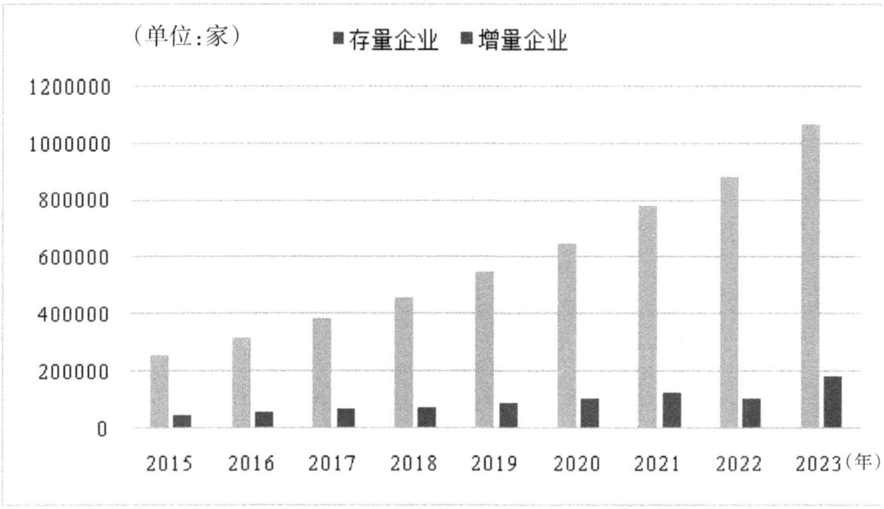

图2-4　2015—2023年中国智能网联汽车产业企业数量变化

通过观察不同成立时长的企业数量占比,分析新能源汽车行业企业成立年限的分布。数据中企业成立年限包含了从1年以内到10年以上的不同时间段,这些时间段覆盖了企业的整个生命周期。如图2-5,每个时间段的企业数量和占比情况如下:1年以内的企业数量占总数的12.10%,这表明在统计年份中,有相对较多的新企业成立,这可能反映了市场的活力和新企业的快速增长;1—3年的企业占总数的22.11%,这个时间段的企业数量比1年以内的企业有所增加,这可能是因为一些新企业在成立后的几年内得以存活并继续运营;3—5年的企业占总数的17.60%。这个时间段的企业数量开始减少,这可能表明一些企业在成立后的3到5年内面临更大的挑战,可能导致它们退出市场;5—10年的企业占比为29.41%,这是所有时间段中企业数量最多的一个区间,表明许多企业能够存活并发展至少5年,这可能反映了这些企业已经稳定并占据了一定的市场份额;10年以上的企业数量占总数的18.78%,这个时间段的企业数量相对较多,表明有一部分企业能够长期存活和发展,这些通常是市场上的成熟企业和行业的领导者。

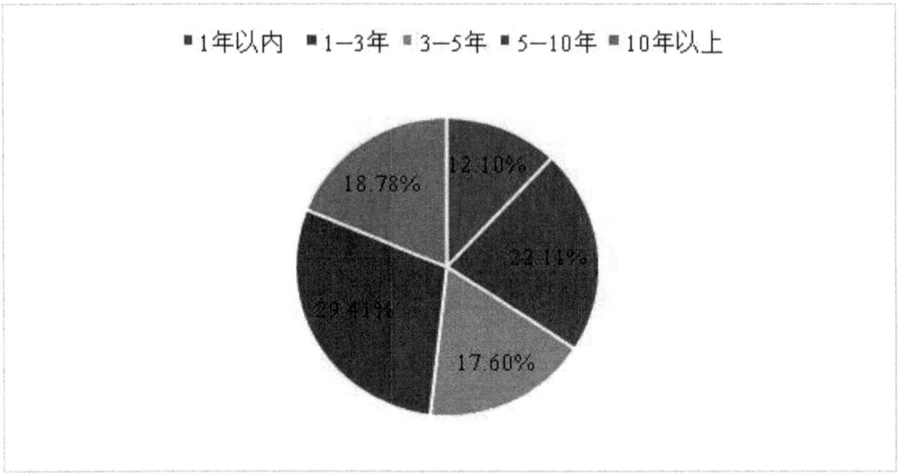

图2-5　新能源汽车产业企业成立年限分布

总的来说，企业成立年限的分布显示了市场中企业的年龄结构。新成立的企业（1年以内）和成熟企业（10年以上）的数量相对较少，而成立时间在5—10年的企业数量最多，这表明很多企业能够度过最初的几年并逐渐稳定下来。企业在不同生命周期阶段面临的挑战和机遇可能不同，这种分布也可能反映出中国新能源汽车市场的竞争程度和行业的成熟度。

图2-6呈现了智能网联汽车行业企业成立年限的分布。成立时间1年以内企业数量占比17.56%，这表明近一年内有相当数量的新企业进入智能网联汽车产业，反映出该行业仍有较高的创业活跃度和市场吸引力。成立时间1—3年的企业数量占比21.38%，这一时间段的企业数量略高于1年以内的企业，说明在过去三年内，智能网联汽车产业持续吸引了大量新进入者。3—5年的企业占比17.92%，这个数据表明，有一定比例的企业已经稳定运营超过3年，但仍未达到5年，这些企业可能已经开始在市场中占据一定的地位。经营5—10年的企业占总数的27.40%，这是所有时间段中企业数量最多的一类，显示出有不少企业在5到10年的时间里稳固了自己的市场地位，且可能在技术、品牌和市场份额方面积累了一定的竞争优势。连续经营10年以上的企业占比为15.74%，这一比例的企业

是行业中的老牌企业，它们在市场上具有较长时间的运营经验，可能在技术积累、品牌影响力和客户基础等方面拥有较强的优势。

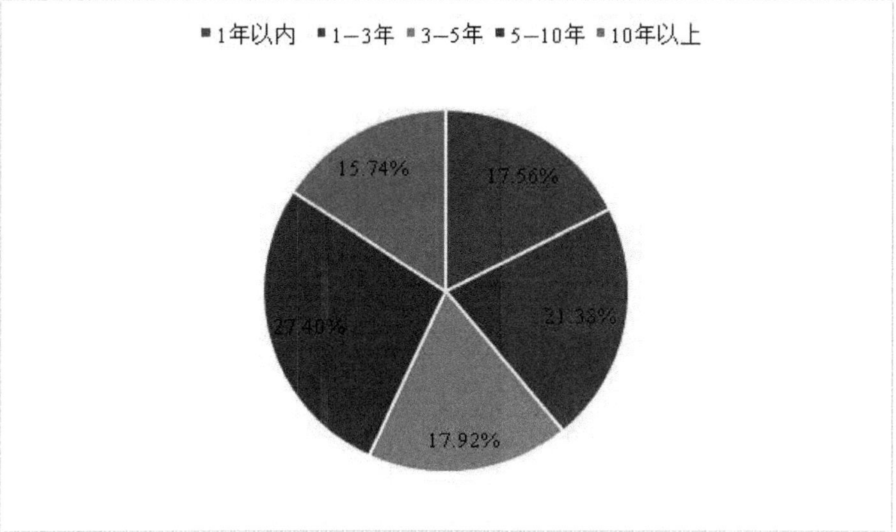

图2-6 智能网联汽车产业企业成立年限分布

总的来说，智能网联汽车产业的企业成立年限分布呈现出较为均衡的态势，其中成立5—10年的企业占比最高，说明行业内有一定比例的成熟企业。同时，新进入企业的数量也不容忽视，这可能意味着行业竞争将持续加剧，也预示着行业的创新活力和发展潜力。随着技术的不断进步和市场的不断扩大，预计未来会有更多的新企业进入，同时现有的企业也会通过技术创新和市场拓展来巩固和提升自己的市场地位。

通过观察不同注册资本区间的企业数量及其在总数中的占比，分析企业注册资本的分布。数据中包含了从100万元以下到5000万元以上的不同资本区间，这些区间覆盖了企业注册资本的广泛范围。每个资本区间的企业数量和占比如下：100万元以下的企业数量占总数的32.48%。这表明新能源汽车行业有相当一部分企业的注册资本较低，可能包括了许多中小型企业或初创企业。100万—500万元的企业占总数的38.89%。这个区间的企业数量最多，表明多数企业的注册资本集中在这个范围内，反映了这些企业具有一定的规模和资金实力。500万—1000万元的企业数量占总数的13.67%。这个区间的企业数量开始减少,表明较少企业的注册资本达到这个规模。1000万—5000万元的企业数量占总数的11.96%。这个区间的企业数量进一步减少,显示了较高注册资本的企业相对较少。5000万元以上的企业数量占总数的3.00%。这个区间的企业数量最少,表明只有少数企业的注册资本非常高,这可能包括了一些大型企业或集团公司。

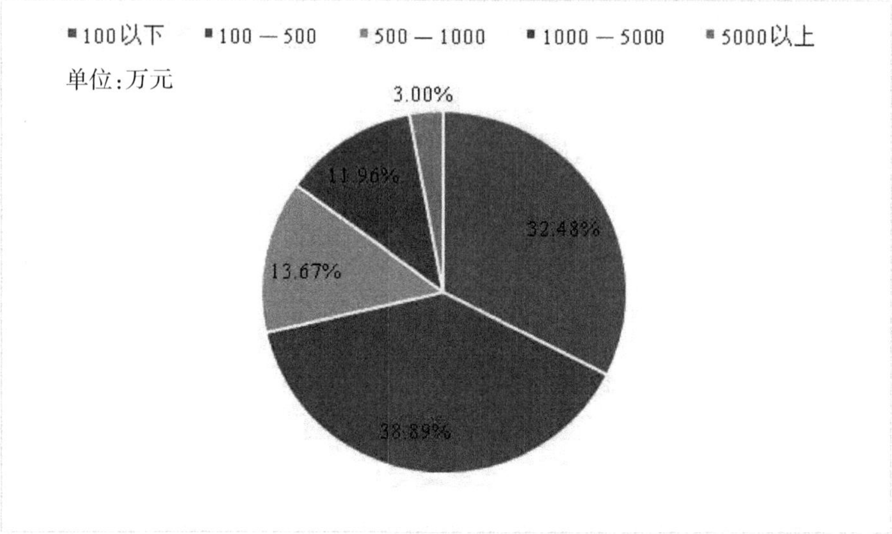

图2-7　新能源汽车产业企业注册资本分布

总的来说,企业注册资本的分布显示了市场中企业的资金规模。大部分企业的注册资本集中在100万元到500万元,而注册资本非常高的企业数量较少。不同注册资本区间的企业在市场中的角色和运营能力可能不同,这种分布可能反映了市场的资本需求和企业的融资能力。

图2-8呈现了我国智能网联汽车产业中企业的注册资本分布情况。100万元以下的企业占比24.82%,这表明四分之一的企业注册资本在100万元以下,这部分企业可能是初创企业或者小型企业,它们在资金规模上相对较小,但可能在特定领域或市场细分中具有一定的灵活性和创新能

力。100万—500万元的企业占比39.27%，这是所有资本区间中企业数量最多的一类，显示出智能网联汽车产业中有大量企业处于这个资本规模区间，这些企业可能具有中等资金实力和市场竞争力，正在寻求进一步的发展和扩张。500万—1000万元的企业数量占比19.64%，这一数据表明，约有五分之一的企业注册资本在500万元到1000万元，这些企业可能已经具备较强的市场竞争力和一定的规模效应，能够在产品研发、市场营销等方面进行更多投入。1000万—5000万元企业占比12.93%，这个区间的企业数量相对较少，但这些企业通常拥有较强的资本实力和市场影响力，可能在市场上扮演重要角色，并且在技术创新和产业升级方面具有较大潜力。5000万元以上的企业占比3.34%，这一比例的企业是资本雄厚的大型企业，它们在智能网联汽车产业中可能占据领导地位，具有强大的研发能力、品牌影响力和市场控制力。

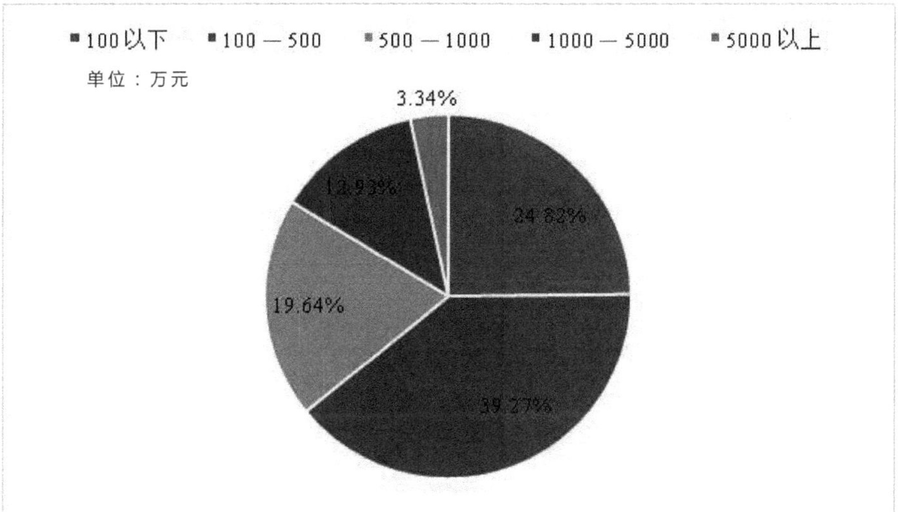

图2-8　智能网联汽车产业企业注册资本分布

综上所述，智能网联汽车产业的企业注册资本分布呈现出金字塔结构，中小型企业占据多数，而大型企业数量较少。这种分布反映了行业内资本集中度的不均衡性，同时暗示了市场中存在不同程度的竞争和合作机会。随着行业的不断发展和成熟，预计未来资本结构可能会发生变化，大型企业可能通过并购等方式增强市场地位，而中小企业可能依靠创新和专业化策略寻找生存和发展的空间。

（二）产业地图

我国新能源汽车产业和智能网联汽车产业的企业分布呈现出明显的地域集中性，特别是在东部和南部沿海地区。其中东部沿海地区的新能源汽车产业链和智能网联汽车产业链较为完整，特别是江苏、广东等省份。江苏省拥有南京汽车、航天晨光、牡丹汽车等代表性企业；广东省则有广汽集团、比亚迪、小鹏汽车等龙头企业。其他地区如安徽、浙江、河南、湖北等省份也有一定的企业分布，但相较于东部沿海地区数量较少。安徽省以奇瑞汽车、蔚来汽车、江淮汽车为代表。山东和河南两省的新能源汽车产业园区数量较多，其中山东省有12个规模以上的产业园区。虽然沿海和南部地区是新能源汽车产业的集聚地，但四川、重庆、湖南等地也有一些代表性企业。

总的来说，我国新能源汽车产业和智能网联汽车产业的地区分布与当地的工业基础、政策支持、市场潜力等因素密切相关。政府规划和市场竞争将进一步影响各地区新能源汽车产业的发展格局。

1.中国新能源汽车产业产品分布

我国新能源汽车产业的产品分布情况呈现出多样性和区域集中的特点，各类别产品的数量也显示出行业的不同需求和发展重点。

作为新能源汽车产业的一个重要组成部分，汽车贸易的数量位居榜首，然后是汽车租赁，这表明新能源汽车的销售和流通环节非常活跃。这与我国新能源汽车产销量连续多年保持全球第一的情况相符合。随着共享经济的兴起以及消费者对于绿色出行方式的追求，新能源汽车在租赁市场的渗透率逐渐提升。其次，机动车维修服务数量紧随其后，说明新能源汽车市场的扩大，对应的专业维修服务需求也在增长，与传统燃油车相比，新能源汽车对维修技术人员的要求更高，这也促使相关服务的发展。

机动车零配件与设备数量增长，显示出供应链端对于新能源汽车的支持力度。电池、电机、电控作为新能源汽车的核心组成部分，对应的零配件产业链发展迅速。最后，充电桩建设较快，虽然相较于其他类别数量较少，但充电基础设施的建设是推动新能源汽车普及的关键因素之一，充电设施的布局对于整个产业的健康发展至关重要。汽车及其零部件研发服务的数量增长，这一类别体现了我国新能源汽车产业对创新和技术升级的重视。新一代电动汽车的最新车型和技术往往在我国率先推出，进一步巩固了我国在该领域的领先地位。

此外，结合我国各地区新能源汽车产业的分布情况，东部地区是新能源汽车行业的主要集聚地。特别是广东省在注册企业数量上位居首位，拥有广汽集团、比亚迪和小鹏汽车等龙头企业；江苏和安徽也有多家代表性企业如南京汽车、航天晨光和蔚来汽车等。在山东、湖北等地也有所布局，这些地区的产业园区数量较多。同时，纯电动汽车在不同省份的销售分布情况也表明了市场的多元化，例如A00级纯电动车在广西、河南、山东、安徽等省份有较广泛的市场分布。

综上所述，我国新能源汽车产业的产品分布与各地区企业布局密切相关，同时也受到技术发展和市场需求的共同影响。东部地区作为新能源汽车企业的集中地，不仅拥有生产工厂和研发中心，还聚集了一批新兴的造车新势力。这些因素共同推动了我国新能源汽车产业的持续繁荣和发展。

2.中国智能网联产业产品分布

全国智能网联汽车产业产品分布数据，可以看到各个类别的产品数量存在较大差异，反映了智能网联汽车产业链中的不同环节和产品特点。系统软件类别的数量增长，表明在智能网联汽车领域，软件系统的开发和应用是核心环节之一，涵盖了车载操作系统、自动驾驶算法、智能导航等多个方面。货运代理与物流服务的数量占产业分布的绝大部分，这反映了智能网联汽车与物流行业的紧密结合，尤其是在智能物流领域，通过车联网技术和大数据分析，可以实现更高效的货物配送和运输管理。快递物流类别的数量紧随其后,这表明随着电子商务的快速发展,智能网联汽车在快递配送方面的应用也日益普及,能够实现快递车辆的智能化管理和路径优化。传感器作为智能网联汽车中至关重要的部件之一,负责感知和采集车辆周围的各种信息。虽然其数量相对较少,但传感器在自动驾驶、车辆安全等方面发挥着重要作用。云计算服务类别的数量逐步增加,表明在智能网联汽车领域,云计算技术得到了广泛应用。通过云计算,可以实现车辆数据的存储、处理和分析,为智能驾驶和智能交通提供强大的技术支撑。

结合我国各地区智能网联汽车产业的分布情况,可以看出东部沿海地区仍然是智能网联汽车产业的主要集聚地,如北京、上海、广东等地。这些地区拥有较为完善的产业链和较高的技术水平,吸引了大量企业入驻。同时,内陆地区如安徽、湖北、四川等地也在积极发展智能网联汽车产业,形成了一定的产业规模。

我国智能网联汽车产业的产品分布呈现出多样性、高科技性和区域集中的特点。在产业链的不同环节中,涉及从基础硬件如传感器到高端服务如云计算等多个领域。其中系统软件、货运代理与物流服务、快递物流等类别的产品数量较多,反映了智能网联汽车与物流、交通等领域的深度融合。同时,传感器、云计算服务等关键部件和技术的应用也在推动智能网联汽车产业的快速发展。随着技术的不断进步和市场的不断扩大,预计未来这些产品和服务将更加多样化和专业化,以满足智能网联汽车产业的发展需求。

(三)资质企业分布

我国新能源汽车产业和智能网联汽车产业资质企业分布呈现出沿海和中部地区集中,西南、西北地区较少的特点。具体来看,我国新能源汽车产业的高新技术企业主要分布在以下几个区域:沿海地区广东、江苏、浙江这些省份的高新技术企业数量位列全国前列。江苏领先,浙江和广东紧随其后。这些地区的经济发展水平较高，开放程度大，科技资源丰富，为新能源汽车产业的发展提供了良好的环境。山东、河南、安徽等省份也有一定的新能源汽车产业资质企业分布。这些地区在近年来也在积极发展高新技术产业，新能源汽车产业作为重点发展对象，得到了快速发展。四川、重庆等地也有一些新能源汽车产业资质企业，这些地区虽然在数量上不及沿海和中部地区，但也显示出了一定的产业基础和发展势头。西藏、青海、宁夏、新疆等地区的高新技术企业数量非常少，这些地区的新能源汽车产业发展相对滞后，可能与地理位置偏远、经济基础薄弱等因素有关。

综上所述，我国新能源汽车产业和智能网联汽车产业的高新技术企业主要集中在经济发达、科技创新能力较强的沿海和中部地区，而西南、西北等边远地区的企业数量较少。这种分布状况与各地区的经济基础、发展思路、科技资源等因素密切相关。

二、资本市场

（一）二级市场

图2-9呈现了全国新能源汽车产业的营业收入增长趋势和增速情况。整体来看，新能源汽车产业的全国营业收入在2015—2022年持续增长，产业营业收入增速出现较大起伏。2015—2017年，产品营业收入持续增长，增速也呈上升趋势。这表明在这段时间内，新能源汽车产业不仅规模在扩大，而且增长速度也在加快，显示出行业的强劲动力和广阔前景。进入2018年，尽管营业收入仍然有所增加，但增速放缓至10.12%。2019年，营业收入微增至113947亿元，增速大幅下降至0.76%，几乎接近零增长。2020年，由于多种可能的外部因素（如全球疫情影响），新能源汽车产业的营业收入出现了首次下降，呈现出负增长（-1.80%）。然而，2021年产业迎来了反弹，营业收入大幅增长至133591亿元，增速回升至19.38%，这

是自2015年以来的最高增速，表明新能源汽车产业在经历了一段低迷后，重新获得了发展的动力。2022年，营业收入继续增长，增速回落，但仍然显示出行业的稳定发展态势。

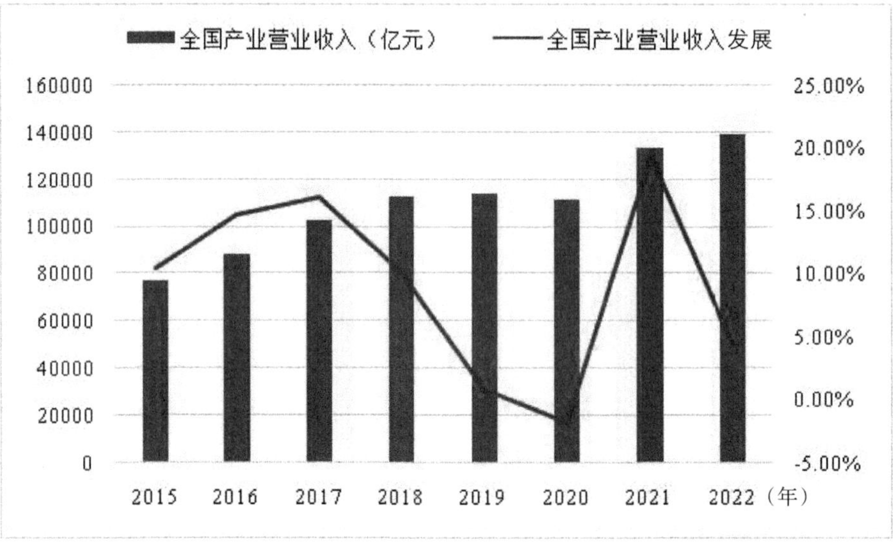

图2-9　2015—2022年中国新能源汽车产业营业收入变化

总体来看，新能源汽车产业的营业收入增长趋势整体是积极向上，尽管在2019年和2020年遭遇了增速放缓和短暂下滑，但随后的快速反弹说明了产业的强大生命力和市场的巨大潜力。长期的增长和近期的复苏表明，新能源汽车产业仍然是一个值得关注和投资的领域。

图2-10呈现了全国新能源汽车产业的营业收入增长趋势和增速情况。整体来看，智能网联汽车产业的全国营业收入在2015—2022年发展态势良好，但产品营业收入增速波动较大。2015—2017年，智能网联汽车产业的全国营业收入持续攀升，增速保持在20%左右，虽有轻微下降，但仍然显示出智能网联汽车产业在这三年的快速增长和发展势头，产业的增长动力强劲。进入2018年，营业收入仍然增长，但增速显著放缓至7.69%。2019年，营业收入微增，速度减缓至0.95%。2020年，尽管面临全球疫情等外部挑战，智能网联汽车产业的营业收入仍然实现了正增长。

2021年产业迎来了复苏，营业收入大幅增长，增速也显著提升至16.58%，这是自2016年以来的最高增速，表明智能网联汽车产业在经历了几年的增速放缓后，重新获得了发展动力。然而，2022年产业的营业收入出现了小幅回落，增速转为负增长，这可能反映了市场的短期波动或行业发展中的一些挑战。

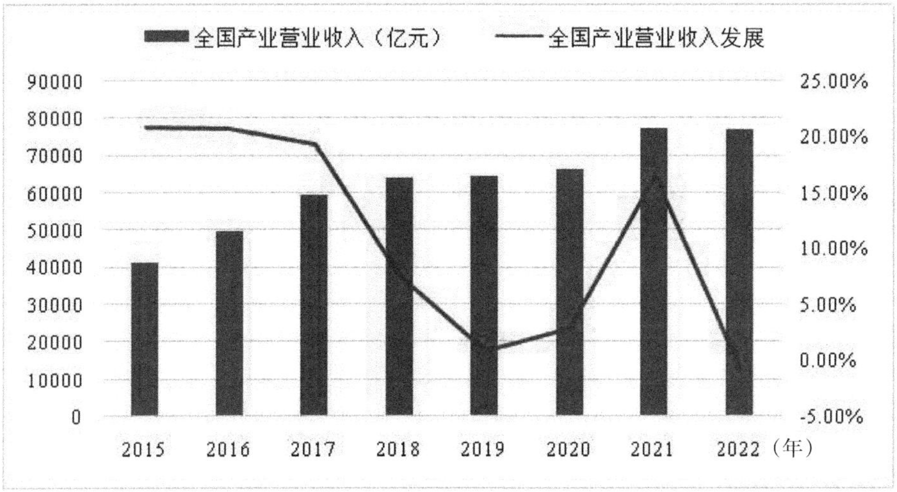

图2-10　2015—2022年中国智能网联汽车产业营业收入变化

总体来看，智能网联汽车产业的营业收入在2015—2017年表现强劲，随后几年增速有所放缓，但在2021年又出现了显著的反弹。整体而言，除了2022年的轻微下滑，产业保持着向上的增长态势。这些数据表明，尽管市场环境和行业内部因素可能导致短期波动，智能网联汽车产业长期来看仍具有可观的发展潜力和吸引力。

图2-11呈现了新能源汽车产业的全国产品毛利润增长趋势和毛利率增速情况。整体来看，新能源汽车产业的全国毛利润在2015—2022年呈现波动增长，产品毛利润增速出现较大起伏。2015—2018年，新能源汽车产业的全国毛利润持续增长，增速则先增后降，其中2016年增速达到顶峰，显示出新能源汽车产业在这几年的毛利润快速增长和发展势头，表明产业的增长动力强劲。2019—2020年，连续两年毛利润出现了下滑，增速

转为负增长，这表明该年度新能源汽车产业面临着较大的挑战，如全球疫情对供应链和市场需求的冲击。然而，2021年产业迎来了复苏，毛利润大幅增长，增速也显著提升，这是自2016年以来的最高增速，表明新能源汽车产业在经历了几年的增速减缓和短暂下滑后，重新获得了发展的动力。2022年，产业的毛利润出现了小幅回落，增速转为负增长，这可能反映了市场的短期波动或行业发展中的一些挑战。

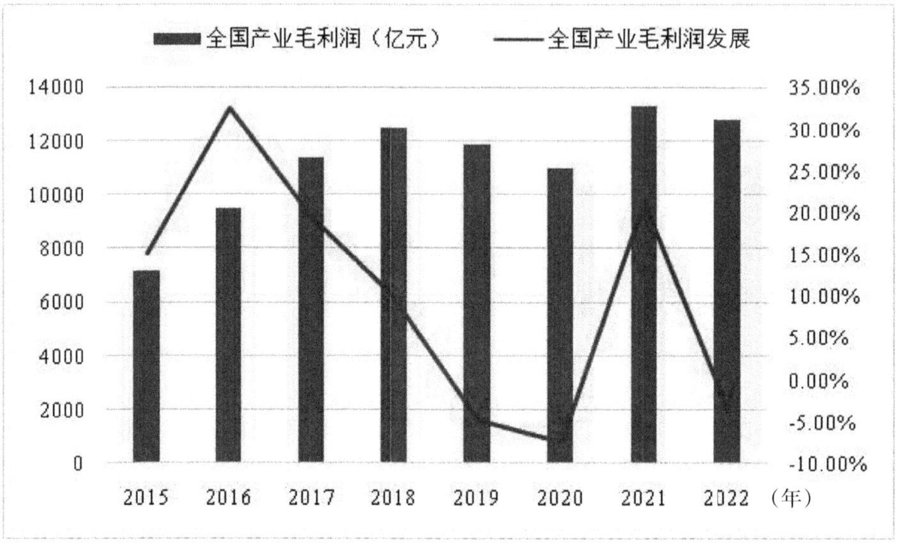

图2-11　2015—2022年中国新能源汽车产业毛利润变化

总体来看，新能源汽车产业的全国毛利润增长趋势在2015—2017年表现强劲，随后几年增速有所放缓，并在2019年和2020年出现了连续的负增长，但在2021年出现了显著的反弹。除了2022年轻微下滑，产业保持着向上的增长态势。这些数据表明，尽管市场环境和行业内部因素可能导致短期波动，新能源汽车产业长期来看仍具有可观的发展潜力和吸引力。

图2-12展示了智能网联汽车产业的全国毛利润增长趋势和毛利率增速情况。整体来看，智能网联汽车产业的全国毛利润在2015—2022年

先增后减，大致呈现倒U型，毛利润增速则持续下跌。2015—2018年，智能网联汽车产业的全国毛利润总值持续增长，但增速在持续下降，到2018年增速几乎为0，这表明虽然产业仍在增长，但增速有所放缓，几乎接近停滞状态。2019—2021年，毛利润出现了持续下滑，增速转为负增长，其中2021年增速降低至近-20%，这表明该年度智能网联汽车产业面临着较大的挑战，如全球疫情对供应链和市场需求的冲击。2022年，产业的毛利润略有上升，增速仍为负，较去年有所缓和，这可能反映了智能网联汽车行业发展中的一些挑战。

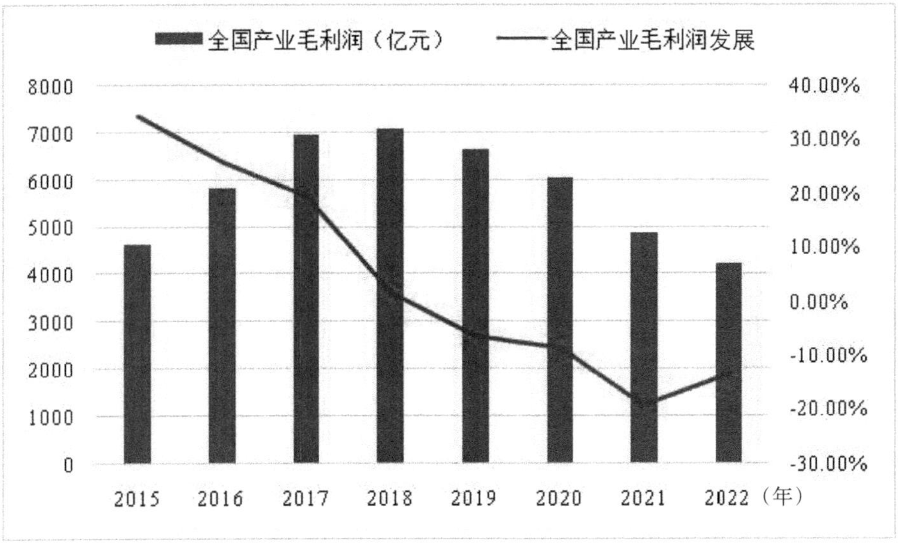

图2-12　2015—2022年中国智能网联汽车产业毛利润变化

总体来看，智能网联汽车产业的全国产品毛利润增长趋势在2015—2016年表现强劲，随后几年增速有所放缓，并在2019—2022年出现了连续的负增长。除了早期的增长外，产业在后期面临着显著挑战，导致毛利润持续下降。这些数据表明，尽管市场环境和行业内部因素可能导致短期波动，智能网联汽车产业长期来看可能需要应对更多的挑战和压力。

（二）一级市场

图2-13呈现了新能源汽车产业的投融资次数发展趋势。2015—2023年，新能源汽车产业的融资次数整体呈现的趋势。2015—2017年，融资次数逐年递增，显示出行业逐渐受到投资者的关注。2018年和2019年，融资次数略有波动，但仍然保持在相对较高的水平，这表明尽管市场可能经历了一些短期的不确定性，投资者的兴趣和行业的活跃度依然较高。2020年，融资次数显著增加。这可能反映了由于全球对于减少碳排放和环保意识的提升，新能源汽车产业得到了更多关注和投资。2021年，融资次数进一步大幅增长，创造了历史新高。这一跃升可能是由于多方面因素的叠加，包括技术进步、政策支持、市场需求的增长以及投资者对行业未来发展潜力的乐观预期。然而，在2022年和2023年，融资次数有所下降，但这两年的融资次数仍然高于2020年以前的任何一年，这表明即使在短期内出现波动，新能源汽车产业的投融资活动仍然保持着较高的活跃度。

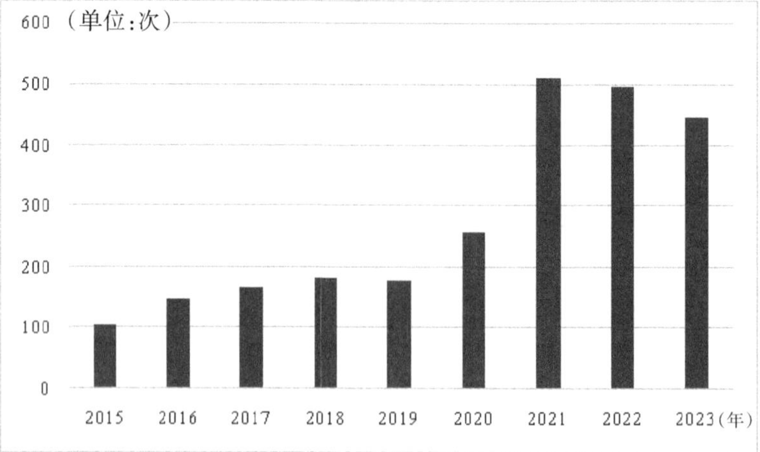

图2-13　2015—2023年中国新能源汽车产业投融资次数变化

总体来看，新能源汽车产业的投融资次数增长趋势显示了行业的热度和成熟度的提升。长期的增长和近年的波动表明该产业正经历着快速发展和市场调整的阶段,吸引了大量的投融资活动。尽管近期有所回落,但整体趋势仍然指向一个充满活力和潜力的市场。

图 2-14 呈现了对智能网联汽车产业的投融资次数发展趋势。2015—2023 年,智能网联汽车产业的融资次数整体呈现增长的趋势。2015—2019 年,融资次数逐年递增,增速上有所波动,但持续保持增长态势,显示出智能网联汽车产业在投资者中的吸引力较强,获得持续关注,投资活动不断加速。这表明智能网联汽车产业在投资者中的吸引力仍然较强。2020 年,融资次数显著增加,这可能反映了全球范围内对于智能网联汽车技术的兴趣和投资的增加,尤其是在疫情影响下,人们对于出行方式的重新思考可能加速了对该产业的关注。2021 年,融资次数再次大幅增长,实现了翻一番,达到历史高点。这一跃升可能是由于多种因素的共同作用,包括技术的成熟、政策的支持、市场对自动驾驶和电动汽车需求的增长,以及投资者对未来交通趋势的积极预期。然而,在 2022 年和 2023 年融资次数逐渐下降,但这些数字仍然高于 2020 年以前的水平,表明尽管市场可能出现了一些调整,智能网联汽车产业仍然是一个热门的投资领域。

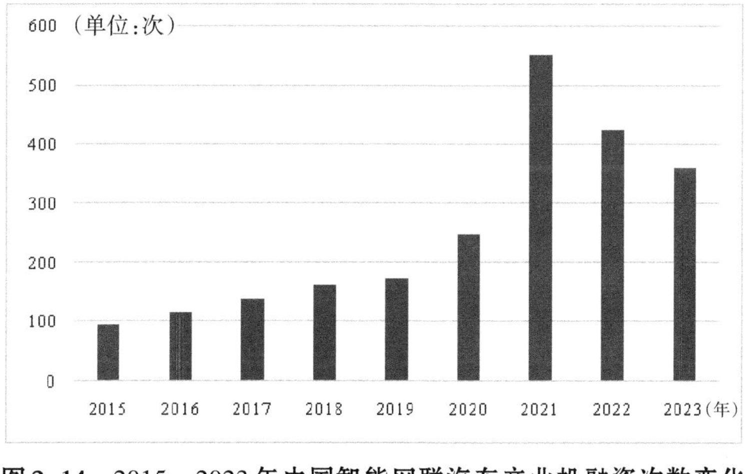

图 2-14　2015—2023 年中国智能网联汽车产业投融资次数变化

总之,智能网联汽车产业的投融资次数增长趋势显示了该产业的快速发展和市场的热烈响应。长期的增长后,近期的调整可能是市场自然波动的一部分,也可能是投资者在评估行业发展前景时的一种短期反应。尽管如此,整体趋势仍然表明智能网联汽车产业具有强大的吸引力和潜在的成长空间。

三、知识产权

(一)新能源汽车产业

我国新能源汽车产业在知识产权方面呈现出积极的增长趋势,见图2-15。

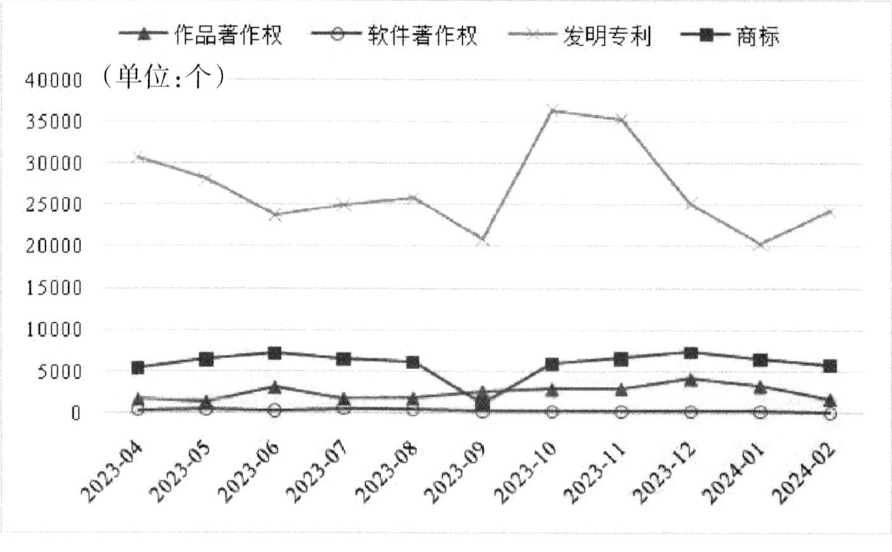

图2-15　2023年1月—2024年2月中国新能源汽车产业知识产权变化

1.发明专利

发明专利是衡量技术创新的重要指标。根据数据,2023年发明专利的数量整体呈现上升趋势,但在2024年有所下降。尽管如此,结合历史数据，可以推断出中国在新能源汽车领域的创新能力仍在不断增强。这一趋势表明，我国新能源汽车产业在技术研发方面的投入持续增加，创新能力不断提高，为产业的可持续发展提供了有力支撑。

2. 商标

商标的申请数量在观察期内整体呈上升趋势，这表明企业对品牌建设和市场竞争力的重视。商标的增加也反映了市场上新品牌的出现和既有品牌的扩张。这一现象说明，我国新能源汽车产业在市场竞争中逐渐形成了一批具有影响力的品牌，这些品牌的成功将为产业的进一步发展提供良好的市场基础。

3. 作品著作权

从2023年4月到2024年2月的数据显示，作品著作权的数量有些微波动，但整体呈现上升趋势。特别是在2023年9月和12月，作品著作权的数量有显著的增长，这可能与行业内新车型的设计、市场推广活动增多有关。这一趋势表明，我国新能源汽车产业在产品设计和市场推广方面取得了一定的成果，为产业的品牌形象和市场份额的提升奠定了基础。

4. 软件著作权

软件著作权的增长速度相对较慢，考虑到新能源汽车对软件依赖度的提高，预计未来软件著作权的申请将继续增加。这一现象说明，随着新能源汽车技术的不断发展，软件在新能源汽车产业中的地位日益重要，企业对软件著作权的保护意识也在逐步增强。

综合以上四个方面的数据，可以看出我国新能源汽车产业的知识产权保护意识在增强，企业和研究机构正通过不断增加的知识产权申请来保护其创新成果。这与全球新能源汽车技术的发展态势相符合，中国已成为全球新能源汽车技术的主要来源国之一。同时，知识产权保护是推动行业创新和提高国际竞争力的关键因素。总的来说，未来随着新能源汽车市场的扩大和技术的不断进步，我国新能源汽车产业的知识产权增长趋势将继续保持。不过，也需要注意到知识产权保护的质量和效率，确保创新成果能够得到有效转化和应用。

（二）智能网联汽车产业

数据显示，我国智能网联汽车产业在知识产权方面展现出了积极的发展态势，见图2-16。

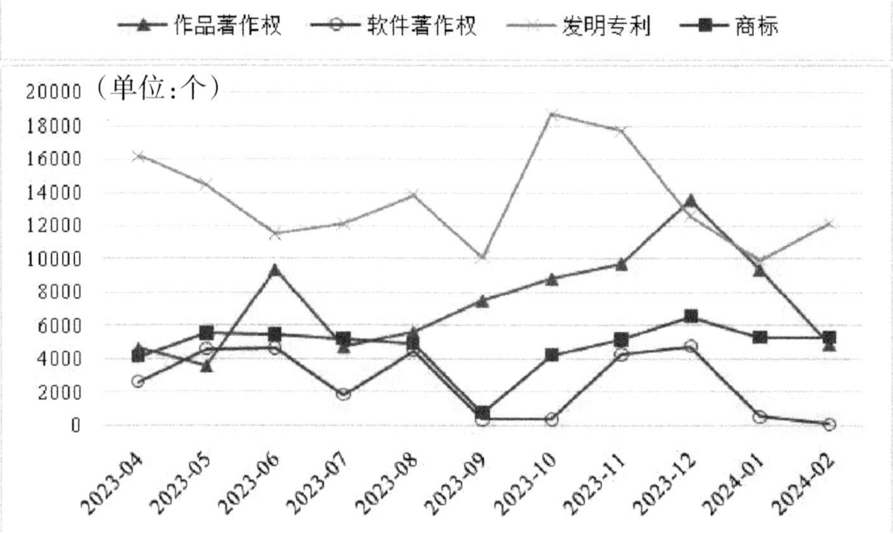

图2-16　2023年4月—2024年2月中国智能网联汽车产业知识产权变化

1.发明专利

发明专利的数量在2023年整体呈现上升趋势，但在2024年有所下降。然而，结合历史数据来看，可以推断出中国在智能网联汽车领域的创新能力仍在不断增强。

2.商标

商标的申请数量在观察期内整体呈现上升趋势，这表明企业对品牌建设和市场竞争力的重视程度日益增强。商标的增加也反映了市场上新品牌的涌现以及现有品牌的扩张

3.作品著作权

从2023年4月到2024年2月，作品著作权数量整体呈现上升趋势。

特别是在2023年6月和11月,作品著作权数量有显著增长。这一趋势可能与行业内新产品的设计以及市场推广活动的增多密切相关,表明企业在产品设计和品牌传播方面的创新活动十分活跃。

4.软件著作权

软件著作权的增长速度相对较慢,且在2024年1月和2月有所下降。尽管如此,考虑到智能网联汽车对软件依赖度的提高,预计未来软件著作权的申请将继续增加。

综上所述,知识产权作为重要的战略性资源,将在汽车产业的发展中发挥主导作用。当前汽车行业面临的挑战是如何整合传统制造业和科技行业间的知识产权资源,并探索跨界合作的新模式。随着技术的不断进步和市场的扩大,预计我国智能网联汽车产业的知识产权保护意识和创新能力将继续保持增长态势。

(二)政策特点

随着全球对环境保护和可持续发展的日益重视,新能源汽车产业和智能网联汽车产业正逐渐成为全球汽车产业的发展趋势。安徽省政府高度重视这两个产业的发展,出台了一系列政策措施予以支持。笔者将从政策特点的角度,客观地描述安徽省新能源汽车产业和智能网联汽车产业的政策环境。

1.安徽省新能源汽车产业的政策特点

(1)财政补贴

为了鼓励新能源汽车的研发和推广,安徽省政府提供购车补贴给消费者,以及研发补贴给新能源汽车生产企业。这些财政补贴措施旨在降低消费者的购买成本和企业的研发成本,从而促使新能源汽车的普及和技术进步。

(2)购车优惠

安徽省政府通过购车补贴等措施,为购买新能源汽车的消费者提供更多的购车优惠,以刺激市场需求。

(3)充电设施建设

为了满足新能源汽车的充电需求,安徽省政府加大了充电设施建设的投入,计划在全省范围内建设一定数量的充电桩,这有助于解决新能源汽车使用过程中的充电问题,提高其便利性。

(4)技术研发支持

安徽省政府通过设立新能源汽车产业发展专项资金,支持新能源汽车关键技术的研发。例如,对于符合条件的攻关项目给予支持,对经审核认定的共性关键技术研发及产业化项目,给予承担单位投入最高50%的补助,单个项目补助金额最高可达3000万元。①这些政策旨在提高新能源汽车的技术水平,推动产业升级。

综上所述,安徽省新能源汽车产业的政策特点体现在财政补贴、购车优惠、充电设施建设以及技术研发支持等方面,这些政策共同构成了安徽省推动新能源汽车产业发展的全面策略。

2.安徽省智能网联汽车产业的政策特点

(1)政策引导

为了推动智能网联汽车产业的发展,安徽省政府出台了一系列政策引导措施。例如,发布了相关发展规划,明确提出要加快智能网联汽车产业的发展。

(2)道路测试与示范项目

为了验证智能网联汽车的安全性和可行性,安徽省政府积极开展道路测试和示范项目。例如,在合肥市开展了自动驾驶汽车道路测试,在芜湖市开展了智能网联汽车示范项目。

(3)数据共享与安全监管

智能网联汽车的发展离不开大数据的支持。为了保障数据的安全和隐私,安徽省政府加强了对智能网联汽车数据的监管。例如,制订了智能

①https://www.ah.gov.cn/group1/M00/02/08/wKg8TWOhMKqAfiqVAATgVL2s Oqc711.pdf。

网联汽车数据收集、处理和使用的相关规范。

(4)国际合作与标准制订

智能网联汽车的发展涉及多个国家和地区,因此国际合作和标准制定至关重要。安徽省政府积极参与国际组织和论坛,共同推动智能网联汽车产业的发展。例如,积极参与国际标准化组织(ISO)和国际电工委员会(IEC)的工作,推动智能网联汽车相关标准的制定。

总之,安徽省新能源汽车产业和智能网联汽车产业的政策特点是多元化、全面化的。通过财政补贴、购车优惠、充电设施建设、技术研发支持等措施,推动新能源汽车产业的发展;通过政策引导、道路测试与示范项目、数据共享与安全监管、国际合作与标准制定等措施,推动智能网联汽车产业的发展。这些政策特点为安徽省新能源汽车产业和智能网联汽车产业的发展提供了有力支持,也为全球汽车产业的转型升级提供了重要动力。

四、新能源汽车和智能网联汽车产业标准发展动态

随着全球对环境保护意识的增强和技术的不断进步,新能源汽车和智能网联汽车成为汽车产业发展的重要方向。这两个领域的标准化工作对于保障车辆安全、促进产业健康发展以及推动国际交流合作具有重要意义。笔者将探讨新能源汽车和智能网联汽车产业标准的发展现状与趋势。

(一)新能源汽车产业标准的发展动态

新能源汽车主要包括电动汽车(EV)、插电式混合动力汽车(PHEV)和燃料电池汽车(FCEV)。随着新能源汽车市场的快速增长,相关标准也在不断完善。

1.国际标准制订

国际机构如国际电工委员会(IEC)和国际标准化组织(ISO)已经发布

了一系列关于新能源汽车的标准。这些标准覆盖了电池安全、充电设施、电磁兼容性等多个方面,为新能源汽车的国际化发展提供了重要的技术指导和规范。

2.国家标准更新

各国根据本国市场和技术发展的实际情况,制订了各自的国家标准。例如,中国发布了相关标准,这些标准规范了新能源汽车的设计、制造和检测流程,确保了产品的安全性和可靠性。

3.行业标准协同

汽车制造商、电池供应商和充电基础设施运营商等行业参与者,通过行业协会或联盟共同推动行业标准的制定和实施。这种行业内部的协同作用,有助于提高标准的适用性和实施效率,同时也促进了行业内的技术交流和合作。

4.规划与战略

新能源汽车产业的发展已被提升到国家战略层面。例如,中国政府发布的《新能源汽车产业发展规划(2021—2035年)》明确提出了发展新能源汽车的重大意义,并将其视为迈向汽车强国的必由之路。这表明国家对新能源汽车产业的重视程度,以及未来对相关标准的持续完善和发展。

新能源汽车作为应对气候变化、推动绿色发展的战略举措,其产业标准的制定和完善也是为了促进环境保护和可持续发展。随着新能源汽车技术的不断进步,相关的产业标准也需要不断更新以适应新的技术要求。这不仅包括电动车本身的技术标准,还包括与新能源汽车相关的充电技术、电池回收利用等配套标准。消费者对新能源汽车的安全性、性能、续航里程等方面的需求也在不断提高,这促使产业标准不断向更高标准发展,以满足市场需求。

新能源汽车产业标准的发展动态是一个涉及国际协作、国家政策、行业协同、技术进步和消费者需求的多维度过程。随着技术的发展和市场的扩大,新能源汽车产业的标准体系将更加完善,以支持产业的健康发展。

(二)智能网联汽车产业标准的发展动态

智能网联汽车是指通过先进的传感器、控制器、执行器等设备和技术,实现车与车、车与路、车与人、车与云等全方位连接的汽车。

1.通信标准制订

智能网联汽车的通信技术是实现车辆互联的关键。目前,包括5G在内的多种通信技术正在被研究和应用于智能网联汽车中。同时,专用的车联网通信标准在不断完善。

2.安全标准

推进智能网联汽车的安全性是用户最为关注的问题之一。为此,国际和国内的标准制订机构正在积极推进相关的安全标准,包括车辆自动驾驶系统的测试评估标准、数据安全和隐私保护标准等。

3.互操作性和兼容性标准

为了确保不同厂商的智能网联汽车能够顺畅地互联互通,互操作性和兼容性标准至关重要。这些标准旨在确保车辆系统之间的有效通信和协同工作。

新能源汽车和智能网联汽车产业标准的制订和完善,是一个持续演进的过程。随着技术的不断进步和市场需求的变化,相关标准也将不断更新和发展。政府、企业和研究机构需要紧密合作,共同推动产业标准的国际化、统一化,以促进新能源汽车和智能网联汽车产业的健康发展。

第四节　安徽省新能源汽车和智能网联汽车产业发展现状

下面根据IDDRP数据，主要从产业地图、产品分布、时间分布及代表性企业等方面分析安徽省新能源汽车和智能网联汽车产业发展态势。

一、企业分布

（一）产业地图

安徽省的新能源汽车产业和智能网联汽车产业企业分布呈现出以合肥为中心，向周边地区辐射的格局。

合肥市作为安徽省的省会城市，在新能源汽车产业方面的发展尤为显著。合肥市不仅拥有多家知名的整车企业，如比亚迪、蔚来、大众（安徽）、合肥长安等，以及国轩高科等关键配套企业，在动力电池、电机、电控等关键零部件领域也有着较为完善的产业链布局。2023年前三季度，安徽合肥新能源汽车产业集群企业营业收入保持较快增长，530户企业营收总量超2700亿元，同比增长约34%，预计全年营收3500亿元。2023年1—11月，合肥汽车产量约124万辆，同比增长超70%；新能源汽车产量68万辆，同比增长超160%[①]。这些企业的集聚和发展，使得合肥市成为安徽省乃至全国重要的新能源汽车产业基地。除了合肥，安徽省内的其他城市如淮北、亳州、宿州等地的企业数量相对较少。这些地区的企业数量与合肥相比差距较大，表明安徽省的新能源汽车产业集中度较高，且主要集中在合肥市。这种分布格局可能与合肥市在政策支持、人才集聚和基础设施等方面的优势有关。近年来，安徽省新能源汽车产量显著增长。2021年安徽全年汽车产量达到150.3万辆，居全国第7位；新能源汽车产量达到

① https://jx.ah.gov.cn/public/6991/149061501.html。

25.2万辆，创历史新高，居中部第一、全国第4位[①]。这一增速表明，新能源汽车产业已成为推动安徽省汽车产业发展的主引擎。随着技术的不断进步和市场需求的增长，预计未来几年安徽省新能源汽车产业将继续保持快速增长态势。安徽省政府高度重视新能源汽车产业的发展，制定了《安徽省新能源汽车产业发展行动计划（2021—2023年）》，旨在推进全省新能源汽车产业的高质量发展。政策的出台为企业提供了良好的发展环境和政策支持，有助于吸引更多的投资和技术合作，进一步推动产业的发展。

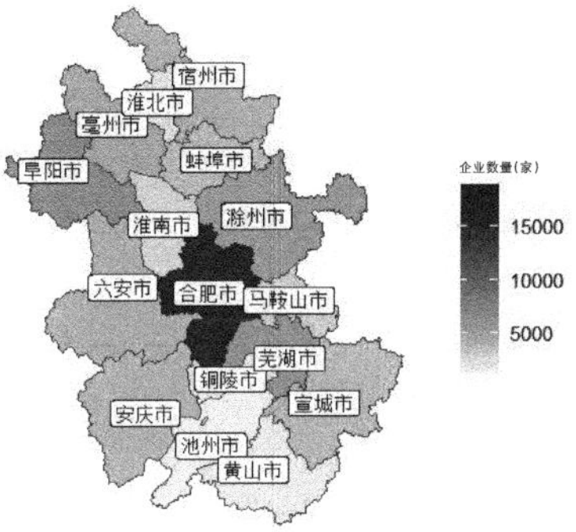

图2-17　安徽省新能源汽车产业分布

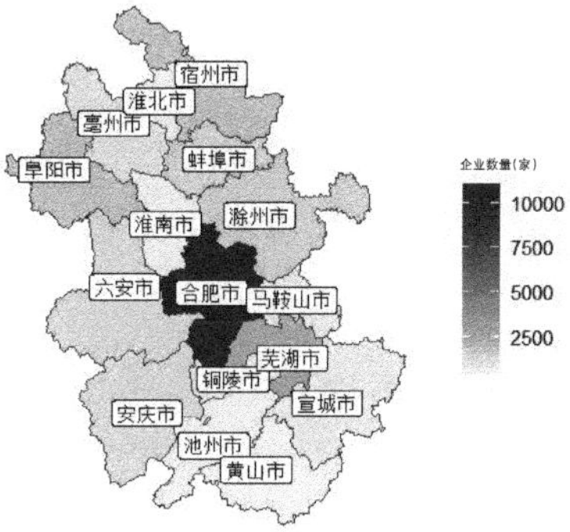

图2-18　安徽省智能网联汽车产业分布

安徽省智能网联汽车产业企业分布呈现出集中且向高质量发展的趋势。安徽省在智能网联汽车产业方面已经形成了较为完善的产业链。这一产业链涵盖了整车制造、电池、电机、电控等多个环节，本地配套能力不断增强，集聚效应明显。合肥作为省会城市，不仅是全省的政治、经济中心，也是科技创新的重要基地，拥有科大讯飞、百度阿波罗、大唐高鸿等70余家产业链上下游企业。包括蔚来、大众（安徽）、比亚迪等在内的新能源汽车项目落地，这些企业在智能网联汽车领域也有所布局和发展，这些重点项目的落地进一步推动了产业集群的形成。这些企业在智能网联汽车领域进行技术研发和产业布局，推动了合肥市乃至整个安徽省智能网联汽车产业的发展。除了合肥，安徽省内其他城市如芜湖、马鞍山、滁州等

① https://new.qq.com/rain/a/20220125A05ABV00。

地的企业数量相对较少。这些地区的企业数量与合肥相比差距较大，表明安徽省的智能网联汽车产业集中度较高，且主要集中在合肥市。政府在智能网联汽车产业的发展上提供了强有力的政策支持。例如，安徽省设立了皖江城市带承接产业转移示范区，并将新能源汽车和智能网联汽车作为十大新兴产业高质量发展工程之一。安徽省政府高度重视智能网联汽车产业的发展，制订了《安徽省新能源汽车和智能网联汽车产业“双招双引”实施方案》，提出到2025年零部件本地配套率要超过70%，并培育具有国际竞争力的大型零部件企业，同时孵化或引进一批行业隐形冠军和“小巨人”企业。这些政策的实施将为安徽省智能网联汽车产业的发展提供强有力的支持。智能网联汽车产业在安徽省的发展正逐步从单一的智能化向智能化与网联化相融合的方向发展，以实现真正的智能网联汽车的目标。

综上所述，安徽省新能源汽车产业和智能网联汽车产业企业主要集中在合肥市，该市已成为省内乃至全国重要的新能源汽车产业基地。得益于政府的有力规划和支持，以及企业的积极响应和投资，合肥市在新能源汽车领域的领先地位日益巩固。随着产业的进一步发展，合肥市有望成为国内外知名的新能源汽车产业和智能网联汽车产业中心，为安徽省乃至全国的经济发展做出重要贡献。

（二）产品分布

1.安徽省新能源汽车产业产品分布

安徽省新能源汽车产业的产品分布在多个类别中呈现出积极的发展态势，尤其在整车制造、零部件生产以及汽车后市场服务等关键领域有着明显布局。安徽省在新能源汽车的整车制造方面有显著进展，这得益于省内多家关键厂商的落户和产能的增长。在关键零部件与设备制造方面，安徽省也展现出了强劲的发展势头，这与全国范围内对此类产品和服务需求的增长趋势一致。汽车后市场服务包括汽车租赁、维修服务、二手车零售等在内的汽车后市场服务在安徽省同样有所布局，这表明了地区内新能源汽车产业的多元化和服务化趋势。安徽省在新能源汽车及其零部件的研发服务上也有所投入，这是推动产业发展和技术创新的重要基础。充电桩的建设数量反映了安徽省在新能源汽车充电基础设施方面的努力，这对于支撑新能源汽车的普及和使用至关重要。

政府的政策支持是推动安徽省新能源汽车产业发展的关键因素之一，通过政策引导促进了产业的发展，供需两端均得到了有力支持。随着安徽省内新能源汽车产业集群的初步形成，这将提升整个省的汽车产业竞争力，并有助于实现产业的高质量发展。安徽省制订了明确的新能源汽车产业发展行动计划，旨在推动产业转型升级，促进节能减排，并实现汽车强省的目标。

综上所述，安徽省新能源汽车产业的产品分布情况显示出该省在新能源汽车领域的全面发展和快速增长。政策的有力支持和产业规划的明确方向，为安徽省新能源汽车产业的未来发展奠定了坚实的基础。

2.安徽省智能网联汽车产业产品分布

安徽省智能网联汽车产业的产品分布主要集中在货运代理、系统软件和物流服务等类别，与全国智能网联汽车产业的产品分布情况相比较，呈现出一些特定的特点和趋势。在智能网联汽车领域中，安徽省运输和物流服务是其重要的组成部分。安徽省在智能网联汽车的软件和系统集成方面也有一定的发展，这与全国智能网联汽车产业链上游的系统及平台开发相符合。在全国智能网联汽车产业中云计算服务的数量较多，但安徽省在这方面也有所布局，这可能与智能网联汽车对数据处理和存储的需求增加有关。传感器是智能网联汽车不可或缺的基础组件，用于车辆的环境感知，这一数据与全国范围内对传感器需求的增长趋势一致。智慧出行和新能源汽车的数量相对较少，但安徽省在这两个方面也显示出了发展潜力。

综上所述，安徽省智能网联汽车产业的产品分布在货运代理、系统软件、物流服务等类别上与全国的趋势保持一致，同时也体现出自身在软件和系统整合、云计算服务等方面的特点。随着技术的不断进步和市场的不断扩大,预计未来这些产品和服务将更加多样化和专业化,以满足智能网联汽车产业的发展需求。

(三)时间分布

安徽省新能源汽车产业的企业成立年限如图2-19所示,半数以上企业集中在3—10年的时间段内,三分之一企业成立年限在三年内,成立10年以上的老牌企业相对较少。成立3年内的企业占比为33.46%,表明近三分之一的企业是新成立的,这可能与新能源汽车行业的快速增长和较高的创业活跃度有关。成立3—10年的企业占比最高,达到50.34%,说明超过一半的企业已经稳定运营了一段时间,这些企业在市场中可能已经积累了一定的经验和技术基础。10年以上的企业虽然比例不高,但这些企业可能是行业的老牌企业,拥有较为深厚的行业背景和技术积累。

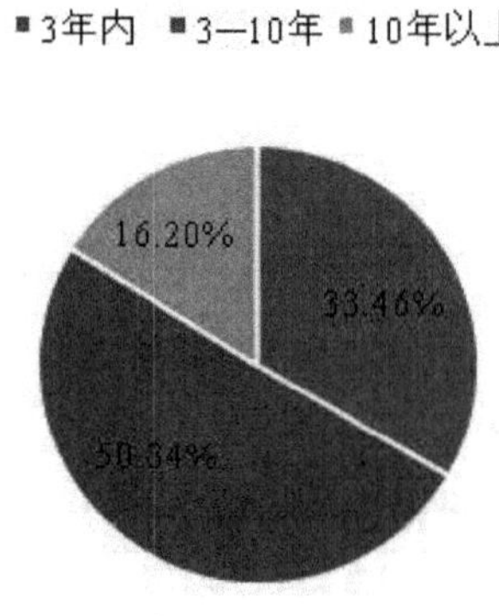

图2-19　安徽省新能源汽车产业企业成立年限分布

安徽省智能网联汽车产业的企业成立年限如图2-20所示,10年以上企业占比最少,成立时间在3年内和3—10年的企业占比相差不大。3年内的企业占比43.48%,这表明近一半的企业是在最近三年内成立的,反映出安徽省智能网联汽车产业具有较高的创业活跃度和吸引力,可能与省内对新能源汽车和智能网联汽车产业的政策扶持有关。3—10年的企业占比45.68%,这个时间段的企业数量略高于3年内的企业,说明安徽省智能网联汽车产业在过去十年中稳步增长,这些企业可能在技术研发、市场开拓等方面已经积累了一定的经验。10年以上的企业占比10.85%。这部分企业可能是行业的老牌企业,拥有较为深厚的行业背景和技术积累,对于产业的发展起到了稳定器的作用。

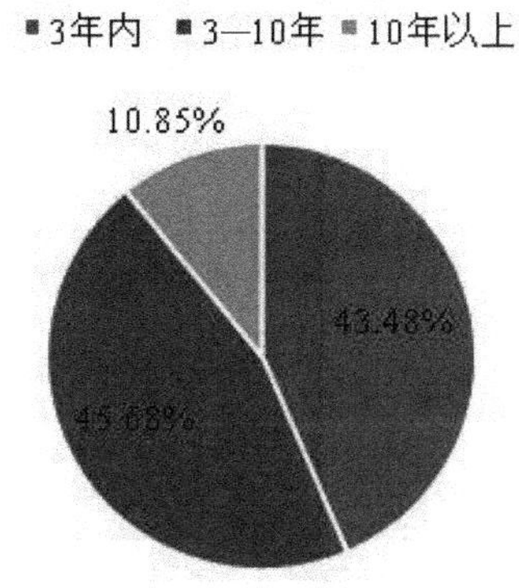

图2-20　安徽省智能网联汽车产业企业成立年限分布

综上所述,从企业成立年限的分布来看,安徽省新能源汽车产业呈现出较为健康的发展态势,有利于产业的长期可持续发展。同时,这一分布也反映出安徽省新能源汽车产业的创新活力和成长潜力。安徽省智能网联汽车产业显示新成立的企业占据较大比例,这可能与近年来安徽省在智能网联汽车领域的政策推动和产业布局有关。同时,成熟企业的存在为产业发展提供了坚实的基础。

(四)资本分布

图2-21呈现了安徽省新能源汽车产业的企业注册资本分布,企业注册资本大都集中在100万—500万元,100万元以下和500万—1000万元的企业次之,极少数企业注册资本在5000万元以上。100万元以下企业

占比28.19%，这表明有近三分之一的企业是小型企业，这可能与新能源汽车产业中创业门槛相对较低的细分市场或服务领域有关。100万—500万元这个区间的企业数量最多，说明安徽省新能源汽车产业中有不少企业处于成长初期，正在逐步扩大规模。500万—1000万元企业占比22.96%。这部分企业可能已经具备了一定的市场竞争力和行业地位，正在稳定发展。1000万—5000万元企业占比11.63%，这些企业可能是行业中的中坚力量，拥有较强的资金实力和市场影响力。5000万元以上企业数量占比仅为2.92%，这一区间的企业数量最少，但它们很可能是行业的领军企业，拥有强大的资本运作能力和市场控制力。

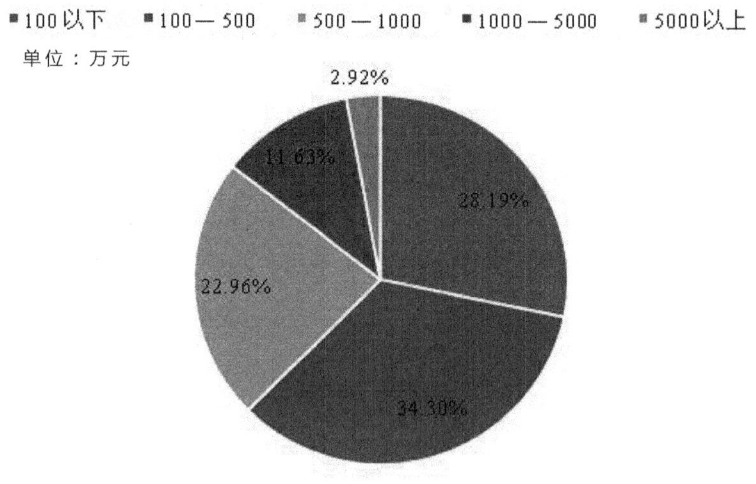

图2-21　安徽省新能源汽车产业企业注册资本分布

安徽省智能网联汽车产业的企业注册资本分布显示出多样化的格局，参见图2-22，注册资本在100万元以下、100万—500万元和500万—1000万元的企业数量相差不大，企业注册资本在1000万—5000万元的相对较少，仅少数部分企业注册资本在5000万元以上。100万元以下企业占比27.63%，这表明有接近三分之一的企业是小型企业，可能处于初创阶段或服务于特定的细分市场。100万—500万元企业占比29.84%，这个区间的企业数量略高于100万元以下的企业，说明安徽省智能网联汽车产业中有不少企业正在逐步扩大规模并寻求发展。500万—1000万元企业占比28.18%，这部分企业可能已经具备了一定的市场竞争力和行业地位，正在稳定发展。1000万—5000万元企业占比11.29%，这些企业可能是行业的中坚力量，拥有较强的资金实力和市场影响力。5000万元以上企业占比3.06%，这一区间的企业数量最少，但它们很可能是行业的领军企业，拥有强大的资本运作能力和市场控制力。

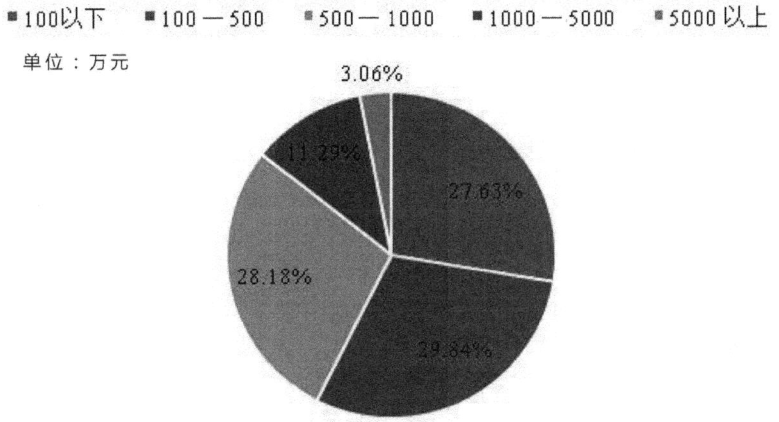

图2-22　安徽省智能网联汽车产业企业注册资本分布

综上所述，安徽省新能源汽车和智能网联汽车产业的企业注册资本分布呈现出较为均衡的态势，中小企业数量众多，同时不乏资金雄厚的大企业。这种分布结构有利于形成良好的产业生态，既能够保持产业的活力和创新能力，又能确保有足够的市场参与者来推动产业的稳定发展。

二、代表性企业

安徽省在新能源汽车产业和智能网联汽车产业方面，拥有一些领军企业，这些企业在技术创新、市场拓展、产业链整合等方面均表现出色。以下是对安徽省新能源汽车产业和智能网联汽车产业龙头企业的简要分析。

1.新能源汽车产业龙头企业

江淮汽车作为安徽省新能源汽车产业的领军企业，在纯电动和混合动力汽车领域均有布局。该公司拥有完整的研发、生产和销售体系，产品线覆盖轿车、SUV、MPV等多个细分市场。2021年，江淮汽车产量52.7万辆，同比增长15.5%。江淮汽车在电池、电机、电控等核心技术方面具有较强的自主研发能力，同时与国内外多家知名企业合作，共同推动新能源汽车产业的发展。

奇瑞汽车是安徽省另一家重要的新能源汽车企业，该公司致力于新能源汽车的研发和生产，拥有多款纯电动和混合动力车型。奇瑞汽车在智能驾驶、车联网等领域也取得了显著成果，致力于为消费者提供更加智能、环保的出行体验。奇瑞集团2021年实现产量95万辆，同比增长31.7%（省内67万辆，增长36.1%），奇瑞全球用户累计突破1000万。

值得一提的是，全省汽车出口依旧保持强劲增长，保持全国领先。2021年，安徽全年实现汽车出口36万辆，占全国比重18%。奇瑞海外市场实现新突破，全年出口汽车实现26.9万辆，同比增长1.3倍，连续19年位居中国品牌乘用车出口第一，实现了从“单纯贸易”到“品牌输出”的转变，海外用户累计已达195万。江淮汽车实现出口7.4万辆，也位居全国前列①。

2.智能网联汽车产业龙头企业

科大讯飞作为国内领先的智能语音和人工智能企业，在智能网联汽车领域具有重要地位。该公司为汽车厂商提供智能语音交互、智能驾驶辅助等解决方案，助力汽车实现智能化、网联化升级。科大讯飞的语音识别、自然语言处理等技术在智能网联汽车领域具有广泛应用前景。

安徽德豪润达公司是一家专注于智能网联汽车相关技术的研发和应用的企业，在车联网、智能驾驶等领域拥有多项核心技术，为汽车厂商提供相关的硬件和软件产品。同时，该公司还积极参与智能交通系统的建

① https://new.qq.com/rain/a/20220125A05ABV00。

设，推动智能网联汽车与智慧城市的融合发展。

总体来说，安徽省在新能源汽车和智能网联汽车产业方面已经具备了一定的产业基础和创新能力。这些龙头企业在技术创新、市场拓展等方面发挥着重要作用，为安徽省新能源汽车产业和智能网联汽车产业的快速发展提供了有力支撑。随着技术的不断进步和市场的不断扩大，这些企业有望继续保持领先地位，推动安徽省新能源汽车产业和智能网联汽车产业实现更高水平的发展。

第五节　安徽省新能源汽车和智能网联汽车产业链安全评价

一、产业竞争力

（一）市场地位评估

2021年，中国新能源汽车市场占全球比重达52.2%，连续多年位居新能源汽车市场全球第一；动力电池产业规模居全球首位；充电基础设施数量全球第一；新能源商用车也呈现出市场规模、发展质量双提升的良好局面，2021年销量18.6万辆，渗透率达到4.2%，2022年在商用车整体销量下滑的背景下，新能源商用车销量逆势稳步提升①。

安徽省新能源汽车和智能网联汽车产业的市场地位评估，需要考虑该产业在国内甚至国际市场上的竞争力。首先，“十三五”期间，全省汽车产业实现快速发展，截至2020年底，全省汽车产业拥有规模以上工业企业886家。2021年，全省整车产量150.3万辆，同比增长29.5%。其中新能源汽车产量为25.2万辆，占全国7%，全行业实现主营业务收入约3000亿

① 参见《关于印发〈合肥市“十四五”新能源汽车产业发展规划〉的通知》，https://www.ahchanye.com/zc/24046.html。

元[1]。其次,通过对比国内外同行业的标杆企业,安徽省集聚奇瑞集团、江淮汽车、合肥长安、蔚来汽车、汉马科技等为代表的一批整车生产企业,产品品类丰富,拥有乘用车、商用车、专用车等全系列产品。奇瑞集团继续保持自主品牌乘用车第一梯队,连续19年位居自主品牌乘用车出口第一,销售范围覆盖80余个国家和地区。蔚来汽车2021年累计销售9.14万辆,同比增长109.1%,新能源汽车单一车型销量排名全国前列。江淮汽车轻重卡均位列细分行业前列,汽车出口进入全国前十。中集瑞江专用车领域优势明显,罐车、瑞弗特种车、纯电牵引车、搅拌车等处于行业领先地位。此外,市场的增长率和潜在市场空间也是评估市场地位的重要指标,这可以帮助我们判断安徽省新能源汽车和智能网联汽车产业的未来发展趋势。

安徽省新能源汽车和智能网联汽车产业的市场地位评估显示,虽然近年来该产业得到了快速发展,但在国内市场上的份额仍相对较低。与国际领军企业相比,安徽省的企业在技术水平和品牌影响力上还存在一定的差距。然而,随着政策扶持和市场不断扩大,安徽省新能源汽车和智能网联汽车产业的市场地位有望得到进一步提升。

(二)技术水平和品牌影响力

技术水平和品牌影响力是评估产业竞争力的关键因素。安徽省在新能源汽车和智能网联汽车领域已经取得了一些重要的技术突破,如电池技术、驱动系统、智能网联等关键技术的研发和应用。然而,与国际先进水平相比,安徽省在某些关键技术上仍存在一定差距。

品牌影响力方面,安徽省的新能源汽车和智能网联汽车企业正在逐步提升其知名度和美誉度。通过加大研发投入、优化产品设计、提高产品质量和服务水平等措施,安徽省企业正在努力打造具有国际竞争力的品牌形象。

---

① https://jx.ah.gov.cn/public/6991/146556511.html。

为了提升技术水平和品牌影响力，安徽省需要继续加大研发投入，加强与国内外高校、科研机构和企业的合作，引进和培养高端人才，提高自主创新能力。同时，还需要加强品牌建设和市场推广，提高产品的知名度和美誉度，增强品牌影响力。

（三）政策环境影响

政策环境对于产业竞争力的影响不容忽视。安徽省政府在新能源汽车和智能网联汽车领域出台了一系列支持政策，如补贴政策、产业扶持等，为产业的发展提供了良好的政策环境。然而，随着国内外经济形势的变化和政策调整，政策环境也可能发生变化，对产业发展产生一定的影响。

安徽省设定了明确的发展目标，力争到2025年打造成为世界级的汽车产业聚集区，并取得重大突破。预期智能汽车生态系统将初步形成，自主创新能力将得到显著增强，零部件产业的支撑能力也将增强，同时售后市场的规模也将大幅扩张。省内的产业布局将得到优化，以合肥和芜湖的新能源汽车产业基地为中心，构建全省汽车产业的发展格局，并探索跨城市的产业协作，形成合肥与芜湖双核心的创新产业链。

新能源汽车快速发展。到2025年，全省新能源汽车产业整体发展达到国际先进水平，全省新能源汽车产量占比超过40%；基本形成纯电动为主、插电混合动力为辅、氢燃料示范的发展格局；建成公用、专用、自用等各类充电桩23.7万个、充电站4750座，换电站180座；实现新能源汽车在重点区域公务出行、城市物流、零碳园区、公共交通、城市环卫、矿建材料运输等应用场景新增占比不低于50%。智能汽车生态初步建立。到2025年，中高级智能汽车实现特定环境市场化应用；形成若干家智能汽车业务规模超过10亿元的零部件企业；多级别、多场景智能汽车测试和智能交通示范路网设施环境基本建成；新一代车用无线通信网络（5G-V2X）基本实现全覆盖,“人—车—路—云”高度协同的智能基础设施初步建成①。

应对政策环境的变化,为了实现这一发展目标,安徽省需要密切关注国内外政策动态,及时调整和完善相关政策措施。同时,企业要加强与政府部门的沟通协调,争取更多的政策支持和优惠措施。此外,企业要加强行业自律和规范发展,促进产业的健康有序发展。

总体来说,安徽省新能源汽车和智能网联汽车产业的竞争力还有待进一步提升。在技术水平和品牌影响力方面,需要加大研发投入和品牌建设力度;在政策环境方面,需要密切关注政策动态并加强与政府部门的沟通协调。通过不断努力和创新发展,安徽省新能源汽车和智能网联汽车产业的竞争力将得到进一步提升。

二、产业控制力

(一)关键资源控制

安徽省在新能源汽车和智能网联汽车产业链的关键资源控制方面,具备一定的优势和挑战。关键资源包括原材料、生产设备、技术研发设施等。安徽省拥有一定的生产设备和技术研发设施,但与世界先进水平相比,仍存在一定的差距。因此,安徽省需进一步提升关键资源的控制力,加强与国内外先进企业的合作,引进和培育高端技术人才,推动产业链上下游的协同发展。

(二)关键技术和资本控制

在关键技术和资本控制方面,安徽省面临较大的挑战。新能源汽车和智能网联汽车产业的发展高度依赖于技术创新和资本投入,虽然安徽省在新能源汽车和智能网联汽车领域取得了一定的技术成果,但与国内

① https://jx.ah.gov.cn/public/6991/146556511.html。

外领军企业相比，仍存在较大差距。此外，安徽省在吸引和利用资本方面也存在一定的不足，制约了产业的发展速度。因此，安徽省需要加大技术创新的力度，提高自主创新能力，同时积极争取国家政策的支持，吸引更多的资本投入，推动产业链的升级和发展。

（三）市场控制力因素

市场控制力是衡量产业链安全的重要指标之一。安徽省在新能源汽车和智能网联汽车市场的控制力方面，受到国内外市场的双重影响。在国内市场，随着新能源汽车和智能网联汽车市场的不断扩大，竞争也日趋激烈。安徽省企业需要不断提升产品质量和服务水平，提高品牌知名度和美誉度，以在激烈的市场竞争中占据有利地位。在国际市场，安徽省企业需要积极拓展海外市场，提升出口能力，扩大市场份额。同时，要关注国际贸易政策的变化，加强与国际合作伙伴的沟通和协调，以降低外部风险对产业链安全的影响。

在品牌国际化方面，安徽将加速本地汽车品牌的国际扩张，支持如奇瑞、江淮、蔚来等品牌加快国际化步伐，并帮助零部件企业进入全球供应链体系，拓展国际合作模式，促进外贸转型和升级。同时，加强国际交流与合作，利用全球资源，提升企业国际化能力。此外，市场需求将作为导向，推动汽车产品和服务的双向升级，持续改善汽车消费环境，并放大汽车消费对产业发展的推动作用。

综上所述，安徽省在新能源汽车和智能网联汽车产业链的控制力方面具有一定的优势和挑战，为了提升产业链的安全性和稳定性，需要进一步加强关键资源、关键技术和资本的控制力，提高市场控制力，推动产业链的升级和发展。

三、产业对外依存度

（一）原材料供应依赖

安徽省新能源汽车和智能网联汽车产业的发展，在很大程度上依赖于外部原材料供应。这些原材料包括稀土元素、高性能电池材料、芯片等高科技产品。由于这些原材料的生产和加工技术较为复杂，安徽省在相关领域的自给自足能力相对较弱，多数需要从国内外市场采购。

首先，稀土元素是新能源汽车电机、电池等关键部件的重要组成部分，其质量和供应稳定性直接关系到新能源汽车的性能和产量。安徽省在稀土资源的开采和加工方面存在一定短板，因此需要依赖外部供应。其次，高性能电池材料是新能源汽车电池系统的核心，其质量直接影响到电池的能量密度、循环寿命和安全性等关键指标。目前，安徽省在高性能电池材料的研发和生产方面尚处于起步阶段，无法满足产业快速发展的需求，因此也需要从外部市场采购。此外，随着智能网联汽车技术的不断发展，对芯片等高科技产品的需求也在不断增加。安徽省在芯片制造领域相对滞后，无法满足产业需求，因此需要依赖外部供应。

这种原材料供应依赖的情况，使得安徽省新能源汽车和智能网联汽车产业的发展面临一定的风险，一旦外部市场出现供应短缺、价格波动等问题，将直接影响到安徽省相关产业的稳定和发展。

（二）关键技术引进依赖

除了原材料供应依赖外，安徽省新能源汽车和智能网联汽车产业的发展还面临关键技术引进依赖的问题。虽然安徽省在新能源汽车和智能网联汽车领域取得了一定的研发成果，但在一些关键技术领域，如电池管理系统、自动驾驶技术、智能网联技术等，仍然存在较大的技术差距。

为了加速产业发展,安徽省需要引进国外先进的技术和设备。然而,这种技术引进依赖也带来了一定的风险。一方面,国外技术供应商可能会在技术转让、知识产权等方面设置障碍,限制安徽省相关产业的自主创新能力;另一方面,一旦国外技术供应商出现问题,如技术封锁、供应中断等,将直接影响到安徽省相关产业的稳定和发展。因此,安徽省在引进国外先进技术的同时,还需要加强自主研发和创新能力建设,逐步减少对外部技术的依赖。

(三)外部风险影响

安徽省新能源汽车和智能网联汽车产业的对外依存度较高,这使得该产业面临着多种外部风险的影响。首先,全球经济形势的变化可能会影响到原材料的价格和供应稳定性,从而对产业链的稳定运营造成影响。其次,国际贸易环境的变化也可能导致技术引进和原材料供应受到限制或影响。最后,地缘政治风险、贸易战等因素也可能对产业链的安全造成冲击。

为了应对这些外部风险,安徽省需要建立完善的风险预警和应对机制。这包括加强与国际市场的沟通和协调,稳定原材料供应渠道;加强自主研发和创新,减少对外部技术的依赖;积极参与国际合作,共同应对全球性风险。同时,安徽省要加强产业链内部的协同和整合,提高整个产业链的韧性和稳定性。这包括加强产业链上下游企业之间的合作,形成紧密的供应链关系;加强产业内企业之间的技术创新合作,共同推动产业技术进步;加强政策引导和支持,为产业链的发展提供良好的环境和条件。

总之,对外依存度较高是安徽省新能源汽车和智能网联汽车产业发展面临的一个重要问题。通过加强自主研发和创新、稳定原材料供应渠道、积极参与国际合作等措施,可以有效地降低外部风险对产业链的影响,提高整个产业的竞争力和可持续发展能力。

四、产业可持续发展力

（一）环境保护要求

随着全球环境问题的日益突出，环境保护已成为各国政府和产业界普遍关注的重点。安徽省新能源汽车和智能网联汽车产业链在可持续发展过程中，必须严格遵守环境保护要求，确保产业链发展与环境保护相协调。

新能源汽车作为绿色出行的重要代表，其低排放、低能耗的特性对于减少空气污染、缓解温室效应具有重要意义。安徽省在新能源汽车产业发展过程中，应加大对清洁能源的使用和推广力度，鼓励企业采用先进的节能技术和环保材料，提高新能源汽车的能效和环保性能。同时，对于传统汽车制造企业，应推动其向新能源汽车领域转型，逐步实现产业升级和绿色发展。

智能网联汽车作为智能交通系统的重要组成部分，对于提高道路安全、减少交通拥堵、降低能源消耗等方面具有显著作用。例如，汽车之家研究院发布的《2023中国智能汽车发展趋势洞察》报告，就基于大量用户调研样本和车型数据，探讨了用户需求和未来发展方向[①]。安徽省在推动智能网联汽车产业发展时，应注重与智能交通、智慧城市等项目的融合，打造绿色、安全、高效的交通出行环境。

（二）社会责任实践

企业社会责任已成为现代企业发展的重要组成部分，对于提升企业形象、增强企业竞争力具有重要意义。安徽省新能源汽车和智能网联汽车产业链在发展过程中，应积极履行社会责任，关注产业链对环境、社会

① https://finance.sina.com.cn/tech/roll/2023-10-20/doc-imzrsqia6481652.shtml。

和经济的影响。

企业应加强对产业链上游原材料采购环节的管理，确保原材料来源合法、环保，避免使用有害物质或进行非法开采。同时，在产业链下游销售和服务环节，应注重消费者权益保护，提供高品质的产品和服务，为消费者创造更好的出行体验。此外，企业还应积极参与社会公益事业，支持教育、扶贫、环保等领域的发展，展现企业的社会责任和担当。

（三）经济持续性挑战

经济持续性是产业链发展的重要保障，也是评估产业可持续发展能力的重要指标。安徽省新能源汽车和智能网联汽车产业链在发展过程中，面临着多方面的经济持续性挑战。

首先，新能源汽车和智能网联汽车作为新兴产业，技术更新换代速度快，投资回报周期长，对企业的资金实力和技术水平要求较高。因此，企业需要不断创新，加大研发投入，提高产品的技术水平和市场竞争力。其次，随着全球贸易保护主义的抬头和市场竞争的加剧，产业链的稳定性和抗风险能力面临考验。企业需要加强供应链管理、优化产业布局、提高产业链的韧性和抗风险能力。最后，随着政策环境的变化和市场需求的变化，产业链的发展模式和盈利模式也需要不断调整和创新。企业需要密切关注市场动态和政策变化，及时调整发展战略和业务模式，确保产业链的经济持续性和稳定发展。

综上所述，安徽省新能源汽车和智能网联汽车产业链在可持续发展过程中，需要关注环境保护要求、履行社会责任、应对经济持续性挑战等多方面的因素。只有全面考虑这些因素，才能实现产业链的长期稳定发展和社会经济效益的最大化。

五、产业成长性

(一)发展速度和历史数据

安徽省新能源汽车和智能网联汽车产业的发展速度在近年来呈现显著增长趋势。通过梳理历史数据,我们可以看到自2010年以来,该产业年复合增长率持续保持在两位数以上。特别是在"十四五"规划期间,得益于政府的大力支持和市场的积极响应,产业发展速度更是进一步加快。

在历史数据方面,截至2020年底,全省汽车产业拥有规模以上工业企业886家。2021年,全省整车产量150.3万辆,同比增长29.5%。其中新能源汽车产量为25.2万辆,占全国7%,全行业实现主营业务收入约3000亿元[①]。数据显示,安徽省在该领域的产业规模不断扩大,市场份额逐年提升,显示出良好的增长势头。同时,研发投入的持续增长也为企业技术创新提供了有力支撑。

(二)潜力和未来趋势

基于当前的市场需求和技术发展趋势,我们认为安徽省新能源汽车和智能网联汽车产业的未来发展潜力巨大。随着全球对环境保护和可持续发展的日益重视,新能源汽车市场将持续扩大,智能网联技术也将成为汽车产业发展的重要方向。

未来趋势方面,我们预计安徽省将进一步加强与国内外优势企业的合作,引进先进技术和管理经验,提升产业整体竞争力。同时,随着智能化、网联化技术的深入应用,产业链上下游的协同创新和整合也将成为发展的重要趋势。

---

① 参见《关于印发安徽省"十四五"汽车产业高质量发展规划的通知》,https://jx.ah.gov.cn/public/6991/146556511.html。

（三）瓶颈问题识别

虽然安徽省新能源汽车和智能网联汽车产业发展迅速，但也存在一些瓶颈问题。首先，技术创新仍是产业发展的核心问题，尤其是在关键核心技术领域，如电池技术、智能驾驶等方面，仍存在较大的技术瓶颈。其次，产业链的完善程度也制约了产业的发展。目前，安徽省在新能源汽车和智能网联汽车产业链上游的关键原材料供应和下游的应用服务领域仍存在短板。

针对这些瓶颈问题，我们建议安徽省加大科技研发投入，加强与国内外科研机构和高校的合作，突破关键核心技术。同时，应注重产业链上下游的协同发展和完善，形成完整的产业链体系，提升产业整体竞争力。

第六节　问题、展望与建议

随着全球面临的能源挑战加剧以及环境问题恶化，新能源汽车和智能网联汽车成为各国争相发展的战略性行业。作为中国汽车工业的关键地区，安徽省在推动这些新兴领域方面取得了突出进展。安徽省计划培育3—5家具有重大影响力的新能源汽车制造商和多个全球竞争力的配件供应商，并打造超过10个知名行业品牌，旨在建立世界级的新能源汽车和智能网联汽车产业群。

一、主要问题

安徽省在新能源汽车和智能网联汽车领域的技术发展面临多方面的挑战。首先，电池技术是新能源汽车发展的核心，而目前电池的能量密度、充电速度和循环寿命等关键指标仍有待提升。安徽省在新能源汽车电池技术研发方面还需加大投入，以提升电池性能并降低成本。其次，智能网联汽车涉及多种先进技术的融合，如人工智能、大数据、物联网等。

安徽省在这些技术领域虽有一定的研发实力，但与全球领先水平相比仍存在一定差距。要实现智能网联汽车的快速发展，安徽省需要加强技术创新和人才培养，提升技术研发能力和水平。最后，随着新能源汽车和智能网联汽车技术的不断进步，对车辆的安全性、可靠性等要求也越来越高。安徽省在相关领域需加强研发和应用，确保产品性能达到国际先进水平。

市场挑战方面，安徽省新能源汽车和智能网联汽车的市场竞争激烈，国内外众多企业纷纷布局相关产业。安徽省在品牌知名度、市场营销和渠道建设等方面面临挑战。首先，品牌知名度是企业在市场竞争中的重要因素。安徽省需加大品牌推广力度，提升品牌知名度和影响力，以吸引更多消费者。其次，市场营销策略的制订和执行对于企业的市场竞争力至关重要。安徽省需要深入了解市场需求和消费者心理，制订针对性的市场营销策略，提升产品的市场占有率。最后，渠道建设也是市场竞争的关键。安徽省需要加强与国内外经销商的合作，拓展销售渠道，提高产品的覆盖范围和市场份额。

政策与基础设施方面，安徽省新能源汽车和智能网联汽车的发展同样面临一定挑战。首先，政策的连续性和稳定性对于产业发展至关重要。安徽省需加强与国家政策的对接，制订符合地方实际的政策措施，为产业发展提供有力支持。其次，基础设施的完善对于新能源汽车和智能网联汽车的推广应用具有重要影响。为加快构建高质量充换电服务体系，安徽省计划在2027年实现基本建成覆盖广泛、规模适度、结构合理、功能完善、开放融合、惠及民生的现代化高质量充换电服务体系目标，主要城区力争形成半径不大于2公里的充电服务圈；县城和乡镇重点区域充换电基础设施全覆盖；高速公路服务区充换电基础设施覆盖率达到100%，普通国省干线公路和农村公路有效覆盖，建成全国新能源汽车充电“客栈”“驿站”。全省建成换电站不少于500座，充电桩不少于50万个，满足100万辆新能源汽车充电需求。安徽省充换电基础设施综合监管服务平台公共充电桩接入率达到100%[①]。为实现这一目标安徽省需加大充电设施、智能网联通信等基础设施的建设力度，提高基础设施的覆盖范围和便利性。此外，随着新能源汽车和智能网联汽车的大规模应用，对相关产业链的要求也越来越高。安徽省需加强与上下游产业的合作，完善产业链布局，确保产业的持续健康发展。

综上所述，安徽省在新能源汽车和智能网联汽车领域面临的技术、市场、政策与基础设施等挑战不容忽视。只有克服这些挑战，才能实现产业的快速发展并推动地方经济的持续增长。

二、展望未来

随着全球气候变化和环境恶化问题的日益严重，新能源汽车和智能网联汽车已成为全球汽车工业的未来发展方向。在全球范围内，许多国家都出台了相应的政策来鼓励新能源汽车和智能网联汽车的发展，这些政策包括购车补贴、研发资金支持等。同时，随着电池技术的不断进步和充电设施的日益完善，新能源汽车的续航里程和充电便利性得到了显著提升，使得新能源汽车在全球范围内得到了广泛应用。相比之下，中国作为全球最大的汽车市场，也在新能源汽车和智能网联汽车领域取得了显著成就。中国政府通过制订一系列政策，如"双积分"政策、新能源汽车推广应用财政补贴政策等，有力地推动了新能源汽车的发展。同时，中国也在智能网联汽车领域进行了大量的技术研发和试验示范，如车联网、自动驾驶等，并取得了一系列重要突破。在新能源汽车领域，中国的发展速度之快、规模之大、技术之先进在全球范围内处于领先地位。而在智能网联汽车领域，中国也在积极探索和实践，与全球其他发达国家并肩前行。

安徽省作为中国的一个重要省份，其新能源汽车和智能网联汽车的发展也受到了广泛的关注。《安徽省"十四五"汽车产业高质量发展规划》提出具体目标为产值超过10000亿元，生产规模超过300万辆，出口超过

① https://www.ahchanye.com/zc/34504.html。

100万辆，新能源汽车产量占比超过40%，基本形成以纯电动为主、插电混合动力为辅、氢燃料示范的发展格局。在未来，安徽省在这两个领域的发展方向可以预见会更加明确和清晰。首先，在新能源汽车领域，安徽省将继续加大对新能源汽车产业的扶持力度，鼓励企业加大研发投入，提高产品技术水平，降低生产成本，进一步拓展市场份额。同时，安徽省还将加快充电设施的建设，完善新能源汽车产业链，提高新能源汽车的普及率和市场占有率。其次，在智能网联汽车领域，安徽省将加强技术研发和试验示范，推动车联网、自动驾驶等技术的广泛应用。同时，安徽省还将加强与国内外企业的合作，共同推动智能网联汽车产业的快速发展。

总的来说，安徽省在新能源汽车和智能网联汽车领域的发展前景广阔，未来将会迎来更多的机遇和挑战。只有不断加强技术研发、完善产业链、拓展市场份额，才能够在激烈的市场竞争中立于不败之地。

三、发展建议

对于安徽省新能源汽车和智能网联汽车产业来说，技术创新是推动产业持续发展的关键。因此，建议安徽省应从以下几个方面加强技术创新。一是强化产学研协同。倡导高校、科研院所与企业紧密协作，共同开展新能源汽车与智能网联汽车关键技术的研发工作。这种合作有助于技术成果的快速转化及产业化，从而提升整个产业的竞争力。二是培养和吸引高端人才。加大对新能源和智能网联汽车行业高端人才的培育和吸纳力度，可以通过设立特定的人才引进项目、建立人才培养中心等措施，吸引更多优秀人才助力安徽省在这一领域的发展。三是提高研发资金投入。鼓励企业增加对新能源和智能网联技术研发的资金投入，提升研发经费在销售总收入中的比重。政府也应通过提供资金支持等政策，鼓励企业增加研发投入，以促进技术进步和产业升级。

在市场开拓方面，安徽省应着重考虑以下几个方面：一是深化国内市场开发。在国内市场方面，安徽省应加强新能源汽车和智能网联汽车的宣传和推广工作，提高消费者对新能源汽车和智能网联汽车的认知度和接受度。同时，通过优化产品性能、降低生产成本等措施，提高产品的市场竞争力。二是拓展国际市场。在国际市场方面，安徽省应积极参与国际竞争，加强与国外企业的合作和交流。可以通过参加国际展览、建立海外销售网络等方式，拓展国际市场份额。三是探索新的商业模式。鼓励企业探索新的商业模式，如共享经济、融资租赁等，为新能源汽车和智能网联汽车的市场开拓提供新的思路和方向。

在政策支持方面，一是提升财政支持。政府可以通过设立专项基金、提供财政补贴等手段，以支撑新能源和智能网联汽车产业的发展，并可能增加对这些企业的税收优惠，以减少它们的运营成本。二是强化产业链条。促进新能源和智能网联汽车行业上下游企业间的合作，构建完善的产业生态，这有助于降低成本、提升产品品质和市场竞争力。三是营造创新氛围。通过加强知识产权保护、建设科技创新平台等举措，为新能源和智能网联汽车产业提供一个有利于创新的环境。同时，可以加大对创新成果的奖励和推广力度，激发企业和科研人员的创新热情。

研究发现，安徽省新能源汽车产业在近年来取得了显著的发展成就，产业规模持续扩大，技术水平不断提高，市场布局日趋完善，政策环境持续优化。然而，仍然面临着一系列关键挑战，如技术创新瓶颈、市场竞争激烈、政策支持不足、基础设施建设滞后等。同时，智能网联汽车作为新能源汽车的重要发展方向，安徽省在此领域也取得了一定的进展，但仍需加强技术研发、市场推广和政策支持等方面的工作。针对上述挑战，笔者提出了一系列发展策略建议，包括加强技术创新、优化市场布局、加大政策支持、完善基础设施等方面。这些建议旨在促进安徽省新能源汽车和智能网联汽车产业的健康发展，提升产业竞争力，推动经济转型升级。这些策略性建议的重要性，不仅有助于解决当前产业发展中的问题和挑战，也为未来的发展方向提供有益参考。

第三章 数字创意产业

第一节 数字创意产业概述

一、数字创意产业范畴

（一）概念

数字创意产业，作为一种综合性的产业系统，既包含了驾驭数字技术的创意内容业，也涵盖了创意制造业。它以先进的科学技术和丰富的文化艺术为输入，以显著的经济价值和深远的文化影响为输出（图3-1）。这一产业的发展高度依赖于一系列的智能技术，包括但不限于计算机技术、多媒体技术、信号处理技术、通信网络技术等基础技术。同时，它还紧密结合了新兴的人工智能技术、大数据技术、云计算技术、虚拟现实技术、增强现实技术、感知技术、人机交互技术等前沿技术领域。

数字创意产业的一个显著特点是其创新性和创造性的融合。它利用高度的想象力和创意，将科学技术与文化艺术紧密结合，推动传统制造业、文化创意产业和设计服务业之间的持续融合、相互渗透和深度变革。这种融合不仅仅是技术层面的，更是文化和艺术层面的深度交融。通过这种融合，数字创意产业形成了新的增长方式和业态模式，为传统行业带来革命性变革。在中国，数字创意产业已经成为国家战略层面重视的重要领域。它主要涉及设计业、影视与传媒业、数字出版业、动漫游戏业、在线教育、旅游业、人居环境设计业、时尚服饰业、体育健康业、玩具业以及文化等多个产业的数字化转型。这些产业通过数字化，不仅优化了自身的业务模式，还在信息装备与软件业方面取得了显著成就。数字创意产业的内容不限于数字文化创意技术装备、数字文化创意内容制作、设计服务等领域，还涉及其他相关产业部门，如零售业、教育培训、娱乐休闲等。在这些领域，数字创意产业通过其创新性的应用，不断创造新的业态，为传统行业带来新的增长动力和发展机遇。这种跨界融合和创新拓展，使得数字创意产业成为推动社会经济发展的重要力量，为传统产业注入新的活力和创新元素。

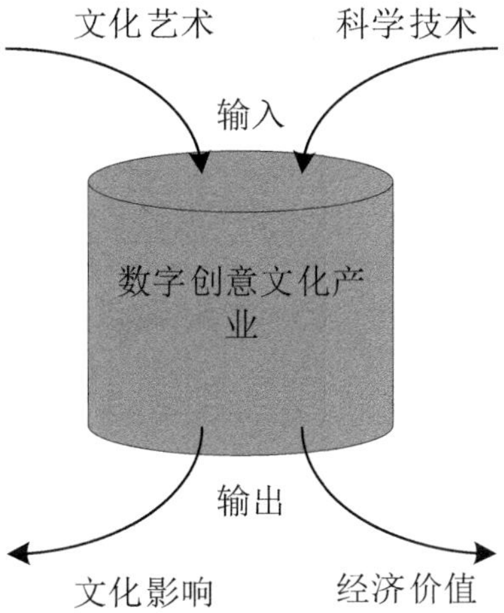

图 3-1　数字创意产业的多重价值输出

在当前的国际背景下，全球尚未形成一个统一且被广泛公认的定义来界定数字创意产业。不同国家对于这一概念的理解各异,涉及的相关术语也多种多样,例如英国的"创意产业"、美国的"版权产业"、日本的"数字内容产业"等,反映了不同国家在理解和发展数字创意产业方面的多样性和独特性。主要发达国家对于数字创意产业的理解和发展战略存在显著差异。例如,英国倾向于发展轻量级的创意产业,美国通过版权制度来整合和促进整个数字创意产业的发展,而日本在数字内容产业的发展上显得尤为强势。相较于这些国家,中国对数字创意产业的理解和发展模式有着显著区别。中国更注重于科技、文化与创意的有机融合和协同发展(见表3-1),这一模式体现了中国对数字创意产业独特性的深刻理解。数字创意产业成为中国的战略性新兴产业之一,对国家经济和社会发展产生着日益重要的影响和价值。虽然中国数字创意产业在发展过程中取得了显著成就,但其产业链的完善和产业结构的稳定仍处于形成阶段,这意味着在未来,数字创意产业仍有巨大的发展空间和潜力,需要进一步的探索和创新以达到更高的成熟度和稳定性。

表3-1　各国数字创意产业的定义和涉及领域

国家	名　称	定　义	涉及领域
英国	创意产业	根据英国创意产业工作小组于1998年和2001年发布的《英国文化创意产业路径文件》,创意产业被定义为利用个人创造力、技术和才能,通过知识产权的发展与应用,创造财富和就业机会的行业,涵盖13个不同领域	广告和营销、建筑、工艺品、时尚设计、电影、电视、视频、音频和摄影、IT、软件和计算机服务、出版、博物馆、画廊和图书馆、音乐、表演和视觉艺术

续表

国家	名　称	定　义	涉及领域
美国	版权产业	依赖个人创造力、技能和天赋的企业，是现代经济的关键组成部分，它们通过激发员工的创新潜力和专业技能来推动产品和服务的发展，从而在市场上获得竞争优势。这些企业还积极管理和利用知识产权，以创造潜在的财富和就业机会，同时投资于员工培训和创造开放包容的工作环境，以吸引和培养创新人才。这种以创新和知识产权为核心的企业模式，不仅对企业自身的成长至关重要，也对推动整体经济和社会进步发挥着重要作用	核心版权产业、交叉版权产业、部分版权产业和边缘版权产业
日本	数字内容产业	加工制作文字、影像、音乐、游戏等信息素材，并通过各种媒介将这些加工后的信息商品传递给用户，构成了信息产业的核心活动。这些信息商品的范围极为广泛，既包括用户能够瞬间接收并消费的信息，如即时新闻、在线视频或音乐流媒体，也涵盖了那些经得起时间考验、历经百年仍拥有大量忠实读者的文学作品。无论是迅速传播的现代媒介内容，还是经典的文学创作，都是文化与技术相结合的产物，不仅满足了人们对信息的即时需求，同时也丰富了人类的文化遗产。这些信息商品的生产和流通，不仅促进了文化的传播与交流，还为创作者和相关产业提供了经济价值和市场机遇	内容产业、休闲产业、时尚产业

续表

国家	名　称	定　义	涉及领域
中国	数字创意产业	有效掌握数字技术，从而推动创意内容产业和创意制造业的发展	设计业、影视与传媒业、数字出版业、动漫游戏业、在线教育、旅游业、人居环境设计业、时尚服饰业、体育健康业、玩具业、文化博物业等产业的数字化，以及上述有关产业的信息装备与软件业

（二）主要领域

数字创意产业描述了一个新兴的产业集群，其核心是数字技术的创意应用和创新设计，依靠数字创意技术的强大支撑能力，以文化创意的精髓、内容生产的丰富性和版权资源的有效利用作为自身发展的推动力。通过诸多要素的相互作用和协同发展，数字创意产业不断推动并影响着广泛的周边产业领域，实现了技术与文化的创新融合。在这个产业集群中，各个部分被精细地划分为三个主要领域：基础支撑领域、核心开发领域和融合渗透领域。基础支撑领域侧重于数字创意技术和创新设计的应用，为整个产业提供强有力的技术基础和设计支撑；核心开发领域专注于文化创意的构思、内容生产的实现和版权利用的战略部署，是推动产业发展的中心动力；融合渗透领域利用科技与设计的结合，再加上对文化的深度整合，不断地拓展产业的边界，引领相关领域的发展，形成一个跨界融合的生态系统。三个领域的协作互动，塑造了一幅新的产业发展蓝图。从设计业到传媒业，从动漫游戏到数字出版，再到人居环境设计、文化博物馆运营、时尚服饰、玩具、体育健康以及旅游业等，每一个领域都在经历着由数字创意产业带动的变革。相关领域不再满足自身单独发展，在数字创意产业的引领下实现跨行业的联动和创新发展，共同构成多元化的产业生态系统（图3-2）。在这个系统中，每个领域都是相互依存的，共同推动着产业向更高层次发展。

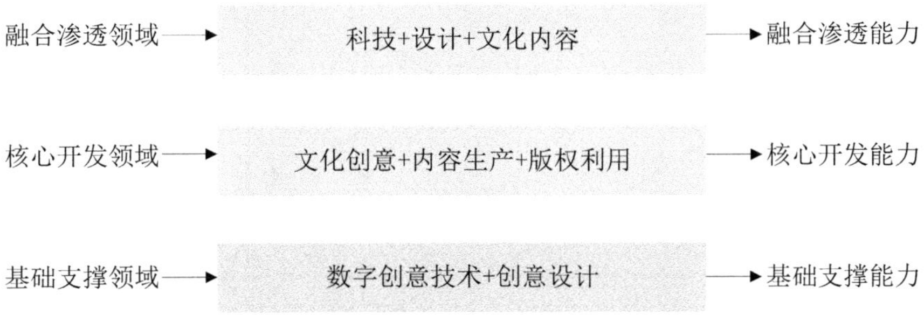

图3-2　数字创意产业的主要领域

（三）发展特征

1.具有全连接的网络结构

数字创意产业以数字创意技术和创新设计为基础支撑，以文化创意、内容生产、版权利用为发展核心，通过融合渗透来带动周边产业领域发展。从结构组成来看，数字创意产业具有全连接的3层网络结构，即“TD+4C+X”（见图3-3）：(1)输入层，作为基础支撑（TD），为数字化及创意化的内容、产品和服务提供关键技术支撑；(2)中间层，作为核心内容（4C），由核心生产和服务构成，主要供给消费端高技术的文化创意内容，形成版权；(3)输出层，包括融合渗透行业（X），涵盖玩具业（Toy）、旅游业（Travel）、体育健康业（Gym）、其他（Else）等多个节点，借助数字创意技术和设计的赋能，通过跨领域的交叉融合形成新业态和消费点。数字创意产业通过提升数字创意技术和创新设计两大基础能力，推动传统文化创意产业和传统制造业的转型升级，拓展形成数字化的创意内容业和数字化、创意化的制造业。

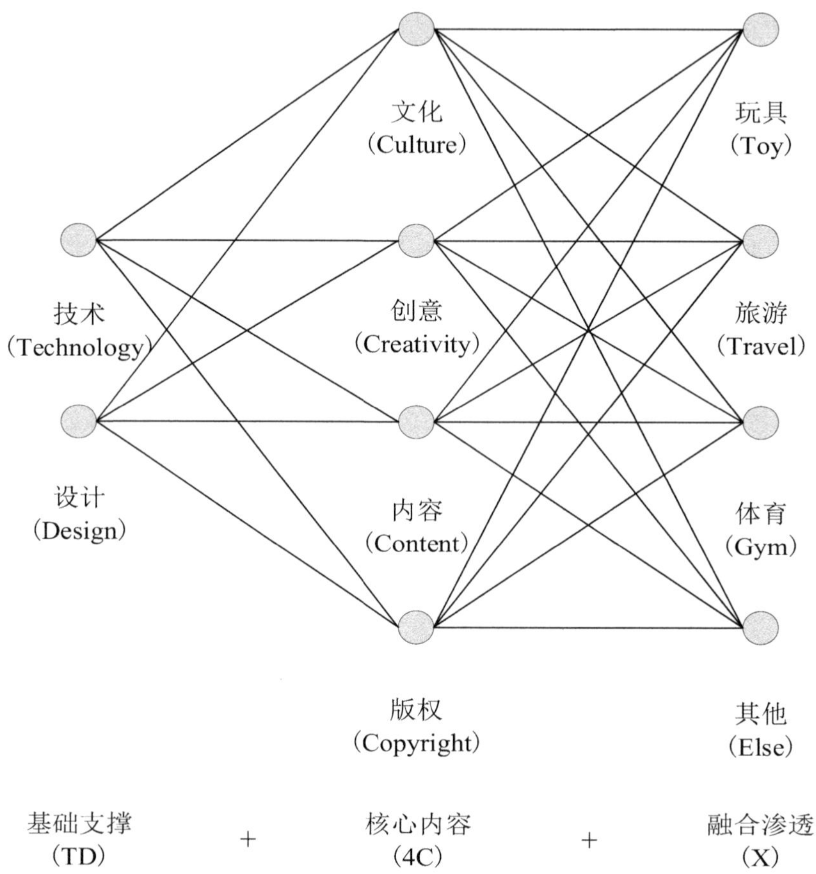

图3-3　数字创意产业网络结构

2.具有多重的价值输出

数字创意产业的综合性体现为,以科学技术与文化艺术为输入,以经济价值和文化影响为输出。产业具有价值输出的多重性:通过对数字技术和文化艺术资源的创新性转化,打破现有的产业边界,催生高效的内容创作方式、传播渠道和消费形式,进而提升产业的服务能力和水平;可实现与其他产业的多维互动和融合发展,输出经济价值,为社会经济的发展提供新动能;可输出优秀文化内容并发挥正面导向作用,为中国文化强国战略提供基本支撑。

3.需要想象力的引领

数字创意产业发展取决于想象能力、制造能力和知识水平(见图3-4),而想象力起到关键的引领和组织作用。数字文化创意技术装备的创新提升需要高想象能力和高制造能力,数字内容的创新发展需要高想象能力、高制造能力和高知识水平,创新设计的发展需要高想象能力和高知识水平。

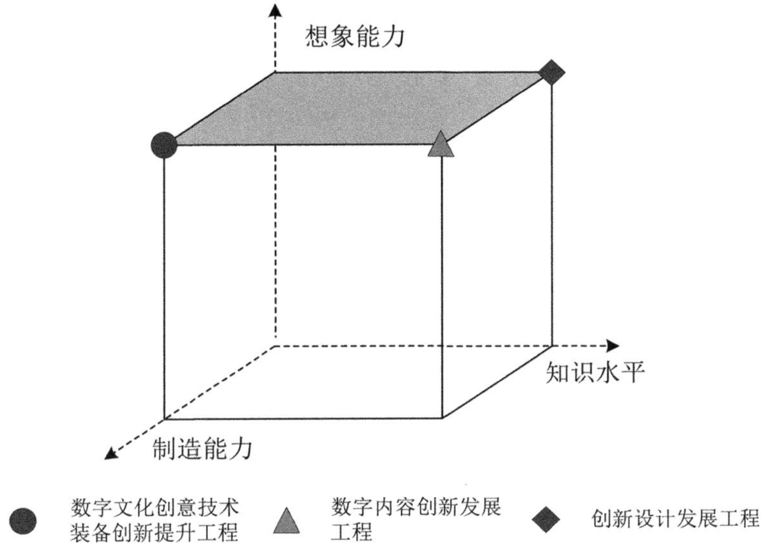

图3-4　数字创意产业的3种能力构成

4.具有强大的内生动力

随着数字创意产业积极引入新型数字技术,产业结构和商业模式不断变革和创新,产业边界不确定性增强且具有强大的内生动力。数字内容服务平台通过数字技术(如AI)应用,重构了内容创作者和内容消费者的关系。数字技术企业通过加快布局数字创意产业,借助自身技术和平台优势,推动了网络文学、影视、游戏、动漫、音乐、体育等产业领域的快速发展。数字技术推动着数字创意产业的结构变革,降低了产业结构切换的成本:创意内容的制作者可通过数字化平台来充当自己内容的发行者;内容发行者可便利地转型成为内容的制作者;而创意内容和产品的消费者也可借助于平台型企业（如短视频平台），制作并分享创意内容而成为内容生产者。

（四）产业分类

为了精确体现《“十三五”国家战略性新兴产业发展规划》的内容，并满足统计上对战略性新兴产业发展规模、结构和速度的测算需求，国家统计局于2018年11月发布了《战略性新兴产业分类（2018）》（简称《分类》）[①]。《分类》明确指出，数字创意产业涵盖了数字创意技术设备制造、数字文化创意活动、设计服务及数字创意与融合服务等领域。特别是数字文化创意活动，细分为数字文化创意软件开发、内容制作服务、新型媒体服务、数字文化创意广播电视服务及其他活动。这对数字创意产业的发展具有极为重要的意义（见表3-2）。

表3-2 《战略性新兴产业分类（2021）（试行）》对数字创意产业的界定

数字创意产业分类	概　述
数字创意技术设备制造	数字电影机械及设备制造；数字广播电视发射设备；下一代广播电视网接入网设备等广播电视接收设备；数字专业音响设备；高保真超薄音响产品等音响设备；虚拟现实、数字技术播放设备等智能消费设备；数字电影机械及设备制造；高清/超高清广播电视制播设备；视频监控处理设备；交互电视机等节能新型电视机；虚拟现实、数字技术制播放设备等智能消费设备；下一代广播电视网接入网设备等广播电视接收设备

① https://www.cnipa.gov.cn/。

续 表

数字创意产业分类	概　述
数字文化创意活动	虚拟现实处理软件、动漫游戏制作引擎软件和开发系统、家庭娱乐产品软件、游戏动漫软件；高清/超高清电视服务等有线广播电视传输服务；无线广播电视网等无线广播电视传输服务；虚拟现实处理软件、动漫游戏制作引擎软件和开发系统、家庭娱乐产品软件、数字文化产品制作软件、数字文化创意软件、数字文化创意设计，教育、新闻、文化内容行业软件，游戏动漫软件、数字出版软件；动漫游戏制作引擎软件和开发系统、游戏动漫软件；动漫、游戏数字内容服务；数字影视开发制作、数字演出开发制作、数字音乐开发制作、数字移动多媒体开发制作；数字电视电影院线服务、互联网电视服务、交互式网络电视(IPTV)服务；高清/超高清电视服务等有线广播电视传输服务；无线广播电视网等无线广播电视传输服务；数字内容多网络通道传输；数字广播；数字电视；数字影视节目制作；网络广播电视集成播控；数字电视电影院线等电影放映；数字化音乐
设计服务	人居环境设计服务；数字化城乡规划等规划设计管理；数字化工业生产工艺设计等工业设计服务；时装设计服务等专业设计服务
数字创意与融合服务	互联网广告服务；广告和移动多媒体等的设计开发制作；数字化会议及展览服务；数字化旅游、体育会展服务；数字创意文化会展服务；旅游创意服务；电子出版物出版服务；网络图书馆、数字图书馆；数字博物馆

二、数字创意产业链

（一）产业链演化趋势

数字创意产业在2021年的战略性新兴产业分类中，其战略性新兴产业分类名称有了新的变化。与2018年的战略性新兴产业分类名称相比，我们还是将其划分为4大类，分别为数字创意技术设备制造、数字文化创意活动、设计服务以及数字创意与融合服务。与之不同的是，2021年4大类下的行业有了些许调整。对于数字创意技术设备制造而言，新增行业数字电影机械及设备制造、数字广播电视发射设备、下一代广播电视网接入网设备、高保真超薄音响产品、虚拟现实、高清/超高清广播电视制播设备、视频监控处理设备、交互电视机等节能新型电视机；对于数字文化创意活动而言，新增行业虚拟现实处理软件、动漫游戏制作引擎软件和开发系统、家庭娱乐产品软件、数字文化产品制作软件、数字文化创意软件、数字文化创意设计，教育、新闻、文化内容行业软件，数字出版软件、数字影视开发制作、数字演出开发制作、数字音乐开发制作、数字移动多媒体开发制作、数字电视电影院线服务、互联网电视服务、交互式网络电视（IP-TV）服务、数字内容多网络通道传输、数字广播、数字电视、数字影视节目制作、网络广播电视集成播控、数字电视电影院线等电影放映、数字化音乐；对于设计服务而言，新增行业人居环境设计服务、数字化城乡规划、数字化工业生产工艺设计、时装设计服务；对于数字创意与融合服务而言，新增行业广告和移动多媒体等的设计开发制作、数字化会议及展览服务、数字化旅游、数字创意文化会展服务、旅游创意服务、网络图书馆、数字图书馆、数字博物馆。

（二）产业链图谱

我国将数字创意产业划为四大类：数字创意技术设备制造、数字创意文化活动、设计服务以及数字创意与融合服务，参见表3-3。

数字创意设备制造主要分为广播电视设备制造与影音设备制造，随着中国有线广播电视用户和数字电视用户基本实现全覆盖，广播电视设备制造行业已逐步到达成熟阶段。在中国文化消费需求不断增长的趋势下，数字创意文化活动依然具备广阔的成长空间。同时，数字技术的升级也极大地助推了产业融合，工业设计业、旅游业、文化博物业等传统产业将在数字化的浪潮中迎来新机遇。图3-4呈现了我国数字创意产业链图谱。

表3-3 数字创意产业链上下游

类 别	上 游	中 游	下 游
数字创意技术设备制造	原材料供应商、基础零部件制造商	数字电影机械及设备制造，数字广播电视发射设备、数字专业音响设备、高清/超高清广播电视制播设备、视频监控处理设备、交互电视机等产品的设计与制造	产品的销售、分销、技术支持和服务
数字文化创意活动	创意内容原始创作者、软件开发工具提供商	虚拟现实处理软件、家庭娱乐产品软件、数字影视开发制作、数字演出开发制作、数字音乐开发制作	内容的发布、传播和销售
设计服务	设计理念构思和初步研发、趋势研究、概念设计、用户研究	人居环境设计服务、数字化城乡规划设计、数字化工业生产工艺设计、时装设计服务	设计成果的应用、实施、市场推广和销售
数字创意与融合服务	市场研究、创意构思和策划	互联网广告制作、数字化会议及展览服务、数字化旅游内容开发、文化创意会展服务设计	服务的实施、交付和市场推广

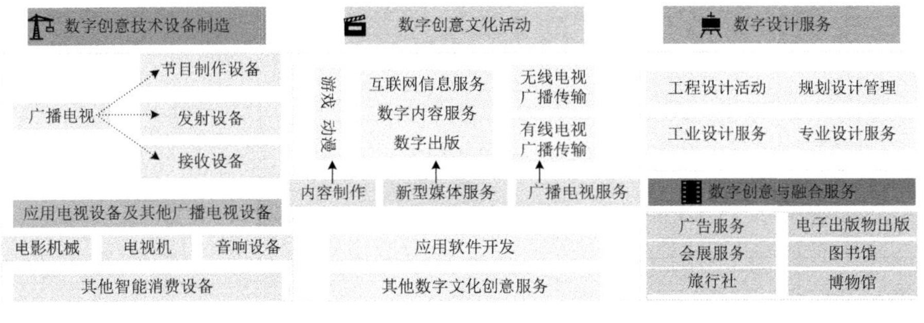

图3-4 数字创意产业链图谱

三、数字创意产业背景分析

创意产业理念最早可以追溯到德国经济思想家Schumpeter。早在1912年，他就明确指出，现代经济发展的根本动力不是资本和劳动力，而是创新。经济学家Rohmer在1986年撰文指出，新创意会衍生出无穷的新产品、新市场和财富创造的新机会，所以新创意才是推动一国经济成长的动力源泉。20世纪四五十年代第三次工业革命以来，科学、技术与文化的融合互动进入人类历史上前所未有的高度，数字创意产业是其中最为集中的体现。数字创意产业的发展史，是一部科学、技术与文化协同发展的演进史。

（一）国际背景

我们将选取几个数字文化创意底蕴浓厚、上下游产业布局完善的地区来探讨数字文化创意如何在当地兴起和发展的。

英国前首相Rishi Sunak认为，英国本土的创意产业“势不可挡”，其代表着国家的独特力量。创意产业是英国真正成功的故事，从Adele和Ed Sheeran这样的全球音乐明星到国家大剧院这样的世界级文化机构，这个行业在英国的国民生活中都有着特殊的地位。1997年英国首相Tony Blair成立了创意产业特别工作小组，由该小组出台的《英国创意产业路径文件》中指出，利用那些源自个人创意、技能与才干的活动，或者通过知识产权的生成与利用，从而创造具有潜在财富和就业机会的行为，都可称为创意产业。21世纪以来，英国的创意产业发展蓬勃。据英国文化媒体体育部2001年发表的《创意产业专题报告》，当年英国创意产业产值约为1125亿英镑，占GDP的5%，已超过任何制造业对GDP的贡献[①]。2003年，创意产业特别工作小组指出，从就业和产出衡量层面看，伦敦创意产业经济发展的重要性已经超过金融业。

① https://finance.ifeng.com/c/7nPhiQXlb7x。

美国是世界上第一个进行文化立法的国家。美国文化政策的基本原则是对内放松管制,对外境外扩张策略,同时对文化产业给予扶持。美国创意产业都是以创意为主轴,其创意是指知识经济的核心内容,更是其经济的重要表现形式,也就是诉求没有创意就没有新经济。在美国,文化创意产业被称为“版权产业”(Copyright Industries),主要是指生产经营具有版权属性的产品或作品,并依靠版权保护而生存发展的产业,典型行业有影视业、艺术博物馆、表演业、媒体行业和音像唱片业等。从1996年开始,美国版权产品的出口首次超过汽车、农业等传统产业,发展成为仅次于军事工业的支柱性产业和第一大出口创汇产业,其产值已占美国GDP总量的1/4。美国《版权法》诞生于1790年,此后不断地修订与完善。2003年,美国高院裁定并增补了1998年国会通过的有关著作、音乐、电影及卡通人物等文化产品的相关法律条款,并将著作权保护期限延长20年。至此,美国成为世界上版权保护制度最完善的国家。

作为亚洲地区的国家,日本凭借着自身的数字文化将其观念和思想传播全球。在日本政府的法律保障和协调组织之下,日本文化创意产业的发展也得到了社会各方的大力支持,各个层面都积极参与到文化创意产业前进中。

在政府层面,经济产业省和文部省作为日本政府负责管理文化创意产业的部门,各司其职。在2000年前,主要由经济产业省从经济的角度管理文化产业。在2000年后,文部省也加入了这个行列,开始负责公益文化的管理。为了进一步加强对文化创意产业的管理,日本内阁于2001年设立了文化审议会。日本成立了全国性的协会组织,即动漫画产权市场化实行委员会,该委员会主要对动漫画版权进行规范管理,工作内容主要是协助政府指导有关组织,协调制作、发行、销售、贸易、海关等各方面的关系,促进动漫画的版权交易合法、合理进行。日本数字创意产业下的重要一环,即动漫创意产业,其中介业务发展迅速,专业性很强,许多动漫制作公司和工作室都有自己的版权服务窗口,以便处理自己文化产品的有关版权事项等的事务。这些专业高效的服务推动了日本动漫创意产业的飞速发展。

(二)国内背景

在全球数字经济的大潮中,中国正积极培育和发展数字创意产业,并已将其明确纳入国家战略性新兴产业的重要行列。数字创意产业已成为推动中国产业发展的关键战略方向。根据《"十三五"国家战略性新兴产业发展规划》,中国构建一个文化引领、技术先进、产业链完善的数字创意产业发展格局。预计相关行业的产值将达到令人瞩目的8万亿元规模,显示出其在国家经济发展中的重要地位和潜力。此举不仅反映了中国对未来产业趋势的敏锐洞察,也展现了国家在全球文化创意产业中领导地位的追求和实力。

中国的数字创意产业已经迈入一个高速成长的阶段,面临前所未有的发展机遇,其增长潜力巨大。为引领并推动数字创意产业的高质量发展,中国政府适时明确该产业的内涵。《"十三五"国家战略性新兴产业发展规划》从四个关键方面——数字文化创意技术装备的创新提升、数字内容的创新发展、创新设计的推进及产业融合的加深——进行了全面的顶层设计。《战略性新兴产业分类(2018)》则具体界定了涉及数字创意产业的国民经济行业、重点产品与服务,为产业的规范化、有序化及快速发展指明了方向。中国数字创意产业的细分方向广泛,包括设计业、影视与传媒业、数字出版业、动漫游戏业、在线教育、旅游业、人居环境设计业、时尚服饰业、体育健康业、玩具业以及文化博物业等,涉及产业的数字化、信息装备与软件业等多层面。这一战略规划和产业分类展示了中国在数字创意产业方面与发达国家的不同取向,突出了科技、文化与创意的有机融合与协同发展的重要性,彰显了中国在全球文化创意领域中的愿景与实力。

第二节　数字创意产业政策

一、中国数字创意产业政策发展动态

（一）政策要点

数字创意产业是现代信息技术与文化创意产业逐渐融合而产生的一种新经济形态，与传统文化创意产业以实体为载体进行艺术创作不同，数字创意产业以CG等现代数字技术为主要工具，强调团队或个人通过技术、创意和产业化的方式进行数字内容开发、视觉设计、策划和创意服务等。数字创意产业的特点决定了它与数字技术、文化等诸多领域密切相关。

与其他产业相比，数字创意产业将数字技术与数字内容充分结合，输出产品不仅包括各类软硬件等实体，也包括文化内容和创意服务，具有商业和文化双重效益。因此，数字创意产业受到政府广泛支持。从2016年"数字创意产业"概念被提出以来，从中央到地方，政策红利频出。

在2016年，《"十三五"国家战略性新兴产业发展规划》明确提出，利用数字技术和先进理念加速推进文化创意与创新设计等产业的发展，促进文化与科技的深度融合及相关产业的互动渗透。此外，该规划还着重强调了推广数字创意技术在医疗、展览展示、地理信息、公共管理等领域的应用。

随后在2018年，国家统计局发布了《战略性新兴产业分类（2018）》，正式将数字创意产业列为国家战略性新兴产业之一。2020年，国家四部委联合发布《关于扩大战略性新兴产业投资培育壮大新增长点增长极的指导意见》，鼓励数字创意产业与生产制造、文化教育、旅游体育、健康医疗及养老、智慧农业等多个领域融合发展，以激发市场的消费活力。在这些政策引导下，计划建设一系列数字创意产业集群，强化数字内容供应与技术装备的研发平台。同时，着力打造高水平直播和短视频基地、一流电子竞技中心、高沉浸式产品体验展示中心，提供如虚拟现实旅游、增强现实营销、数字文化博物馆、创意设计、智慧广播电视和智能体育等多元化的消费体验，以全面提升数字创意产业的市场影响力和经济贡献。

表3-4　中国数字创意行业相关政策性文件

发布时间	发布单位	文件名称	相关内容
2016年	工信部	软件和信息技术服务业发展规划（2016—2020年）	加快发展面向移动智能终端、智能网联汽车、机器人等平台的移动支付、位置服务、社交网络服务、数字内容服务以及智能应用、虚拟现实等新型在线运营服务，加快培育面向数字化营销、互联网金融、电子商务、游戏动漫、人工智能等领域的技术服务平台和解决方案
2016年	国务院	“十三五”国家战略性新兴产业发展规划	将数字创意列为战略性新兴产业，提出以数字技术和先进理念推动文化创意与创新设计等产业加快发展，促进文化科技深度融合、相关产业相互渗透。到2020年，形成文化引领、技术先进、链条完整的数字创意产业发展格局，相关行业产值规模达到8万亿元
2017年	文化部	文化部“十三五”时期文化产业发展规划	加快发展以文化创意内容为核心，依托数字技术进行创作、生产、传播和服务的数字文化产业，培育形成文化产业发展新亮点。提升动漫、游戏、创意设计、网络文化等新兴文化产业发展水平，大力培育基于大数据、云计算、物联网、人工智能等新技术的新型文化业态，形成文化产业新的增长点；鼓励文化与建筑地产等行业结合，以文化创意为引领，加强文化传承与创新，建设有文化内涵的特色城镇，提升城市公共空间、文化街区、艺术园区等人文空间规划设计品质

发布时间	发布单位	文件名称	相关内容
2017年	文化部	关于推动数字文化产业创新发展的指导意见	优化数字文化产业供给结构，提升数字文化产业文化内涵、技术水平和产品质量；依托文化文物单位馆藏文化资源开发数字文化产品，提高博物馆、图书馆、美术馆、文化馆等文化场馆的数字化智能化水平，创新交互体验应用，带动公共文化资源和数字技术融合发展
2018年	国家统计局	战略性新兴产业分类（2018）	明确将数字创意产业纳入战略性新兴产业。数字创意产业包括四大部分：数字创意技术设备制造、数字文化创意活动、设计服务以及数字创意与融合服务
2019年	科技部、中央宣传部、中央网信办、财政部、文化和旅游部、广播电视总局	关于促进文化和科技深度融合的指导意见	到2025年，基本形成覆盖重点领域和关键环节的文化和科技融合创新体系，实现文化和科技深度融合。并从加强文化共性关键技术研发、加强文化大数据体系建设、促进内容生产和传播手段现代化等八个方面提出文化和科技深度融合的重点任务
2020年	文化和旅游部	关于推动数字文化产业高质量发展的意见	支持文化文物单位与融媒体平台、数字文化企业合作，运用5G、VR/AR、人工智能、多媒体等数字技术开发馆藏资源，发展“互联网+展陈”新模式，打造一批博物馆、美术馆数字化展示示范项目，开展虚拟讲解、艺术普及和交互体验等数字化服务，提升美育的普及性、便捷性。支持展品数字化采集、图像呈现、信息共享、按需传播、智慧服务等云展览共性、关键技术研究与应用

续 表

发布时间	发布单位	文件名称	相关内容
2020年	中央文化体制改革和发展工作领导小组	关于做好国家文化大数据体系建设工作通知	以旅游景区、游乐园、城市广场等为目标，建设具有一定空间规模的文化体验园，把地域文化、红色文化从博物馆和纪念馆“活化”到文化体验园，促进文化和旅游深度融合；以城市购物中心、中小学幼儿园、公共文化机构、城市社区等为目标，建设技术含量高、传播力强的文化体验馆，使其成为爱国主义教育、文化传承传播、大众学习鉴赏的重要场所，推动红色文化、传统文化进社区、进校园、进商场
2020年	国家发改委、科技部、工信部、财政部	关于扩大战略性新兴产业投资培育壮大新增长点增长极的指导意见	鼓励数字创意产业与生产制造、文化教育、旅游体育、健康医疗与养老、智慧农业等领域融合发展，激发市场消费活力。建设一批数字创意产业集群，加强数字内容供给和技术装备研发平台，打造高水平直播和短视频基地、一流电竞中心、高沉浸式产品体验展示中心，提供VR旅游、AR营销、数字文博馆、创意设计、智慧广电、智能体育等多元化消费体验

资料来源：https://www.chnci.com/。

（二）政策特点

数字创意产业自2016年被中国政府纳入战略性新兴产业以来，得到了广泛的政策支持和重视。这一产业将现代信息技术与文化创意产业融合，强调利用CG等数字技术进行数字内容开发、视觉设计和创意服务。产业特征上，不仅包括软硬件产品，还涵盖文化内容和创意服务，涉及医疗、展览展示、地理信息、公共管理等多个领域。政策性文件如《“十三五”国家战略新兴产业发展规划》和《战略性新兴产业分类（2018）》等明确提出，推动文化科技深度融合，促进产业相互渗透。

政府对数字创意产业的发展目标和策略清晰明确。政策鼓励产业与其他领域如生产制造、文化教育、旅游体育等的融合发展，加强数字内容供给和技术装备研发。技术创新方面，政策强调利用5G、VR/AR、人工智能等数字技术开发文化产品，提升数字化服务水平，并鼓励数字技术与传统文化的融合。此外，多个政府部门联合推动政策实施，反映了跨部门协作和政策的连续性。

二、安徽省数字创意产业政策发展动态

（一）政策要点

近年来，安徽省各地区积极响应省委和省政府的部署，全力推进数字创意产业的发展。这一政策方向注重实际操作，围绕问题导向和目标导向进行项目谋划，特别强调“双招双引”，即积极吸引投资和人才，同时着力于品牌培育、平台建设和营商环境的优化，使得数字创意产业在安徽省内取得了很大的进步和突破，达到新的发展高度。

同时，安徽省政府出台了若干政策，大力支持本省的数字创意产业的发展。《安徽省支持数字经济发展若干政策》提出，要实现数字产业化、产业数字化，构建现代化经济体系，支持数字技术创新，支持省内数字经济领域的产学研平台资源整合，提供数字创意设计、研究开发、检验检测、标准信息、成果推广、创业孵化、跨界合作、展览展示、教育培训等一体化服务。《安徽省国民经济和社会发展第十四个五年规划和2035年远景目标纲要》指出，要发展壮大战略性新兴产业，推进数字技术应用，发挥数字技术对内容创作、产品研发、模式创新的深度渗透和核心支撑作用，促进游戏动漫产业健康发展，探索工业设计服务企业新模式，推动数字创意与生产制造、文化教育、旅游会展、生活健康等领域融合渗透。与此同时，安徽省一些城市积极响应号召，制订了符合本市发展的纲要，如合肥市制订了《合肥市“十四五”数字合肥发展规划》，指出合肥市将建成领先的数字科

技创新先行区，打造有优势的数字经济产业集聚区，成为标杆性的数据资源应用示范区；打造集成电路、新型显示、人工智能、智能网联汽车、智能终端等具有全国影响力的数字产业集群，培育信创、数字医疗、智慧物流、量子信息、数字创意等新兴数字产业。

（二）政策特点

安徽省的数字创意产业政策显著特点是各地区全面推进，并且紧密结合省委省政府的高层部署。这种自上而下的政策实施模式确保了从省级到地方各级政府的政策连续性和一致性，为数字创意产业提供了强有力的政策支持和指导。政策在强调问题导向的同时，也紧扣行业发展的长期目标和战略方向，通过解决行业痛点和挑战来进一步推动产业的可持续发展。在推进数字创意产业发展的过程中，安徽省政府采取了“双招双引”策略，即积极招商引资和引进人才、致力于聚集高质量的资源和能力，加速产业发展。此外，特别强调品牌培育和平台建设的重要性。通过构建强有力的品牌和产业平台，提升整个产业的影响力和竞争力。地方特色和差异化发展也是安徽省政策的显著特点，例如六安市、马鞍山市、铜陵市各自根据地方实际情况制订和执行差异化的发展策略，这种基于地方实际的策略有助于充分挖掘和利用各地区的特色与优势，推动更为高效和有针对性的产业发展。

在营商环境的优化方面，安徽省着力于打造适合企业投资和运营的良好环境，通过提供优质的服务和支持，吸引更多企业加入数字创意产业中，为产业的全面发展提供坚实基础。政策的实效性和可持续性也是安徽省特别重视的方面。通过定期的政策评估和调整，确保政策能够及时响应市场和行业变化，同时保持产业发展的活力。这种注重实效和可持续发展的理念，体现了安徽省对数字创意产业长远发展的深远考量与战略布局。

第三节　中国数字创意产业发展态势

下面从企业分布、资本市场、知识产权三个方面研究2015—2023年中国数字创意产业发展态势，并进一步分析安徽相关产业发展态势，产业数据均从IDDRP产业数字化投研平台获取。

一、企业分布

（一）产业发展趋势

作为中国战略性新兴产业的重要组成部分，数字创意产业显著推动了国家经济与社会的发展。根据文化产业相关数据，2019年，中国规模以上的文化及相关产业实现营业收入高达86624亿元，同比2018年增长7.0%，这一增速略高于同期的装备制造业。这一数据反映出相关产业不仅保持了平稳而迅速的增长，而且产业结构持续得到优化。在各细分行业中，2019年内容创作与生产、文化消费终端生产行业的营业收入均超过1.6万亿元，成为行业发展的领军领域；同时，新闻信息服务、创意设计服务和文化投资运营行业的增长率均超过10%，成为推动产业发展的关键增长点。在“十三五”规划期间，得益于一系列重要政策的扶持，中国数字创意产业实现了多项重大发展成就。

随着数字技术如虚拟现实（VR）、人工智能（AI）、5G、超高清（4K/8K）、全息成像及感知交互等的迅猛发展，数字文化创意技术装备正向更高分辨率、更优交互体验、更丰富的媒体形式以及更深的沉浸感体验方向革新。在超高清显示技术领域，中国正在形成智能超高清技术、产品、服务及应用的协调发展格局，这一动态促进了数字经济的大规模发展与快速扩张。到2019年，中国的先进面板产线（10.5/11代）已经量产，占据全球产能的53%。在超高清视频编解码技术和标准方面，中国处于全球领先地位，具备AVS3标准芯片的设计与制造能力，支持8K分辨率及120 Hz刷新率。此外，超高清AI芯片已成功研制并广泛应用于播放器。4K产业链逐渐成形，4K电视普及，央视春晚与国家庆典等大型活动均已实现4K直播。

在虚拟现实与增强现实技术装备领域，产业发展正从整机代工向核心元器件研发转变，着重强化网络架构、三维建模和高性能算法等关键技术，以推动软件研发的进一步提升。数字内容供应日渐丰富，产业链持续向下游扩展。同时，VR/AR与AI、5G及4K/8K等技术的融合创新，正催生新的产品、技术和业务模式。

与此同时，随着数字技术的进步与政策的扶持，数字创意文化下的数字内容产业也呈现出旺盛的发展势头，成为推动文化振兴和实施文化强国战略的关键产业，对中国数字经济的发展贡献显著。2018年，中国数字出版产业的总收入达到8330.8亿元，同比增长17.8%。传统出版业的数字化转型因此更加深入，数字出版在多个领域持续展现出稳健的增长。人工智能技术在内容生产中的应用，开创了新的数字内容生产模式。得益于互联网和AI等先进技术的驱动，知识服务行业迅速发展，提供了高质量的知识内容和卓越的服务体验，彻底改变了传统的知识生产与消费模式。

在数字内容的国际扩展方面，截至2018年底，中国已经成为全球互联网文化娱乐领域的第二大市场和网络游戏领域的全球领头羊。作为网络文学创作的大国，中国向全球输出的网络文学作品数量超过了11000部。此外，直播和短视频平台不仅在国内市场取得成功，还进行了全球化布局，成功进入多个国家或地区的市场，不仅产生了新的内容生产与创作的群体，也催生了新的就业机会和服务模式。

目前，中国创新设计产业的区域集聚与辐射格局已基本成形。联合国教科文组织授予多个中国城市如深圳、上海、北京、武汉、杭州、苏州、景德镇、青岛、长沙等“设计之都”“手工艺与民间艺术之都”“电影之都”及“媒体艺术之都”等荣誉称号，彰显了这些城市在全球文化创意领域的显著地位和影响力。2019年10月，首届中国(杭州)国际智能产品博览会的成功举办，不仅展示了数字经济和人工智能技术的最新成果转化，还体现了技术融合的动力与广泛应用的进展。在企业创新设计方面，中国的重点企业已展现出国际竞争力，积极推动全球设计创新。中国创新设计产业战略联盟的成立，通过整合产学研界及媒体金融等多方面的力量和资源，已构建成一个多元化的技术与服务平台。这一平台不仅为提升国家整体的创新设计能力奠定了坚实的基础，还对实施创新驱动发展战略起到了关键性的支撑作用。

(二)产业地图

安徽省各个城市当中，合肥市在多个指标上数值最高，尤其是在媒体、影视工业、视频文创、创意文化、网络文化、创意与工业设计以及文化旅游方面，显示合肥市在安徽省内在这些领域的领先地位。特别是网络文化和创意与工业设计两个指标的数值显著高于其他城市。亳州市、六安市、安庆市、宣城市等城市相比于合肥、芜湖等城市而言相对较低，但各有所长。例如，亳州市和六安市在休闲设备与用品方面的数值具有竞争力。剩下的产业链，例如文化旅游产业链或者创意文化产业链，安徽省大多数城市都表现较好，反映了安徽省丰富的文化资源和创意产业的活跃发展。

(三)资质企业分布

通过对安徽省各城市在游戏、新媒体、影视工业、视频文创、创意文化、网络文化、创意与工业设计、文化旅游、休闲设备与用品等多个文化与创意产业指标的分析，笔者筛选出了在多数指标上表现突出的城市，作为拥有优质企业的城市。这些城市分别为合肥市、芜湖市、阜阳市，它们在上述指标上的表现超过了设定的阈值，即各指标平均值的75%以上。

合肥市在多个指标上表现尤为突出，例如在媒体领域的数值较高，影视工业的数值突出，显示了其在文化与创意产业方面的领先地位。芜湖市和阜阳市也展现出了良好的发展势头，尤其是在创意文化和文化旅游领域的表现，分别表现出较高的数值。

这三个城市的综合分析表明，安徽省在推动文化与创意产业发展方面已取得显著成效，尤其是在合肥市、芜湖市和阜阳市，这些城市已成为安徽省文化与创意产业的重要支柱。这些城市内的优质企业不仅推动了地方经济的发展，也为文化创新和技术进步提供了重要贡献，显示出安徽省在文化与创意产业发展方面的广阔潜力和光明前景。

二、资本市场

（一）二级市场

1.游戏产业链

从IDDRP获得的数据来看，2015—2022年，全国产品线营业收入每年俱增，其中2017—2018年与2019—2020年的营业收入涨幅最大，分别达到了3076亿元和3013亿元。但是数据显示近年来每年的营业收入稳定在19000亿元左右，波动幅度不大。与之相对应的是，除了2015—2016年全国产品线营业收入增速大幅度下降外，后续几年均保持着高速增长，涨幅一度突破28%，在2020年后开始逐步放缓，增幅跌至1.56%。参见图3-5。

从毛利润增长趋势的视角来看，游戏产业链2015—2019年全国产品线毛利润稳步上升，在2019年达到近几年的峰值2532亿元，但是在接下来3年有着断崖式的下降，2020—2022年停滞在1180亿元附近。与之相对应的是，游戏产业链全国产品线毛利润增速有着3个时段的增长，分别为2015—2016年、2017—2019年以及2020—2021年，增速最大值为54.59%。

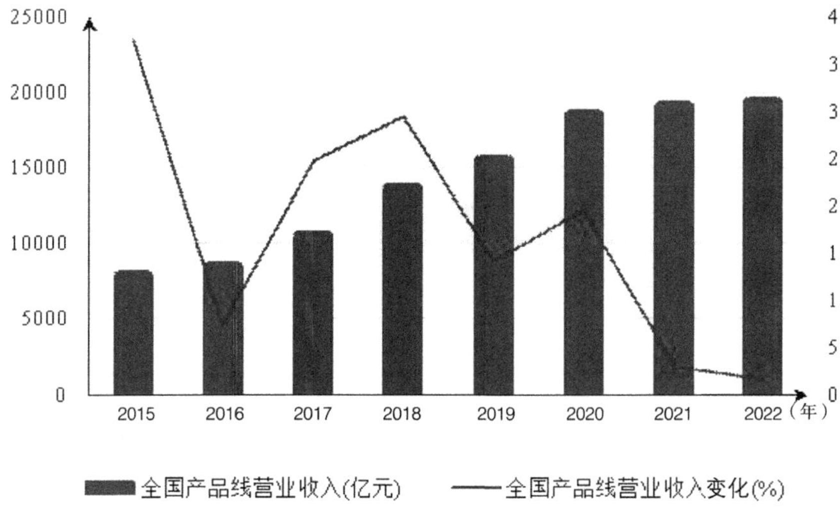

图3-5　2015—2022年中国游戏产业链二级市场

2.媒体产业链

从IDDRP获得的数据来看，全国产品线营业收入在2015—2021年与年俱增，2021—2022年有一定幅度的下降。其中2017—2018年与2020—2021年的营业收入涨幅大。数据显示，近5年来全国产品营业线收入整体趋于稳定，每年的营业收入稳定在30000亿元左右，除去2021年整体变化幅度不大。与之相对应的是，全国产品线营业收入增速在2015—2018年增幅很快，于2018年达到峰值34.68%。2019年之后增幅开始放缓，在2022年跌至低谷，增幅为-10.23%。参见图3-6。

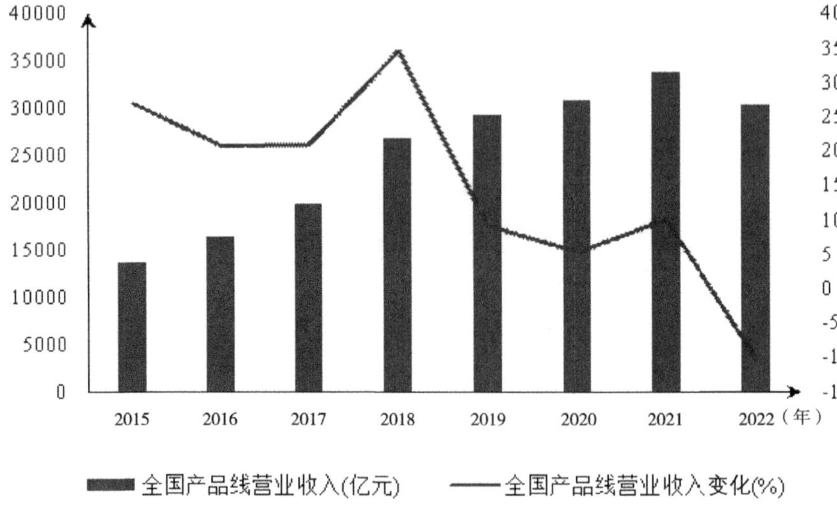

图3-6　2015—2022年中国媒体产业链二级市场

从毛利润增长趋势的视角来看，媒体产业链2015—2019年全国产品线毛利润稳步上升，在2019年达到近几年的峰值3135.23亿元，但是在接下来3年有着断崖式的下降，2020—2022年停滞在1700亿元附近。与之相对应的是，媒体产业链全国产品线毛利润增速有着2个时段的增长，分别为2015—2016年和2020—2021年，增速最大值为60.33%，其余时间均为负增长。

3.影视工业产业链

从IDDRP获得的数据来看，全国产品线营业收入在2015—2018年每年递增，2018—2020年有一定幅度的下降，2021年略微上升，近3年总体来说变化幅度不大。其中，2017—2018年的营业收入涨幅最大，达到了1392亿元。与之相对应的是，全国产品线营业收入增速在2015—2018年增幅很快，更是在2018年达到峰值32.89%，但是紧接着2019年便有了一个大幅度的下滑，增速跌至-5.62%，近年来全国产品营业收入增速大多数的时候处于负增速状态。参见图3-7。

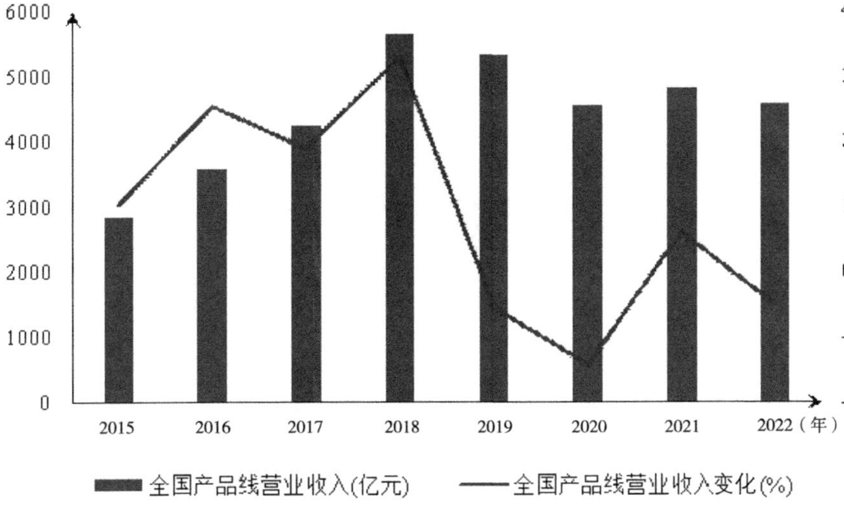

图3-7　2015—2022年中国影视工业产业链二级市场

从毛利润增长趋势的视角来看，影视工业产业链2015—2017年全国产品线毛利润稳步上升，在2017年达到近几年的峰值617.81亿元，但是在接下来几年中逐渐下降，2020年影视工业产业链全国产品线毛利润仅有203.17亿元。影视工业产业链全国产品线毛利润增速仅有1个时段的增长，为2020—2021年，增速值为97.39%，其余时间均为负增长。

4.视频文创产业链

从IDDRP获得的数据来看，全国产品线营业收入在2015—2021年节节攀升，在2022年有一定幅度的下降，总体呈现上升趋势。其中，2017—2018年和2020—2021年的全国营业收入涨幅最大，分别达到了4848亿元和3365亿元。与之相对应的是，全国产品线营业收入增速在2015—2018年各年都有着较高的增速，基本上高于25%，更是在2018年达到峰值39.07%，在2019—2020年经历了大幅度的下滑，增速锐减至2.11%，2021年随着全国产品线营业收入的增加，其增速也回涨至17.74%，但在2022年暴跌至-11.35%。

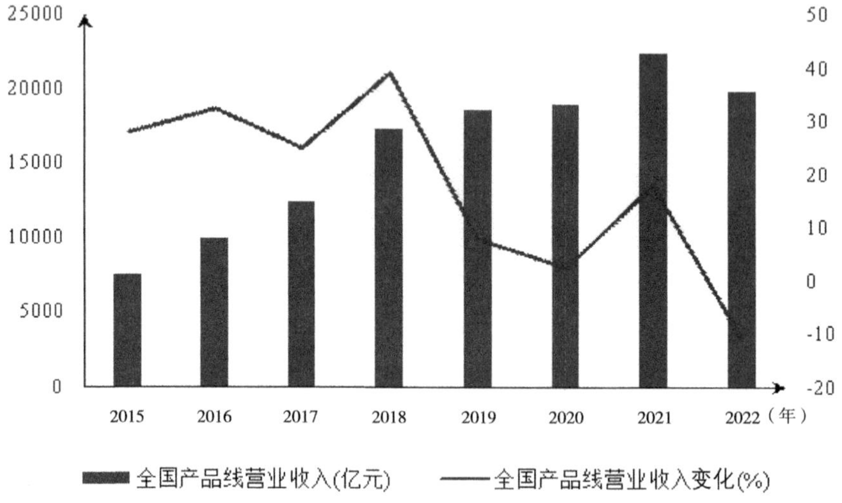

图3-8　2015—2022年中国视频文创产业链二级市场

从毛利润增长趋势的视角来看，视频文创产业链2015—2018年全国产品线毛利润稳步上升，在2018年达到近几年的峰值1275.31亿元，但是在接下来几年收入逐渐放缓，2020—2022年维系在900亿元附近。与之相对应的是，视频文创产业链全国产品线毛利润增速仅有1个时段的增长，为2020—2021年，增速值为42.71%。

5.创意文化产业链

从IDDRP获得的数据来看，全国产品线营业收入在2015—2021年每年递增，2021—2022年有一定幅度的下降。其中2017—2018年与2020—2021年的营业收入涨幅最大，分别达到了4184亿元和3441亿元。数据显示，近5年来全国产品营业线收入整体趋于稳定，除去2021年，每年的全国产品线营业收入稳定在18500亿元左右，整体变化幅度不大。与之相对应的是，全国产品线营业收入增速在2015—2021年保持着增长状态，特别是2015—2018年，每年都保持在24%以上的增长幅度，虽然2019—2020年经历了大幅度下降，但是增速也保持为正数，并在2021年重新回升至18.75%。2022年随着全国产品线营业收入的下降，增幅骤降至-10.39%。

参见图3-9。

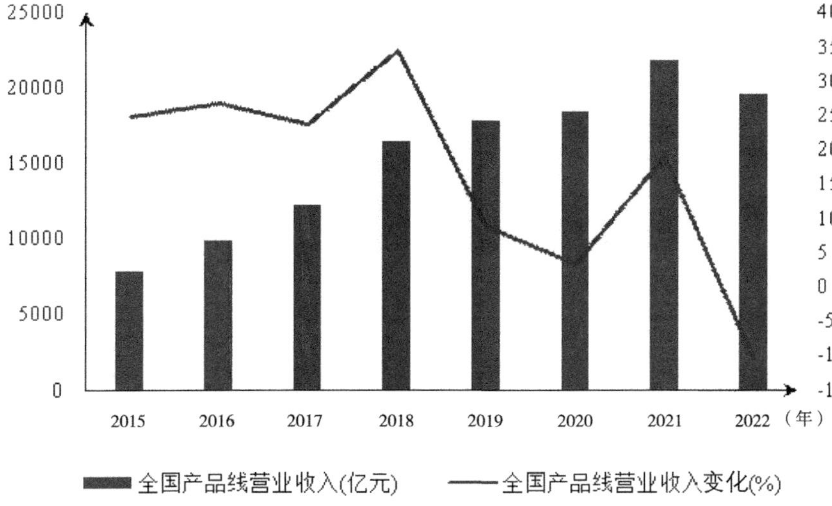

图3-9　2015—2022年中国创意文化产业链二级市场

从毛利润增长趋势的视角来看，创意文化产业链2015—2018年全国产品线毛利润稳步上升，在2018年达到近几年的峰值1550.9亿元，但是在接下来4年中有着小幅度的下降，2020—2022年全国产品线毛利润在1400亿元附近。与之相对应的是，创意文化产业链全国产品线毛利润增速仅有1个时段的增长，为2020—2021年，增速值为29.01%。

6.网络文化产业链

从IDDRP获得的数据来看，全国产品线营业收入在2015—2021年每年递增，2021—2022年有一定幅度的下降。其中2017—2018年与2020—2021年的营业收入涨幅最大，分别达到了3175亿元和3495亿元。数据显示，2015—2021年来全国产品线营业收入都是高速增长，每年的营业收入相较于上年基本上都至少高于1000亿元，随着年份的增长这种变化幅度也越来越大。与之相对应的是，全国产品线营业收入增速在2015—2018年增幅很快，每一年的增速都保持在30%以上，于2018年达到峰值39.53%。2019年之后增幅开始放缓，但每一年还是保持在两位数的增速。

在2022年有一个较大的滑落，增速仅为-4.22%。参见图3-10。

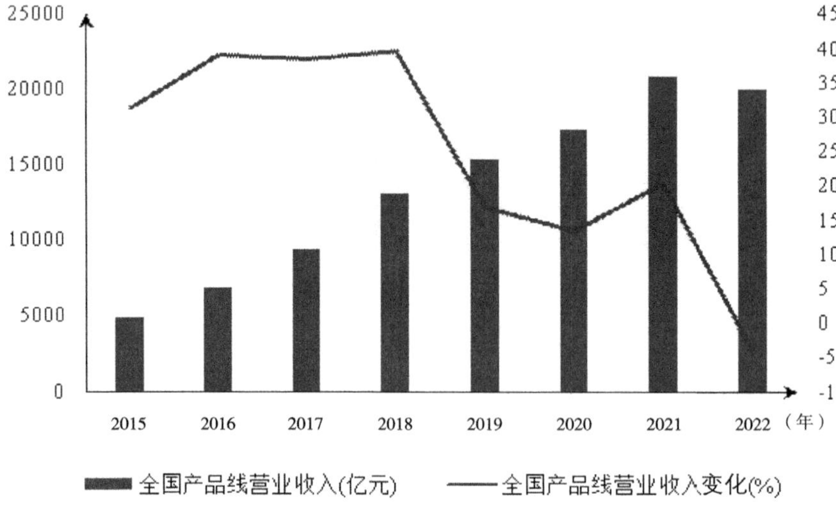

图3-10　2015—2022年中国网络文化产业链二级市场

从毛利润增长趋势的视角来看，网络文化产业链2015—2019年全国产品线毛利润稳步上升，在2019年达到近年的峰值834.86亿元，在接下来3年有着小幅度的波动，2020—2022年徘徊在800亿元附近。与之相对应的是，网络文化产业链全国产品线毛利润增速仅有1个时段的增长，为2020—2021年，增速值为8.45%。

7.创意与工业设计产业链

从IDDRP获得的数据来看，全国产品线营业收入在2015—2019年每年俱增，2020—2022年有一定幅度的下降。其中2015—2016年与2017—2018年的营业收入涨幅最大，分别达到了210亿元和249亿元。数据显示，近5年来全国产品营业线收入整体趋于稳定，每年的营业收入稳定在1660亿元左右，除去2022年整体变化幅度不大。与之相对应的是，全国产品线营业收入增速在2015—2016年和2018—2019年增速较快，基本保持在两位数。从2020年开始全国产品线营业收入增速放缓，在2022年跌至低谷，增速为-18.86%。参见图3-11。

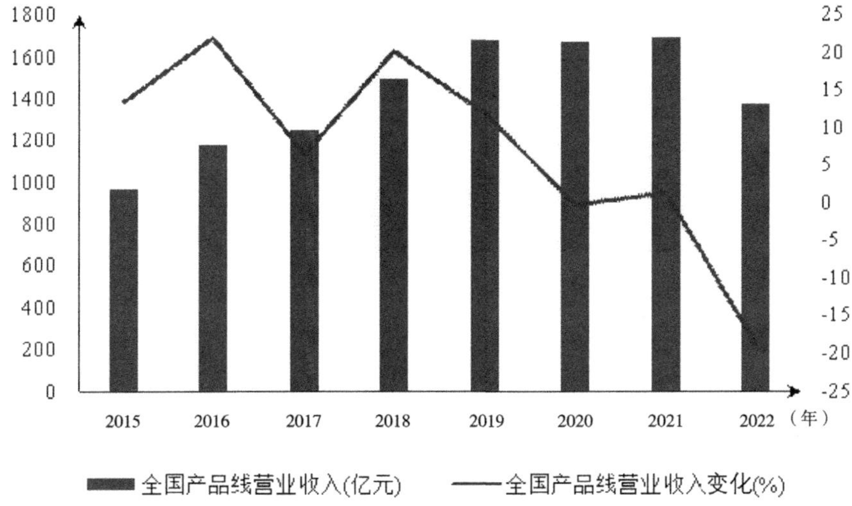

图3-11　2015—2022年中国创意与工业设计产业链二级市场

从毛利润增长趋势的视角来看，创意与工业设计产业链2015—2019年全国产品线毛利润稳步上升，在2019年达到近几年的峰值466.24亿元，在接下来2年有着小幅度的波动，2020—2021年徘徊在340亿元附近，但在2022年大幅度下降，其毛利润仅有166.88亿元。与之相对应的是，创意与工业设计产业链产品线毛利润增速有2个时段的增长，分别为2018—2019年和2020—2021年，增速最大值为27.22%。

8.文化和旅游产业链

从IDDRP获得的数据来看，全国产品线营业收入在2015—2019年每年俱增，2020—2022年受疫情的影响，经历了大幅度地下降。其中，2015—2016年与2017—2018年的营业收入涨幅最大，分别达到了1667亿元和1469亿元。数据显示，2015—2019年来全国产品线营业收入每年增幅趋于稳定，每年新增营业收入在1500亿元左右。2019年年底开始，文化和旅游行业遭受重创，2020—2022年文化和旅游产业链全国营业收入直接腰斩。与之相对应的是，全国产品线营业收入增速在2015—2019年都保持着增长状态，除了2019年外，其余每年都保持在24%以上的增速，

2020年由于疫情防控等原因，增速暴跌至-9.38%，得益于中国的疫情防控优秀成果，2021年其增速恢复至18.68%，但随着2022年第二轮疫情的暴发，旅游产业的营业收入增速又下跌至-7.97%。参见图3-12。

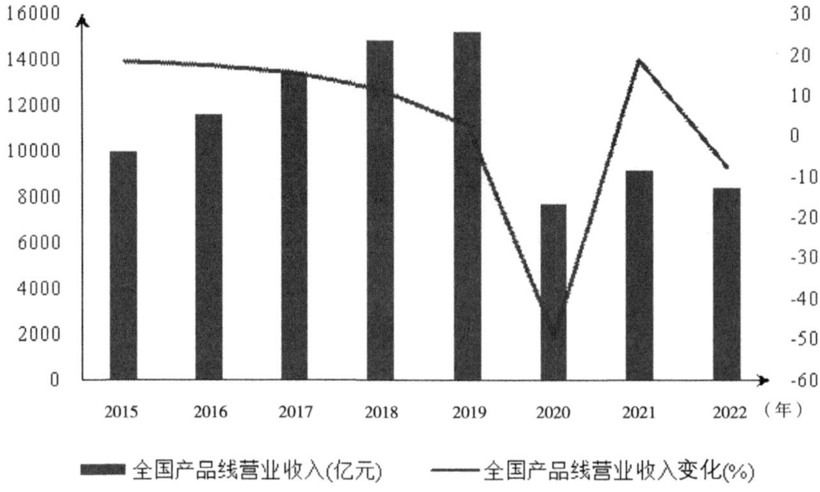

图3-12　2015—2022年中国文化和旅游产业链二级市场

从毛利润增长趋势的视角来看，文化和旅游产业链2015—2017年全国产品线毛利润稳步上升，在2017年达到近几年的峰值2346.28亿元，在接下来几年有着小幅度的波动，2018—2019年徘徊在2100亿元附近，2019年末—2022年文化和旅游产业遭受了重创，收入断崖式下降，仅仅维持在1000亿元附近徘徊。与之相对应的是，文化和旅游产业链全国产品线毛利润增速仅有1个时段的增长，为2020—2021年，增速值为50.27%。

9.休闲设备与用品产业链

从IDDRP获得的数据来看，全国产品线营业收入在2015—2017年呈现出上升的趋势，2018—2020年变化幅度不大，2021—2022年有一定幅度的上升，总体来看走势稳中向好。其中2016—2017年与2020—2021年的营业收入涨幅最大，分别达到了17845亿元和31909亿元。与之相对应的是，全国产品线营业收入增速在2016—2018年、2021年很快，每一年的增速都保持在两位数水平之上，在2021年达到峰值34.07 %。2022年的增速开始放缓，受限于全国产品线营业收入的下降，其增速仅为-5.58%。参见图3-13。

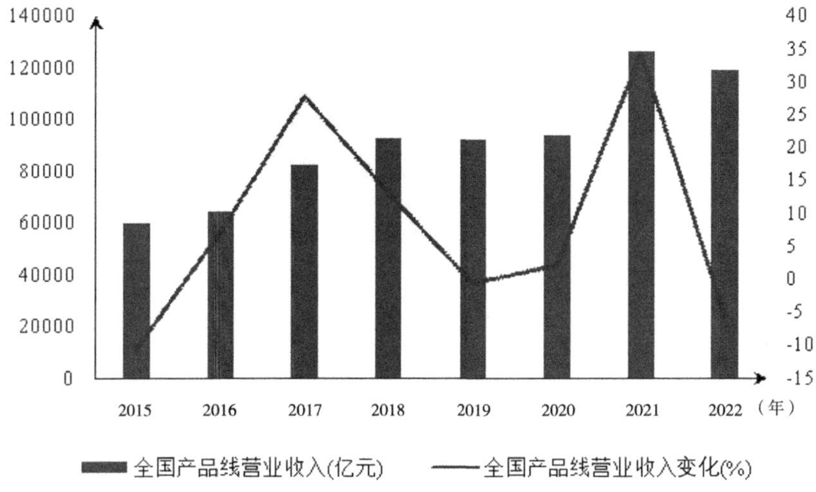

图3-13　2015—2022年中国休闲设备与用品产业链二级市场

从毛利润增长趋势的视角来看，休闲设备与用品产业链2015—2018年全国产品线毛利润稳步上升，在2021年达到近几年的峰值14648.03亿元。与之相对应的是，休闲设备与用品产业链全国产品线毛利润增速有着3个时期的增长，分别为2015—2016年、2019—2020年以及2020—2021年以来，增速最大值为77.94%。

（二）一级市场

1.游戏产业链

从IDDRP获得的数据来看，游戏产业链的融资次数在2015—2021年基本上处于稳步增长，并在2021年达到了顶峰，融资次数为154次。相比之下，2022—2024年游戏产业链的融资次数下降幅度较大。参见图3-14。

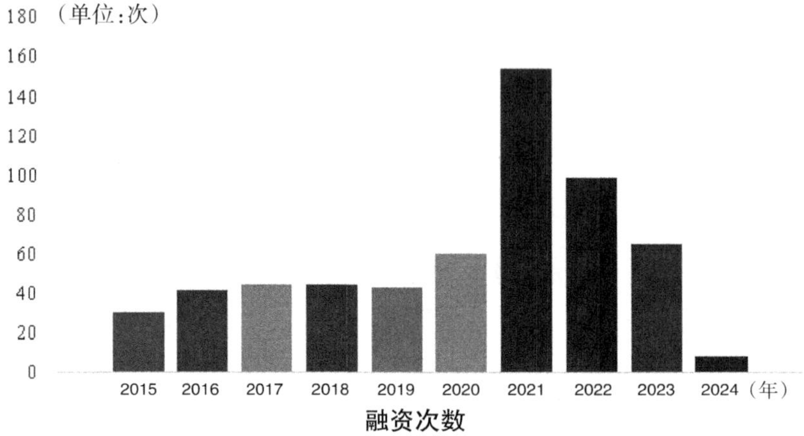

图3-14　2015—2024年中国游戏产业链一级市场

2.媒体产业链

从IDDRP获得的数据来看，媒体产业链的融资次数在2015—2020年基本上处于稳步增长，在2021年突然暴增达到了顶峰，融资次数为1071次。相比之下，2022—2024年媒体产业链的融资次数下降幅度较大。参见图-15。

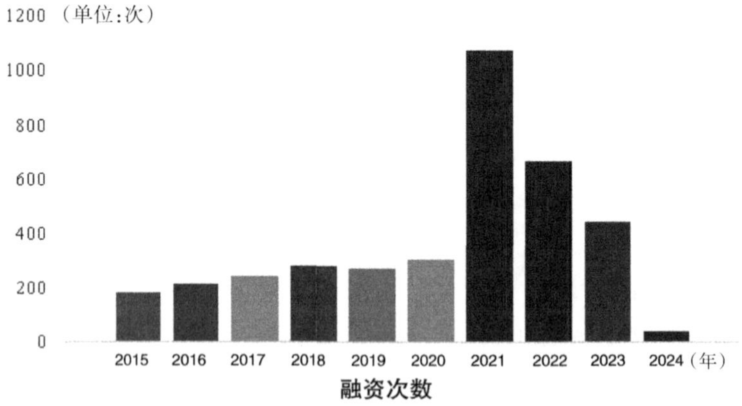

图3-15　2015-2024年中国媒体产业链一级市场

3.影视工业产业链

从IDDRP获得的数据来看，影视工业产业链的融资次数在2015—2020年基本上处于稳步增长，全年融资次数大部分情况下稳定在60次上下波动。在2021年大幅度上升达到了顶峰，融资次数为178次。相比之下，2022—2024年影视工业产业链的融资次数下降幅度较大。参见图3-16。

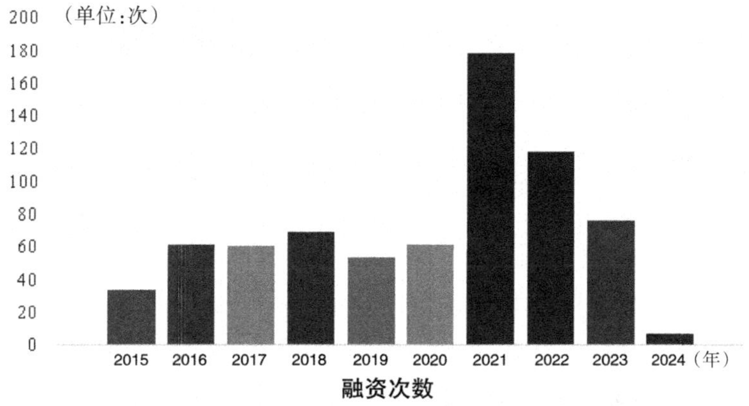

图3-16　2015—2024年中国影视工业产业链一级市场

4.视频文创产业链

从IDDRP获得的数据来看，视频文创产业链的融资次数在2015—2020年基本上处于稳步增长，2021年达到了峰值，融资次数为1113次。相比之下，2022—2024年视频文创产业链的融资次数下降幅度较大。参见图3-17。

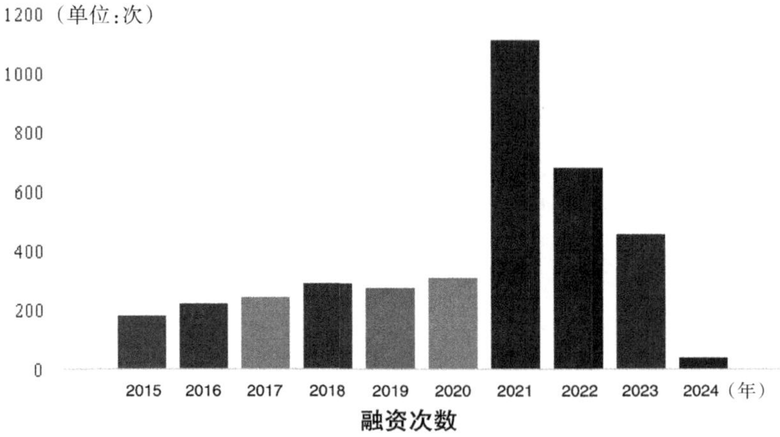

图3-17　2015—2024年中国视频文创产业链一级市场

5.创意文化产业链

从IDDRP获得的数据来看，创意文化产业链的融资次数在2015—2020年基本上处于稳步增长，2021年达到了峰值，融资次数为921次。相比之下，2022—2024年创意文化产业链的融资次数下降幅度较大。参见图3-18。

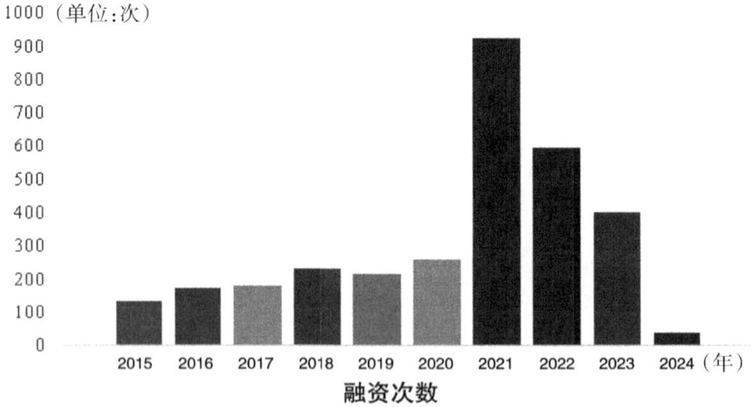

图3-18　2015—2024年中国创意文化产业链一级市场

6. 网络文化产业链

从IDDRP获得的数据来看，网络文化产业链的融资次数在2015—2018年基本上处于稳定水平，2019—2020年有着小幅度的下降，2021年达到了峰值，融资次数为155次。相比之下，2022—2024年网络文化产业链的融资次数下降幅度较大。参见图3-19。

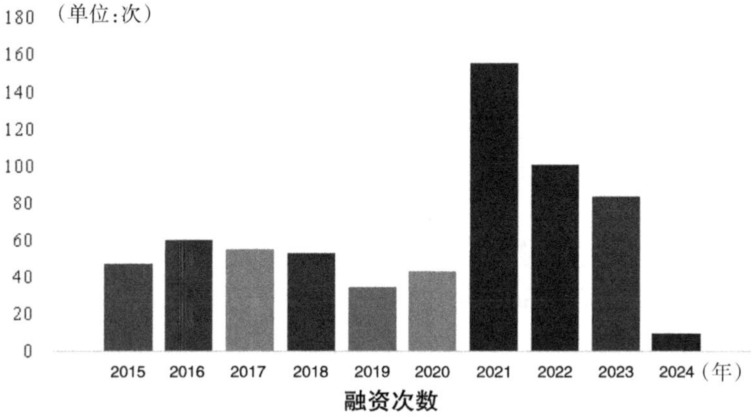

图3-19　2015—2024年中国网络文化产业链一级市场

7. 创意与工业设计产业链

从IDDRP获得的数据来看，创意与工业设计产业链的融资次数在2015—2020年基本上处于稳定水平，变化幅度不大，2021年达到了峰值，融资次数为275次。相比之下，2022—2024年创意与工业设计产业链的融资次数下降幅度较大。参见图3-20。

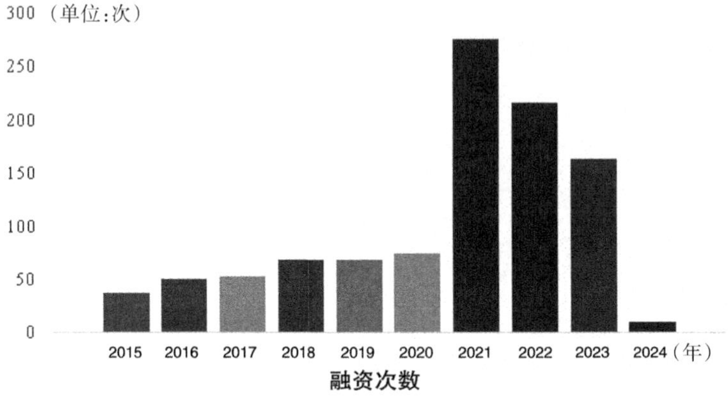

图3-20　2015—2024年中国创意与工业设计产业链一级市场

8.文化和旅游产业链

从IDDRP获得的数据来看,文化和旅游产业链的融资次数在2015—2020年基本上处于稳定水平,变化幅度不大,处于较低水平。2021年达到了峰值,融资次数为333次。相比之下,2022—2024年文化和旅游产业链的融资次数下降幅度较大。参见图3-21。

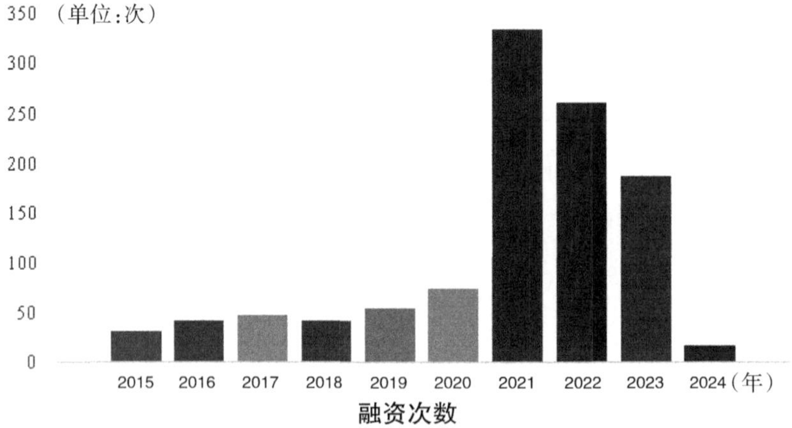

图3-21　2015—2024年中国文化旅游产业链一级市场

9.休闲设备与用品产业链

从IDDRP获得的数据来看,休闲设备与用品产业链的融资次数在

2015—2020年基本上处于稳定水平，变化幅度不大。2021年达到了峰值，融资次数为403次。相比之下，2022—2024年休闲设备与用品产业链的融资次数有着小幅度下降。参见图3-22。

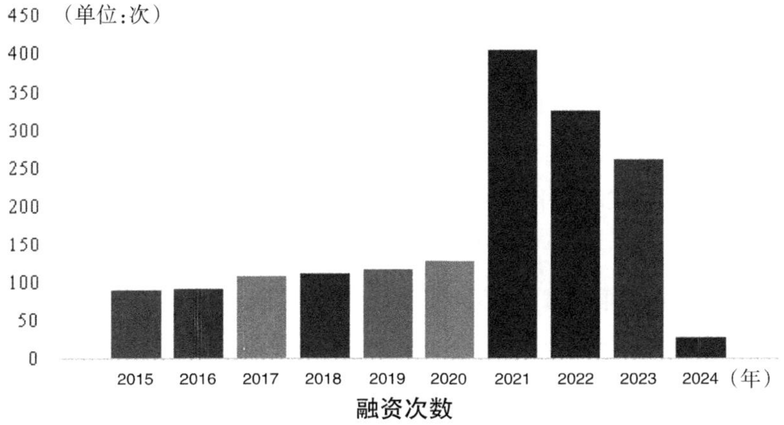

图3-22　2015—2024年中国休闲设备与用品产业链一级市场

三、知识产权

1.游戏产业链

根据IDDRP获得数据来看，2023年2月—2024年1月，游戏产业链的知识产权数有着较大幅度的变化。首先，发明专利数在2023年10月达到了峰值9389，2024年1月出现了最低值540，专利类型大多为实用新型；其次，商标数在2023年6月出现了峰值2177，2024年1月出现了最低值0；再次，作品著作权在2023年6月达到了峰值2379，在2024年1月出现了最低值0；最后，软件著作权在2023年3月达到了峰值2301，在2024年1月出现了最低值14。

2.媒体产业链

根据IDDRP获得的数据来看，2023年2月—2024年1月，媒体产业链的知识产权数有着较大幅度的变化。首先，发明专利数在2023年10月出现了峰值15326，2024年1月出现了最低值853，专利类型大多为实用新型;其次,商标数在2023年11月出现了峰值37297,2024年1月出现了最低值0;再次,作品著作权在2023年6月出现了峰值16285,在2024年1月出现了最低值0;最后,软件著作权在2023年5月出现了峰值49361,在2024年1月出现了最低值3852。

3.影视工业产业链

从IDDRP获得的数据来看,2023年2月—2024年1月,影视工业产业链的知识产权数有着较大幅度的变化。首先,发明专利数在2023年10月出现了峰值5299,2024年1月出现了最低值320,专利类型大多为实用新型;其次,商标数在2023年6月出现了峰值6528,2024年1月出现了最低值0;再次,作品著作权在2023年6月出现了峰值2797,在2024年1月出现了最低值0;最后,软件著作权在2023年3月出现了峰值19034,在2024年1月出现了最低值3785。

4.视频文创产业链

从IDDRP获得的数据来看,2023年2月至2024年1月间,视频文创产业链的知识产权数有着较大幅度的变化。首先,发明专利数在2023年10月出现了峰值9876,2024年1月出现了最低值547,专利类型大多为实用新型;其次,商标数在2023年11月出现了峰值37489,2024年1月出现了最低值0;再次,作品著作权在2023年6月出现了峰值17515,在2024年1月出现了最低值0;最后,软件著作权在2023年5月出现了峰值49440,在2024年1月出现了最低值3870。

5.创意文化产业链

从IDDRP获得的数据来看,2023年2月—2024年1月,创意文化产业链的知识产权数有着较大幅度的变化。首先,发明专利数在2023年10月出现了峰值10578,2023年2月出现了最低值6078,专利类型大多为实用新型;其次,商标数在2023年11月出现了峰值40453,2024年1月出现了最低值13;再次,作品著作权在2023年6月出现了峰值15879,在2023年5月出现了最低值5295;最后,软件著作权在2023年3月出现了峰值54976,在2024年1月出现了最低值7888。

6.网络文化产业链

从IDDRP获得的数据来看,2023年1月—2024年1月,网络文化产业链的知识产权数有着较大幅度的变化。首先,发明专利数在2023年4月出现了峰值1938,2023年2月出现了最低值745,专利类型大多为实用新型;其次,商标数在2023年11月出现了峰值3665,2024年1月出现了最低值0;再次,作品著作权在2023年1月出现了峰值5128,在2023年5月出现了最低值1591;最后,软件著作权在2023年2月出现了峰值21319,在2024年1月出现了最低值282。

7.创意与工业设计产业链

从IDDRP获得的数据来看,2023年2月—2024年1月,创意与工业设计产业链的知识产权数有着较大幅度的变化。首先,发明专利数在2023年10月出现了峰值9483,2024年1月出现了最低值466,专利类型大多为实用新型;其次,商标数在2023年11月出现了峰值18035,2024年1月出现了最低值0;再次,作品著作权在2023年6月出现了峰值6643,在2024年1月出现了最低值0;最后,软件著作权在2023年3月出现了峰值30424,在2024年1月出现了最低值3829。

8.文化和旅游产业链

从IDDRP获得的数据来看,2023年2月—2024年1月,文化和旅游产业链的知识产权数有着较大幅度的变化。首先,发明专利数在2023年10月出现了峰值2800,2024年1月出现了最低值163,专利类型大多为实用新型;其次,商标数在2023年11月出现了峰值28958,2024年1月出现了最低值0;再次,作品著作权在2023年6月出现了峰值4842,在2024年1月出现了最低值0;最后,软件著作权在2023年11月出现了峰值9923,在2024年1月出现了最低值34。

9.休闲设备与用品产业链

从IDDRP获得的数据来看,2023年1月—2023年12月,休闲设备与用品产业链的知识产权数有着较大幅度的变化。首先,发明专利数在2023年1月出现了峰值31229,2023年2月出现了最低值15858,专利类型大多为实用新型；其次，商标数在2023年11月出现了峰值21392，2023年12月出现了最低值2；再次，作品著作权在2023年6月出现了峰值3624，在2023年5月出现了最低值1215；最后，软件著作权在2023年6月出现了峰值6689，在2023年12月出现了最低值708。

四、数字创意产业发展动态

近年来，中国的数字创意产业展现出显著的增长势头，成为推动经济转型和技术创新的重要力量。中国数字经济总量持续增长，五年年均增长率（CAGR）出现17.77%，其在国内生产总值（GDP）中的占比逐年上升。2019年，中国数字经济总规模出现5.20万亿美元，全球排名第二，仅次于美国。多项利好政策的实施和数字技术的快速更新，为数字创意产业的发展提供了强大动力。2020年，疫情促使数字技术在传统文化产业中得到更广泛应用，以满足人们日益增长的精神需求。据亿欧智库测算，2020年中国数字创意产业总产值达约8万亿元人民币，创历史新高，占国内生产总值的比重约为7.87%。同年，涵盖“数字创意”业务范围的新成立企业数量显著增长，从2019年的14345家飙升至85182家，同比增长近500%。在企业数量上，北京市以140055家企业居全国首位[①]，显示出其在文化创意产业中的领导地位。广东、浙江、山东、上海等地企业集聚效应明显，四川、河北、湖南表现突出，显示出良好的产业基础和发展潜力。

数字创意产业具有轻资产、高收益的特点，加之国家政策支持，吸引了大量资本进入。2020年，该产业投融资总额达1081亿元，投资频次623次，主要集中在数字创意内容生产和数字创意装备制造领域。重要投融资事件包括快手、红杉资本中国基金、金浦投资对Nreal太若科技的投资，字节跳动对掌阅科技的投资等。投融资市场的头部效应明显，北京、上海、广东三地的投融资额超过全国总额的70%。文化创意产业园区是数字创意产业发展的重要载体。当前，中国文化创意产业园区主要呈现政

①https：//zhuanlan. zhihu. com / p / 455605466。

策导向型,其他五种模式(艺术家导向型、开发商主导型、资源利用型、成本节约型、自主升级型)也以政策为前提。中国已初步形成六大文化创意产业聚集区,分别是环渤海、长三角、珠三角、滇海、川陕、中部等区域。这些聚集区各具特色,涉及广播影视、动漫、时装设计等多个领域,形成了完整的文创产业链。

综上,中国数字创意产业在政策支持、技术创新和市场需求的共同推动下,呈现出快速增长的态势;企业数量的增加、投融资活动的活跃、园区模式的多样化和地理分布的广泛性,共同描绘了一个多元化且充满活力的产业发展图景。

第四节　安徽省数字创意产业发展现状

一、企业分布

(一)产业地图

通过分析安徽省不同城市在游戏、媒体、影视工业、视频文创、创意文化、网络文化、创意与工业设计、文化旅游、休闲设备与用品等产业链上的总体形势时,可以发现合肥市显著领先于其他城市,彰显了合肥市在数字创意产业链中具有强大的竞争力和领导地位。作为省会城市,合肥市拥有更好的资源配置、政策支持和产业基础,可以以此为中心辐射带动周围城市发展相关产业链。

按照9个下游产业链来看,可以看出合肥市在所有领域中都展现出了显著的领先优势。合肥市在游戏产业领域的强劲实力和创新能力,以及在媒体产业上的领先地位,凸显了其在媒体资源集聚、传媒公司数量以及媒体创新能力方面的显著优势。此外,合肥市在影视制作、视频内容创作、文化艺术设计创意等方面的高数值,进一步证明了其在这些产业链中的综合实力和领导地位。阜阳市、芜湖市和安庆市等其他城市在特定的产业链上也表现出较强的竞争力和发展潜力。例如,阜阳市和芜湖市在视频文创领域的发展势头令人瞩目,而安庆市在网络文化和创意与工业设计领域也有显著的表现。这些城市在文化旅游和休闲设备与用品产业上的发展,尤其是安庆市在休闲设备与用品产业上的表现,显示了其在体育休闲、户外装备等领域的发展潜力。

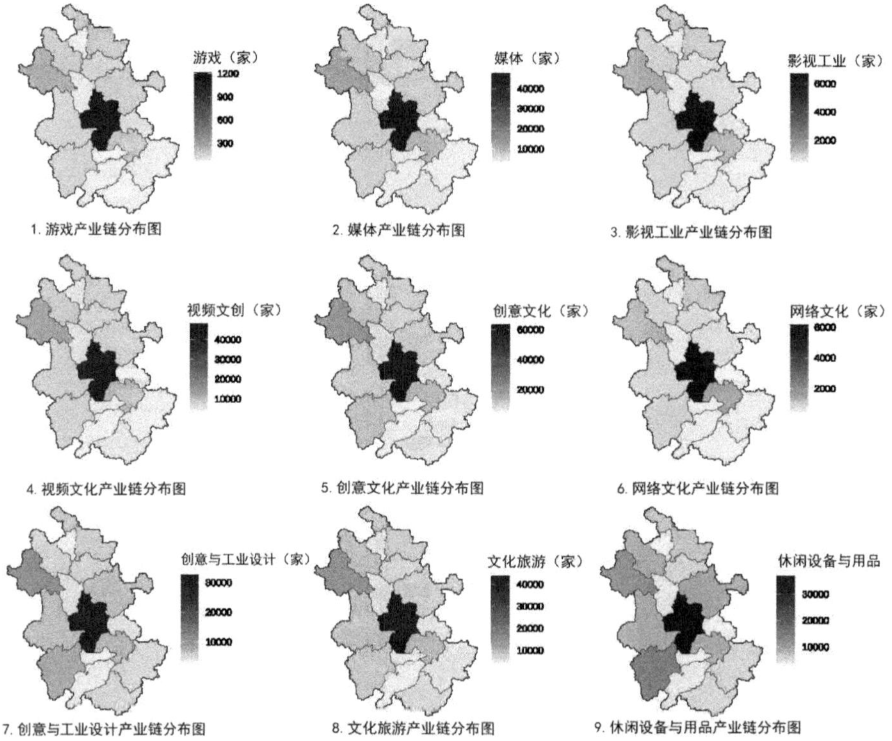

图3-23 安徽省数字创意产业链分布图汇总

综合来看,作为省会的合肥市,其彰显了在安徽省数字创意产业链上的强大实力。同时,其他城市如阜阳市、芜湖市和安庆市等也展现出了不俗的竞争力。对于安徽省而言,促进区域发展、挖掘各城市的特色产业和优势以及促进产业升级和创新,将是推动整个省数字创意发展的关键因素。

(二)产品分布

从安徽省数字创意文化产品分布来看,媒体产业链中的服务出现的频数更高,例如广告服务和广告,二者次数分别为43354次和33691次,后续的八个产业链中相应的服务次数也有所不同,但横向来看,均低于媒体产业链。

(三)时间分布

在安徽省内,合肥市在包括游戏、新媒体、影视工业、视频文创、创意文化、网络文化、创意与工业设计、文化旅游、休闲设备与用品等九大产业中的公司存活率展现出显著的领先地位,体现了合肥市在各个产业领域的强劲发展和业务稳定性,也反映了其作为安徽省经济和文化中心的核心地位。合肥市的这种领先地位得益于其优越的地理位置、发达的交通网络、充沛的人才资源和政府的有力支持,为公司的成立和持续发展提供了肥沃的土壤。

与此同时,亳州市、六安市、安庆市和宣城市等其他城市虽然在总体数字上不及合肥市,但在某些产业领域内展现出了较好的稳定性和成熟度。这些城市的公司存活数据反映出安徽省文化和创意产业的多样性以及地方特色产业的发展潜力。特别是在某些细分市场和产业领域,如文化旅游和休闲设备与用品,这些地区依托自身的历史文化和地理优势,培育出一批稳定发展的企业,对促进地方经济发展和文化传承发挥了重要作用。

对于投资者而言,这些数据提供了宝贵的信息。首先,合肥市的产业聚集效应和公司存活率高,显示了其在投资和创业方面的吸引力。然而,对于寻求多元化投资和开拓新市场的投资者而言,其他城市特定产业的稳定性和成长性同样值得关注。政府在制订支持政策时,应考虑到区域发展的不平衡性，通过优化资源配置和加强产业扶持，促进产业协同发展，进一步提升安徽省整体的经济稳定性和产业竞争力。

总之，安徽省的文化与创意产业发展展现出明显的地区差异和产业特色，合肥市的领先地位凸显了其在支持企业成长和吸引投资方面的优势，而其他城市在特定产业的稳健发展同样具有潜力。

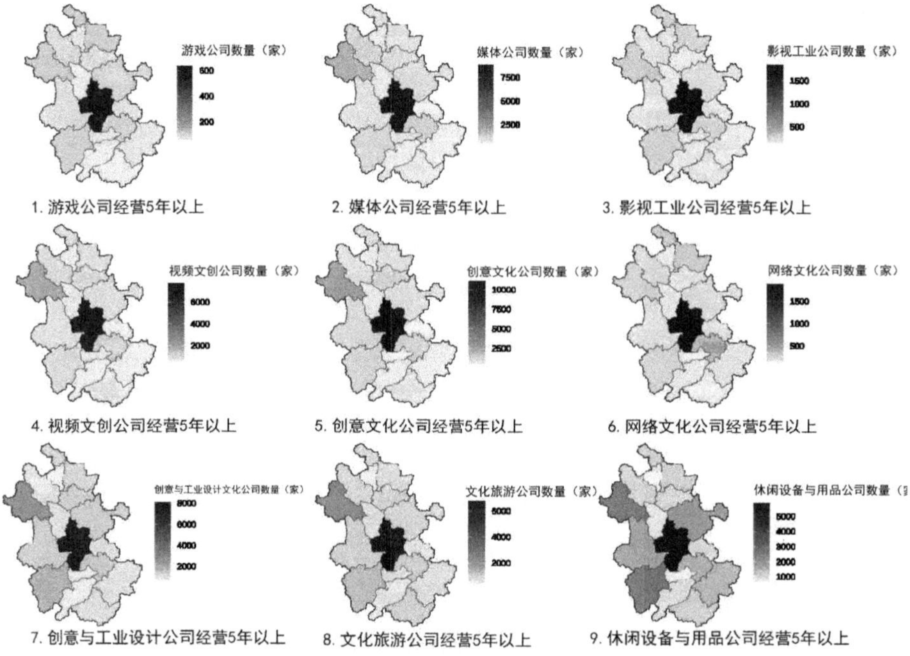

图3-24　安徽省数字创意产业链时间分布图汇总

（四）资本分布

在对安徽省注册资本超过1000万元的相关公司进行综合分析后，可以发现合肥市在游戏、新媒体、影视工业、视频文创、创意文化、网络文化、创意与工业设计、文化旅游、休闲设备与用品等领域的企业规模和资本实力均占据明显优势，体现了合肥市作为省经济中心的综合竞争力，也反映了其在推动产业集聚和技术创新方面的成功。同时，亳州市、六安市、安庆市和宣城市等地在特定产业领域的大型企业数量，虽然总体上不及合肥市，但其在文化旅游和休闲设备与用品行业中的表现突出，显示了这些区域特有的市场优势和发展潜力。这些发现为地方政府在制订针对性政策、优化产业结构和促进区域经济均衡发展提供了重要依据。

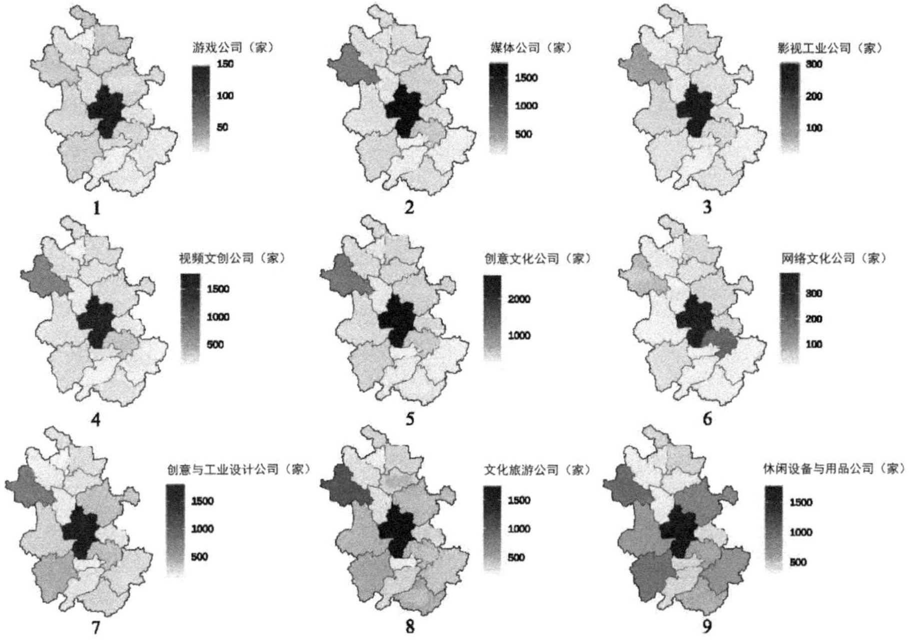

图3-25　安徽省数字创意产业链资本分布图汇总

二、代表性企业

2021年被称为安徽数字创意产业的发展元年，安徽编制了全国首个省级数字创意产业发展规划，明确了“十四五”时期发展目标、主攻方向和实施路径。到2025年，全省数字创意产业将努力打造千亿元级产业，实现营业收入翻一番以上，产业发展水平和产业规模位居全国第一方阵。

在内容为王的时代，地域元素和历史文化为安徽数字创意产业发展提供了丰富坚实的支撑。无论是黄山、九华山、天柱山、齐云山，还是徽学、建安文学、新安理学、长江文化、淮河文化等，都有很大运用数字创意进行转化发展的底蕴和空间。当前，安徽所做的就是把潜力转化为实力，转化为实实在在的发展成果。

在“十四五”开局之年，安徽省委、省政府把握“数字中国”机遇，提出了加快数字化发展、建设“数字江淮”的重大使命，大力发展数字创意产业等任务要求。在广泛调研、密集座谈、精心梳理产业发展痛点堵点、深入摸排“双招双引”成果的基础上，2月底召开的安徽省数字创意产业发展推进会系统回顾了去年全省数字创意产业“双招双引”工作成效，对今年重点工作任务进行部署安排。

安徽发展数字创意产业潜力深厚，并涌现出三七互娱、安达创展、百助网络等一批细分领域的领军企业。2021年，安徽全面摸底全省数字创意产业发展现状，编制企业名录库、重点客商信息库。一年多时间，安徽加大“双招双引”力度，全省数字创意产业开工项目293个，金额950亿元；签约项目190个，金额1097亿元；在谈项目315个，金额3102亿元①。

第五节　安徽省数字创意产业链安全评价

一、产业竞争力

安徽省数字创意产业作为中国创意经济的重要组成部分，其发展趋势和表现在很大程度上受到国家整体数字文化创意产品市场表现的影响。自2002年以来，随着中国在全球数字文化创意产品贸易中所占比重的显著提升，安徽省在内的地方性数字创意产业也经历了显著的增长和变化。通过数字技术的快速发展和全球化进程的双重推动，安徽省数字创意产业在国内市场中稳固了其重要地位，同时在国际市场上展现出有力的竞争力。此外，政策支持、技术创新以及文化传播的全球化等因素，也在不断地推动安徽以及全国数字创意产业的发展轨迹。

① https://www.thepaper.cn/newsDetail_forward_18779125。

（一）中国国际市场竞争力

1.数字创意产业国际市场占有率

2002—2021年，中国数字文化创意产品进出口贸易额呈现增加的总体趋势。从整体看，中国数字文化创意产品进出口贸易额在全球所占比重不断上升，特别是出口贸易额占比。

具体地，中国数字文化创意产品的出口贸易额和进口贸易额分别从2002年的320.0亿美元和25.3亿美元逐步增加到2021年的2340.4亿美元和275.4亿美元，合计近1.7万亿元，在全球数字文化创意产品出口和进口贸易总额中的占比分别从2002年的15.3%和1.1%稳步增长到2021年的38.3%和5.2%。其中，对于出口贸易而言，2002—2021年出口贸易额占比的增长幅度较大，特别是2002—2014年增长较快，在2014年占比出现33.5%。2015—2019年，中国数字文化创意产品出口贸易额在全球的占比维持相对稳定的状态，而在2019年之后又呈现逐年上升的态势，这与中国的数字技术的飞速发展密切相关。而对于进口贸易，从2002—2021年整体看，中国数字文化创意产品进口贸易额在全球的占比一直维持较为稳定的增长趋势，总体的增长幅度变化相对较小。

2.数字创意产业贸易竞争力指数（TC）

贸易竞争力指数（TC）是指一国某产品或行业的进出口贸易差额与该产品的贸易总额之比，涉及了进口和出口两个方面，总体上可以反映计算对象的比较优势。其取值范围为（-1，1）。若TC大于0，表示该商品具有国际竞争力；若TC小于0，表示该类商品不具有国际竞争力；TC指数由-1到1表示国际竞争力由弱到强。2002—2015年，中国数字文化产品的国际竞争力总体上是非常稳定的。从产品结构来看，在手工艺品、设计、表演艺术和视觉艺术类产品的贸易竞争力很强，到2015年，四大类数字文化产品的指数分别出现0.90、0.91、0.73、0.89；新媒体与出版类产品的TC指数基本保持在0.5—1.0，具有较强的竞争优势；视听产品的TC指数则始终表现为负值,处于竞争劣势。其余的产品均呈现正值,而且大部分数字文化产品的指数出现0.5以上,具有很强的国际竞争力①。

3.显性比较优势指数(RCA)

显性比较优势指数(RCA)是指一个行业在一个国家或地区的出口份额占世界贸易总额的比例,RCA指数不包括国家和世界总量波动的影响,因而能够较好地反映一国或地区某产业贸易的比较优势。一般认为,RCA大于2.5代表该产业具有极强国际竞争力,RCA在(1.25,2.5)代表具有很强的国际竞争力,RCA在(0.8,1.25)代表具有较强国际竞争力,RCA小于0.8则表明国际竞争力较弱。在2002—2015年,中国文化产品总体上呈上升趋势,说明中国文化资产具有较强的国际竞争力。在各类数字文化产品的RCA指数方面,2002—2015年,中国在手工艺、设计、新媒体和表演艺术等领域的国际竞争力非常强,近年来RCA指数一直在1以上,竞争优势明显;在表演艺术类中,2002—2015年,视听产品和出版物的RCA指数低于0.8,显示出竞争劣势,竞争力很低。视觉艺术作品的RCA指数有很大的差异,从2002年的0.88上升到2012年的1.07,已经下降到0.50。

(二)安徽在国内市场竞争力

安徽省数字创意产业在近年来迅猛发展,进一步推动了地方经济转型升级。从山清水秀的自然景观到深厚的历史文化底蕴,安徽省利用独特的资源优势,致力于将数字创意产业培育成为新的经济增长点。2021年是安徽省数字创意产业发展的重要的一年,省内首个省级数字创意产业发展规划的制定,明确发展目标、主攻方向和实施路径,而且设定安徽省2025年要实现营业收入翻倍的宏伟目标,力争将数字创意产业规模和发展水平跃升至全国前列。

在政策推动下,安徽省全面摸底本省的数字创意产业发展现状,加大“双招双引”力度,积极引进项目和人才,全力促进产业快速增长。各地通

① http://www.ccidanpo.org/sites/default/files/c26636204.2021.04.02.pdf。

过深入调研、精心梳理产业发展的痛点和堵点，制定有针对性的发展计划和措施，以实现产业集聚和高质量发展。安徽省不同地区在推动数字创意产业发展方面展现出各自的特色和优势。六安市利用其丰富的文旅资源，加快数字创意产业项目的落地和实施，通过与企业的战略合作，推进了多个重大项目建设，如金寨大湾携程度假农庄的建设，以及多个民宿项目的发展。此外，六安市还建立了全市数字创意产业名录库，促进了产业内企业间的交流合作。马鞍山市、铜陵市等地也积极落实招引策略，通过成立工作专班，开展实地调研，构建企业名录和项目库，拓展招引渠道，优化招引环境，力求通过集群化发展构建良性的产业生态。通过这些措施，安徽省不仅吸引了大量优质项目落户，还促进了数字创意产业的创新发展，如“中国声谷”的形成，以及在新媒体服务、动漫游戏、数字出版等领域取得的显著成就。

在技术和创意融合方面，安徽省相关的数字创意企业也展现出强大的创新能力和市场竞争力。安徽新华发行集团与中科大合作开发的“美丽科学”教育数字平台，运用超高清特种科学影像技术记录微观世界，已被广泛应用于教育领域。此外，安徽省内的企业还积极探索“文化+科技”“文化+数字”“文化+创意”的跨界融合，推出了多款集合科技与创意的产品，如阿尔法蛋机器人、智能语音鼠标等，这些产品提升了安徽省数字创意产业的知名度，同时为产业的发展注入了新动能。面向未来，安徽省会持续深耕数字创意产业，通过加强项目招引、优化产业结构、推动技术创新和文化创意融合，力争在全国乃至全球数字创意产业中占据更加重要的地位。

二、产业控制力

以“合肥包河创意文化产业园”为例，安徽省本土企业利用AR技术开发的“瓷说中国”项目，不仅吸引了众多体验者的关注，更在短短三年内，为迅达文化带来了2.6亿元的营业收入。这一创新项目的成功，可以视为安徽数字创意产业市场控制力不断增强的一个缩影。进一步来看，安徽省在“十四五”时期提出了大力发展数字创意产业的宏伟计划，明确了包括数字消费设备制造、广播影视设备制造、动漫游戏等九大主要发展方向，致力于打造千亿元级产业集群。该报告的实施，为省内数字创意产业的发展提供了坚实的支撑，推动产业规模和发展水平迈向全国前列。

安徽省的数字创意产业通过“双招双引”策略取得了显著成效，仅从2021年4月至会议召开时，已签约项目152个，总金额达960亿元；同时，开工项目119个，金额396亿元；在谈项目达297个，总金额高达3101亿元，反映了安徽省在吸引投资和项目落地方面的强大市场控制力，有效推动了产业规模的扩大和质量的提升。在合肥、芜湖等地，数字创意产业成功吸引了大量企业落户，同时促进了地方经济的快速发展。例如，合肥包河区通过积极推进产业招商和文创企业培育，计划投资约60亿元的项目，优化产业发展环境，激发市场活力。此外，芜湖网易联合创新中心等重大项目的签约落地，也反映安徽省在数字创意产业领域的潜在吸引力与市场控制力。通过加强项目谋划、聚焦品牌培育、优化营商环境等措施，安徽省不断提高产业的市场竞争力和影响力，为数字创意产业的持续健康发展提供了强有力的支撑①。

三、可持续发展力

安徽省数字创意产业的创新力源自一系列深度融合的因素，包括政策支持、技术革新、人才培育、跨界融合，以及产业生态的全面构建。政策层面的明确指引和有力支持为该产业的创新发展奠定了坚实的基础。通过“十四五”数字创意产业发展规划等政策性文件，不仅为产业的未来发展指明了方向，还确立了清晰的目标，通过专项资金支持、税收优惠、产业园区建设等多种措施，营造了有利的外部发展环境。在技术创新方面，安徽省数字创意产业紧跟新兴技术的发展步伐，不断探索和应用人工智能、

① https://www.thepaper.cn/newsDetail_forward_18779125。

大数据、云计算等技术在文化创意产品中的新模式，推动了传统文化与现代科技的深度融合，提高了产业的附加值和竞争力，展现了科技创新在推动产业发展中的关键作用。

人才作为推动产业发展的核心资源，安徽省通过系统的人才培养策略，包括高等教育和职业培训以及引进海外高层次人才和团队，培养和吸引了一大批专业人才，为产业的创新发展提供了强大的人力资源支撑。同时，跨界融合的战略不仅打开了数字创意产业发展的新局面，也为产业创新提供了新的思路和方法。通过“文化+科技”“文化+数字”“文化+创意”的策略，不断探索和实践新的业态和模式，推动产业创新和升级，充分体现了跨界融合在促进产业创新中的重要作用。

产业生态的全面构建，例如省内外企业、高校、研究机构和政府等各方力量的有效协同，形成了一个覆盖产业链上下游的完整生态系统。多方沟通合作关系和资源共享机制有助于快速响应市场变化，共同应对行业挑战，也为产业的健康、稳定发展提供了强有力的保障。通过多重因素的深度融合和相互作用，安徽省的数字创意产业展现了强有力的市场控制力，并且在可持续发展的道路上也展现出了无限的创新潜力，为推动省内外文化和经济的高质量发展贡献了重要力量。

第六节　问题、展望与建议

一、主要问题

(一)创新能力不足

安徽省数字创意产业发展过程中仍面临一些挑战，尤其是在创新能力方面，主要体现在两个方面：原创内容的不足和关键技术方面的短板。

原创内容的不足是制约安徽省数字创意产业进一步发展的一个重要

问题。当前,许多数字创意产品和服务过于依赖模仿和改编,缺乏深度和创新性。安徽省具有丰富的文化资源和历史底蕴,如黄山、徽学等,提供了转化发展的底蕴和空间,但在实际操作中,往往难以将这些文化资源转化为具有高附加值的原创内容。在产业发展过程中对传统文化的深度挖掘和创新转化不足,导致产业在内容创新方面的劣势。

关键技术和核心技术方面的短板是另一个突出问题。尽管安徽省数字创意产业在应用前沿技术如AR技术开发“瓷说中国”等项目中取得了一定成就,但在更广泛的技术层面,部分核心技术和关键技术仍然依赖国外。自主创新能力有待加强。尤其是在人工智能、大数据、云计算等新兴技术领域,与国际先进水平相比,安徽省数字创意产业仍存在不小的差距,进一步限制了安徽省数字创意产业在高端技术应用和产品开发上的竞争力,制约了产业的长期健康发展。

安徽省需要进一步加强原创内容的开发和创新,利用好本土文化资源,通过科技与文化的深度融合,推动产业内容的原创性和多样性。进一步来说,安徽省需要加大科技创新投入,强化关键核心技术的研发,提升自主创新能力,减少对外部技术的依赖。这些措施需要政府的政策支持和资金投入,还需要产业内部加强合作,形成创新生态,促进技术共享和知识转移。

(二)产业结构不优

安徽省数字创意产业虽然涵盖了广泛的领域,但其产业结构存在不少问题。首先,产业集中度相对较高,大型企业在某些领域形成了较为明显的垄断地位,而中小企业则面临较大的生存压力,这限制了产业创新和健康竞争。其次,行业之间的协同效应不足,各个子领域之间缺乏有效的链接和整合,影响了产业链的整体效能和竞争力。最后,一些领域的过度竞争导致了资源的不合理分配,影响了整个产业的健康发展。

(三)人才短缺

虽然安徽省有着庞大的人口基数和丰富的劳动力资源,但在数字创意产业中,特别是高端创意人才和技术研发人才的短缺仍然是一个突出问题。一方面,这与教育体系尚未完全适应新经济发展的需求有关,高等教育和职业教育在培养应用型、创新型人才方面还存在不足;另一方面,当前的产业环境和政策导向有待激发人才的创新潜力和创业热情。这种人才短缺的状况,限制了数字创意产业的创新发展和市场竞争力的提升。

二、展望未来

(一)技术进步带来的机遇

随着人工智能、大数据、云计算等新兴技术的快速发展,数字创意产业将迎来新的发展机遇。这些技术的应用不仅可以提升内容创作的效率和质量,还能够开拓新的业务模式和市场空间。例如,人工智能技术可以用于个性化内容推荐、智能内容生成等,大数据技术可以优化用户体验和市场分析。

(二)政策支持和市场需求

随着数字经济成为国家战略,政府对数字创意产业的支持力度将持续加大。从政策扶持、资金投入、人才培养,一系列措施将有力推动产业发展。同时,随着消费升级和文化多样性需求的增加,市场对于高质量数字创意内容的需求将进一步增长,为产业发展提供广阔的空间。

三、发展建议

(一)加强创新与研发

通过政策扶持和资金支持,鼓励企业及个人投身于原创内容和技术研发。建立创新基金,专项支持数字创意领域的研发活动,尤其是在人工智能、虚拟现实、大数据等技术的应用研究中;鼓励高校、研究机构与企业建立紧密的合作关系,共同开展技术研发和人才培养;通过产学研合作,快速转化科研成果,促进数字创意产业的技术进步和创新能力提升。

(二)优化产业结构

支持和鼓励数字创意产业向更多元化方向发展,如数字艺术、在线教育、文化旅游等新兴领域。通过政策引导和资金支持,帮助企业拓展新的业务领域和市场。建立有效的产业链协作机制,促进上下游企业之间的信息交流和资源共享。通过整合资源,提升产业链的整体效率和竞争力,形成互利共赢的产业生态。

(三)强化人才培养与引进

与高校和职业教育机构合作,建立针对数字创意产业的综合人才培养计划。加强实践教学和企业实习,培养学生的创新能力和实际工作技能。实施更为开放和灵活的人才引进政策,吸引国际顶尖创意人才和技术专家加入安徽省的数字创意产业。通过人才的国际交流与合作,提升产业的全球竞争力。

主要参考文献

[1]中国科学院科技战略咨询研究院.构建现代产业体系:从战略性新兴产业到未来产业[M].北京:机械工业出版社,2023.

[2]王礼恒,周志成,王昆声,等.新兴产业发展战略综合研究(2035)[M].北京:科学出版社,2021.

[3]赵岩.新兴产业发展报告(2021—2022)[M].北京:社会科学文献出版社,2022.

[4]赵岩.新兴产业发展报告(2022—2023)[M].北京:社会科学文献出版社,2023.

[5]中国工程科技发展战略研究院.2023中国战略性新兴产业发展报告[M].北京:科学出版社,2023.

[6]潘云鹤,丁文华,吴志强,等.数字创意产业发展战略研究(2035)[M].北京:科学出版社,2021.

[7]江静,陈柳,王宇,等.战略性新兴产业发展及扶持政策绩效评估[M].北京:经济科学出版社,2021.

[8]国家发展和改革委员会产业经济与技术经济研究所.中国产业发展报告2022:中国产业链供应链现代化研究[M].北京:经济科学出版社,2022.

[9]中国工程科技发展战略研究院.2022中国战略性新兴产业发展报告[M].北京:科学出版社,2021.

[10]顾龙未.我国高端装备制造业产业安全的评价研究[D].镇江:江苏大学,2018.

[11]屠海令,张世荣,李腾飞.我国新材料产业发展战略研究[J].中国工程科学,2016(4):90-100.